国家"双一流"建设学科
辽宁大学应用经济学系列丛书

教材系列

总主编◎林木西

居民金融理财概论

Introduction to Resident Financial Management

罗春婵　编著

中国财经出版传媒集团

经济科学出版社
Economic Science Press

图书在版编目（CIP）数据

居民金融理财概论/罗春婵编著 . —北京：经济
科学出版社，2018.9
（辽宁大学应用经济学系列丛书 . 教材系列）
ISBN 978 - 7 - 5141 - 9786 - 0

Ⅰ . ①居…　Ⅱ . ①罗…　Ⅲ . ①金融投资 - 高等学校 -
教材　Ⅳ . ①F830. 59

中国版本图书馆 CIP 数据核字（2018）第 223635 号

责任编辑：刘战兵
责任校对：曹育伟
责任印制：李　鹏

居民金融理财概论

罗春婵　编著

经济科学出版社出版、发行　新华书店经销
社址：北京市海淀区阜成路甲 28 号　邮编：100142
总编部电话：010 - 88191217　发行部电话：010 - 88191522
网址：www. esp. com. cn
电子邮件：esp@ esp. com. cn
天猫网店：经济科学出版社旗舰店
网址：http：//jjkxcbs. tmall. com
北京密兴印刷有限公司印装
787×1092　16 开　17. 5 印张　370000 字
2018 年 11 月第 1 版　2018 年 11 月第 1 次印刷
印数：0001—2000 册
ISBN 978 - 7 - 5141 - 9786 - 0　定价：45. 00 元
（图书出现印装问题，本社负责调换。电话：010 - 88191510）
（版权所有　侵权必究　打击盗版　举报热线：010 - 88191661
QQ：2242791300　营销中心电话：010 - 88191537
电子邮箱：dbts@ esp. com. cn）

总　序

　　本丛书为国家"双一流"建设学科辽宁大学"应用经济学"系列丛书，也是我主编的第三套系列丛书。前两套丛书出版后，总体看效果还可以：第一套是《国民经济学系列丛书》（2005年至今已出版13部），2011年被列入"十二五"国家重点出版物出版规划项目；第二套是《东北老工业基地全面振兴系列丛书》（共10部），在列入"十二五"国家重点出版物出版规划项目的同时，还被确定为2011年"十二五"规划400种精品项目（社科与人文科学155种）。围绕这两套系列丛书还取得了一系列成果，获得了一些奖项。

　　主编系列丛书从某种意义上说是"打造概念"。比如说第一套系列丛书也是全国第一套国民经济学系列丛书，主要为辽宁大学国民经济学国家重点学科"树立形象"；第二套则是在辽宁大学连续获得国家社科基金"八五"至"十一五"重大（点）项目，围绕东北（辽宁）老工业基地调整改造和全面振兴进行系统研究和滚动研究的基础上持续进行探索的结果，为促进我校区域经济学建设、服务地方经济做出了新贡献。在这一过程中，既出成果也带队伍、建平台、组团队，我校应用经济学学科建设也不断跃上新台阶。

　　主编第三套丛书旨在使辽宁大学应用经济学一级学科建设有一个更大的发展。辽宁大学应用经济学学科的历史说长不长、说短不短。早在1958年建校伊始，便设立了经济系、财政系、计统系等9个系，其中经济系由原东北财经学院的工业经济、农业经济、贸易经济三系合成，财税系和计统系即原东北财经学院的财信系、计统系。后来院系调整，将经济系留在沈阳的辽宁大学，将财政系、计统系迁到大连组建辽宁财经学院（即现东北财经大学前身），对工业经济、农业经济、贸易经济三个专业的学生培养到毕业为止。由此形成了辽宁大学重点发展理论经济学（主要是政治经济学）、辽宁财经学院重点发展应用经济学的大体格局。实际上，后来辽宁大学也发展了应用经济学，东北财经大学也发展了理论经济学，发展得都不错。1978年，辽宁大学恢复招收工业经济本科生，1980年受人民银行总行委托、经教育部批准开始招收国际金融本科生，1984年辽宁大学在全国第一批成立了经济管理学院，增设计划统计、会计、保险、投资经济、国际贸易等本科专业。到20世纪90年代中期，辽宁大学已有西方经济学、世界经济、国民经济管理、国际金融、工业经济5个二级学科博士点，当时在全国同类院校似不多见。1998 年建立国家重点教学基地"辽宁大学国家经济学基础人才培养基地",同年获批建设第二批教育部人文社科重点研究基地"辽宁大学比较经济体制研究中心"（2010 年改为"转型国家经济政治研究中心"）。2000 年，辽宁大学在理论经济学一级学科博士点评审中名列全国第一；2003 年，辽宁大学在应用经济学一级学科博士点评审中并列全国第一；2010 年，新增金融、应用统计、税务、国际商务、保险等全国首批应用经济学类专业学位硕士点；2011 年，获全国第一批统计学一级学科博士点，从而实现了经济学、统计学一级学科博士点"大满贯"。

在二级学科重点学科建设方面，1984 年，外国经济思想史即后来的西方经济学、政治经济学被评为省级重点学科；1995 年，西方经济学被评为省级重点学科，国民经济管理被确定为省级重点扶持学科；1997 年，西方经济学、国际经济学、国民经济管理被评为省级重点学科和重点扶持学科；2002 年、2007 年国民经济学、世界经济连续两届被评为国家重点学科；2007 年，金融学被评为国家重点学科。

在一级学科重点学科建设方面，2017 年 9 月，被教育部、财政部、国家发展和改革委员会确定为国家"双一流"建设学科。辽宁大学确定的世界一流学科建设口径范围为"应用经济学"，所对应的一级学科为应用经济学和理论经济学，成为东北地区唯一一个经济学科"双一流"建设学科。这是我校继 1997 年成为"211"工程重点建设高校 20 年之后学科建设的又一次重大跨越，也是辽宁大学经济学科三代人共同努力的结果。此前，应用经济学、理论经济学于 2008 年被评为第一批一级学科省级重点学科，2009 年被确定为辽宁省"提升高等学校核心竞争力特色学科建设工程"高水平重点学科，2014 年被确定为辽宁省一流特色学科第一层次学科，2016 年被辽宁省人民政府确定为省一流学科。

在"211 工程"建设方面，应用经济学一级学科在"九五"立项的重点学科建设项目是"国民经济学与城市发展""世界经济与金融"；"十五"立项的重点学科建设项目是"辽宁城市经济"；"211 工程"三期立项的重点学科建设项目是"东北老工业基地全面振兴""金融可持续协调发展理论与政策"，基本上是围绕国家重点学科和省级重点学科而展开的。

经过多年的学科积淀与发展，辽宁大学应用经济学、理论经济学、统计学"三箭齐发"，国民经济学、世界经济、金融学国家重点学科"率先突破"，由"万人计划"领军人才、长江学者特聘教授领衔，中青年学术骨干梯次跟进，形成了一大批高水平的学术成果，培养出一批又一批优秀人才，多次获得国家级科研、教学奖励，在服务东北老工业基地全面振兴等方面做出了积极的贡献。

编写这套《辽宁大学应用经济学系列丛书》主要有三个目的：

一是促进"应用经济学"一流学科全面发展。以往辽宁大学应用经济学主要依托国民经济学和金融学国家重点学科和省级重点学科进行建设，取得了重要进展。这个"特色发展"的总体思路无疑是正确的。进入"十三五"时期，根据"双一流"建设需要，本学科确定了区域经济学、产业经济学与东北振兴，世界经济、国际贸易学与东北亚合作，国民经济学与地方政府创新，金融学、财政学与区域发展，政治经济学与理论创新等五个学科方向。其目标是到 2020 年，努力将本学科建设成为立足于东北经济社会发展、为东北振兴和东北亚合作做出应有贡献的一流学科。因此，本套丛书旨在为实现这一目标提供更大的平台支持。

二是加快培养中青年骨干教师茁壮成长。目前，本学科已建成由长江学者特聘教授、"万人计划"第一批教学名师、国务院学位委员会学科评议组成员、全国高校首届国家级教学名师领衔，"万人计划"哲学社会科学领军人才、教育部新世纪优秀人才、教育部教指委委员、省级教学名师、校级中青年骨干教师为中坚，以老带新、新老交替的学术梯队。本丛书设学术、青年学者、教材三个子系列，重点出版中青年教师的学术著作，带动他们尽快脱颖而出，力争早日担纲学科建设。本丛书设立教材系列的目的是促进教学与科研齐头并进。

三是在经济新常态、新时代、新一轮东北老工业基地全面振兴中做出更大贡献。面对新形势、新任务、新考验，我们力争提供更多具有原创性的科研成果、具有较大影响的教学改革成果、具有更高决策咨询价值的"智库"成果。

这套系列丛书的出版，得到了辽宁大学党委书记周浩波教授、校长潘一山教授和中国财经出版传媒集团副总经理、经济科学出版社社长吕萍的支持。在丛书出版之际，谨向所有关心支持辽宁大学应用经济学建设和发展的各界朋友，向辛勤付出的学科团队成员表示衷心的感谢！

林木西
2018 年劳动节于蕙星楼

前　言

随着我国经济的发展和居民收入水平的提高，理财已经成为人们生活中必不可少的一部分。存款、银行理财产品、基金、股票、债券、P2P投资、保险等相关产品为居民理财提供了多种选择，而与其不匹配的是金融理财知识的缺乏。如何选择适合自己的理财产品？什么是结构型存款？什么是净值型银行理财产品？股票和基金如何选择？债券回购如何操作？如何规避P2P投资的风险？我们是否需要保险产品？这些都是在理财过程中居民需要面对的现实问题。本书正是基于这些问题进行创作。

作者长期承担"居民金融理财"课程的教学工作，积累了大量的现实案例，也充分了解读者对金融理财知识的需求，本书正是在作者讲义的基础上完成的。在阐述投资理财含义的基础上，本书明确了居民金融理财的基本目的和原则，并介绍了金融理财的基本步骤，这些知识有助于读者对金融理财问题形成基本的框架。为了使读者能够为以后的学习奠定基础，本书还介绍了与居民金融理财相关的基本理论。此外，本书介绍了一些与家庭财务情况和家庭风险偏好有关的指标和比率，以帮助读者了解自己家庭的财富特点，清楚自己家庭的风险偏好态度和风险承受能力，选择适合自己家庭的理财产品。对金融理财产品的理解是居民理财的核心，本书详细介绍了银行金融工具、债券、股票、基金、互联网理财工具、保险六大理财产品的基本特点、适合人群、操作方式、理财定位和风险规避，并用真实案例进行了情景分析，以协助读者学习和理解。

本书以"学以致用"为指引，以案例分析为切入点，力图做到以下几点：第一，保证一定的学术水平，将与金融理财相关的最新理论进展纳入本书中，使基础理论与新发展相结合；第二，内容体系完整，将居民金融理财知识系统地展示出来，尽可能用通俗易懂的语言阐述生涩难懂的理论；第三，重视案例分析，以鲜活的案例进一步阐释、应用理论知识，明确理论知识的应用价值；第四，以居民家庭理财的基本顺序为主线，由浅及深、循序渐进地对居民金融理财的整体框架进行介绍，符合教学规律和学习规律；第五，利用知识链接和扩展阅读丰富本书的内容，从而保证在不打破阅读主线的基础上扩展读者的视野。

在本书写作过程中，作者参考和引用了大量的文献，章末列出的参考文献只是其中一部分，在此谨向文献作者致以诚挚的谢意。正是这些文献资料，为我们提供了坚实的基础和丰富的创造源泉。

限于作者的知识水平和教学经验，本书的不足之处在所难免，敬请广大读者批评指正。

罗春婵

2018 年 9 月

目　录

第一章

居民金融理财导论

本章学习目标

- 了解投资与理财的基本概念及两者之间的区别；
- 掌握金融理财的基本目的；
- 理解金融理财的基本原则；
- 理解进行金融理财的基本流程。

本章基本内容

在对投资的基本含义进行梳理的基础上，引申出投资和投机的区别，并对理财的含义以及投资与理财的基本关系进行分析，将金融投资向金融理财转变；然后，阐述了金融理财的基本目的和原则，指出了进行金融理财的必要性；最后，从了解家庭特点、梳理财富情况、清楚风险偏好、了解理财工具、设定理财目标、资产配置和调整等方面探讨了金融理财的基本流程。

第一节 投资与理财的含义

在当今社会，每个家庭都面临理财的问题。有的家庭整体收入较高，但花销很大，没有财富积累；有的家庭整体收入中等，但善于理财，不仅保持了较高的消费水平，也积累了一定的财富。那么，什么是投资理财呢？本节将对投资和理财的基本含义进行介绍。

一、投资的基本含义

从广义上说，投资是指经济行为主体以获得未来收益为目的，投入一定数量的资金或资源来经营某项事业进而获得收益的行为，是一种资本的形成和扩张的过程。根据不同的划分标准，投资可以分为直接投资和间接投资、实物投资和金融投资、企业投资和个人投资、生产性投资和非生产性投资、盈利性投资与公益性投资、境内投资和境外投资等。在本书中，投资主要是指金融投资，是居民对家庭资产进行配置和调整，通过购买适合的金融产品，在承担风险的基础上获取收益的过程，是资产保值和增值的手段。

▶**知识链接**◀

投资和投机的区别

投资和投机是在金融领域经常提及的词语。在一些人的概念中，投资和投机是相同的；在一些人的概念中，投资是褒义词，投机是贬义词。那么，两者有什么区别呢？

第一，从动机方面看，投资是为了获得长期的资本增值收益，如将资金投入实体经济获得利润、将资金投入股票市场并长期持有获得股息收益；投机是为了获得短期的回报，如对股票的投机主要是指赚取短期的买卖差价或者资本利得收益。

第二，从对象方面看，投资者选择发展较好的实体部门或者具有成长潜力的股票和债券进行投资；投机者选择价格波动较大的资产进行投机，较大的价格波动性对投机者具有更高的吸引力。

第三，从行为方面看，投资者通常对自身的资产进行规划，将一部分资产进行投资，获取长期回报；投机者通常将自有资金全部投入甚至通过借入资金来提高投资规模，充分利用高杠杆进行交易，并且交易更加频繁。

第四，从风险方面看，投资者的投资风险相对较小，收益更加稳定并且可预测性较强；投机者的投机风险相对较大，收益波动性更大。

从上面的分析可以看出，投资和投机其实很难区分。从动机方面看，金融市场参与者的心理行为无法准确判断和度量；从对象方面看，很多资产的长期成长性和短期价格波动性并存；从行为方面看，有些市场参与者既获取长期回报，也进行杠杆交易；从风险方面看，很多金融资产的风险很难准确评估。因此，投资和投机经常相互转换，投资者也可能是投机者，投机者也可能是投资者。

二、理财的基本含义

投资是资产保值增值的过程，那么，理财是什么呢？它与投资有什么联系和区别呢？从广义上看，金融理财是对资产和负债进行合理的规划和匹配，从而实现资产配置、财富增值和安全保障；从狭义上看，主要是指个人或者家庭的金融理财，是为了实现个人或者家庭的理财目标，在对个人或家庭风险偏好进行分析的基础上，对资产负债状况、收入支出状况进行分析和估计，从而制定的一整套财富管理计划。本书主要从狭义的角度考虑居民金融理财活动。

此外，根据《金融理财师资格认证办法》的解释，金融理财是面向个人和家庭的综合性金融服务，主要包括个人和家庭的生命周期每个阶段的资产和负债分析、现金流量预算与管理、个人风险管理与保险规划、投资规划、职业生涯规划、子女养育及教育规划、居住规划、退休规划、个人税务规划和遗产规划等内容。本书的重点在于帮助居民了解自身的风险偏好、寻找适合自己的金融产品，因此侧重于从居民家庭角度探讨金融理财问题。

从以上的分析可以看出，理财的含义更加广泛，不仅包括资产增值，也包括收益保障；不仅包括对收益的追求，也包括对投资适合性的评判，是整体的、系统的财富计划和安排。相对而言，投资是金融理财的一个部分，具有个体性、具体性的特点。

📖 扩展阅读

理财可以使人们认真规划自己的财务，做出合理的收支安排。在理财过程中，是没有暴力可言的，有的只是合理的获利。虽然理财不是以发财为目的的，但是当每个人根据自己的现实情况，做出合理的财务规划后，发财就会水到渠成。

——张鹤（2010）[①]

投资不是投机取巧，不是凭借运气，不是一夜暴富，更不是一时冲动，而是一种恒心、一种智慧、一种艺术、一种哲学。投资学中蕴含了人类行为所包含的深刻哲理，它能让年轻人更好地理解生活、工作以及未来的人生，创造一个积极进取、富有意义的明天。

——杨静云（2010）[②]

所谓财富就是一个人从现在开始不工作还能活下去的天数。财富是被存储起来的收入，而理财是为了明天的生活存储今天的财富。理财就是以"管钱"为中心，通过抓好"攒钱、生钱、护钱"这三个环节，管理好现在和未来的现金流，让你的资产跑赢通货膨胀，使自己什么时候兜里都有钱花。理财的最终目的是实现财务自由，让自己生活幸福。

——刘彦斌（2009）[③]

"第一桶金"这样一个词语，似乎包含了很多成功的关键要素。它的魔力让人们相信，只要我迈出了第一步，后面产生的财富将像滚雪球一样迅速聚集。但是，第一桶金其实并不是万能的，谁也无法承诺获得第一桶金之后，财富世界就此向你敞开胸怀。

---

① 张鹤：《成功理财的16堂课》，机械工业出版社2010年版，第1页。
② 杨静云：《年轻人一定要知道的89个理财常识》，新世界出版社2010年版。
③ 刘彦斌：《理财工具箱》，中信出版社2009年版，第6~7页。

甚至有时候它们都不是"金",而是一些难以获得的机遇,或是一些常人不具备的眼界。在机场和车站里,成功学大师们都在向路人们灌输"经营人脉""销售精神""自身魅力"等听上去毫无软肋的理论,教你如何展现成功的气质。但在现实中你所需要的,其实是要更冷静地观察自己,了解自己的"金矿"在哪里。

——李淼(2015)[①]

很多优秀的人才,非常懂得利用自己的知识和能力赚钱,但是却不懂如何把赚来的钱管好,利用钱来生钱,这主要是因为他们缺乏基本的理财知识。因此,理财的第一步就是掌握基本的理财知识,学会如何管理金钱、知道货币的时间价值、读懂简单的财务报表、学会投资成本和收益的基本计算方法。只有学会这些基础的理财知识,才能灵活运用资产,分配各种投资额度,使得自己的财富增长得更稳更快。

——王在全(2017)[②]

第二节　居民金融理财的目的和原则

赚钱是金融理财的基本目的吗?不是,赚钱只是手段,是为了使我们的生活更加美好。本节将对居民金融理财的基本目的和原则进行介绍和阐述。

一、金融理财的基本目的

从根本上讲,金融理财的基本目的是使居民的生活更加富足,心情更加愉悦。投资赚钱、资产配置、保险保障等都是理财的手段,而非理财的目的。具体地讲,理财是为了满足居民及其家庭以下几个方面的需要。

第一,理财有利于满足居民改善物质生活水平的需要。无论是独立生活还是结婚生子,无论是未来养老还是父母赡养,无论是娱乐休闲还是旅游度假,良好的财务状况和财富积累都是这些活动顺利实施的物质保证。财务独立是独立生活的前提,物质基础是结婚生子的保障,丰厚储蓄是未来养老的基础,金钱富足是改善父母生活的重要手段,宽裕资金是娱乐休闲和旅游度假的有效支撑。

第二,理财有利于满足居民提高精神生活水平的需要。物质文明是精神文明的基础。伴随着物质文明的不断提高,居民的精神文明程度也会有所提升。《管子·牧民》中讲道,"仓廪实而知礼节,衣食足而知荣辱",即百姓的粮仓充足,丰衣足食,才能顾及礼仪,重视荣誉和耻辱。居民的生活水平不断提高,在学习、教育等方面的投资也越来越多,从而使居民本身的受教育水平和受教育程度也得到相应的提高。而且,

---

① 李淼:《小白理财》,湖南科学技术出版社2015年版。
② 王在全:《零基础学理财》,文化发展出版社2017年版。

通过休闲娱乐、旅游度假，居民的生活方式更加多样，生活节奏逐步放慢，生活情绪和生活状态更加健康和有序。

第三，理财有利于满足居民强化生活风险保障的需要。在理财活动中，保险是重要的组成部分。"天有不测风云，人有旦夕祸福"。每个人的一生都不会是一帆风顺的，有些意外事件会对家庭生活产生极大的负面影响。通过保险，可以用最低的成本最大限度地解决问题，平滑居民整个生命周期的现金流，从而维持居民物质生活和精神生活的平稳进行。

📖 **扩展阅读**

钱再多，晚上还是只能睡一张床。缺钱的时候不妨想想，还有下一餐饭可以吃啊！不要太在意自己的损失，而应聚焦在自己还拥有的事情上。根据统计，全球80%的人处于经济压力之中，不是只有你没有钱啊！

金钱有很大的损失时，就把它当成是今生的学费吧。我们不会白白浪费这笔学费，一定能加倍赚回。

破财过，才知道守住财富的智慧；花过冤枉钱，才知道如何省钱；浪费过，才知道节约花钱的重要性。所以，在钱的方面如果有很大的损失，放下吧！要原谅自己，把它当成人生大学的学费。

不要老是抱怨自己赚不到钱，而是应该回到内在更深层的地方去追溯自己为何老是缺钱。脑袋穷，人生也会穷。在改变看得见的东西之前，必须先改变看不见的东西。

——周思洁（2011）[①]

事实上，越是没钱的人越需要强化自己的理财观念。譬如你身上仅有1万元人民币，但因为理财错误，造成财产损失，你的生活很可能会出现许多问题，而对于那些拥有百万、千万、上亿"身价"的人而言，即使理财失误，损失部分财产也不会对其生活造成质的影响。因此，必须先树立一个观念，不论贫富，理财都是伴随人生的大事，而且越是收入低的人就越输不起，对理财更应以严肃而谨慎的态度去对待。

——李昊轩（2012）[②]

二、金融理财的基本原则

金融理财的基本原则主要包括量入为出原则、三性原则、最优化原则、因人制宜原则、终生理财原则和快乐理财原则。

第一，量入为出原则。量入为出意味着居民在金融理财的过程中，应该在保证基本生活支出的前提下，对自身的收入和财富进行估算，利用剩余的资金进行投资。这

---

① 周思洁：《理财先理心》，漓江出版社2011年版，第14页，第23页，第48页，第76页。
② 李昊轩：《给工薪族的第一本理财启蒙书》，中国华侨出版社2012年版。

一点对于刚刚开始投资的新手尤其重要。支出的多少影响到居民的结余，花钱无度、寅吃卯粮的家庭无法累积大量的财富。

第二，三性原则。三性原则是指流动性原则、安全性原则和收益性原则。

流动性原则是指在金融理财的过程中，居民选择流动性较强的资产。流动性是指资产转变为现金的速度和难易程度。失去了流动性，居民的支出会受到严重影响。例如，在房价不断上升的背景下，居民将大部分资产投资于房地产市场，虽然可能会获得较高的收益，但是变现性较差，当居民需要支付现金时，会受到影响。

安全性原则是指在金融理财的过程中，对资产的风险进行评估并不断寻找降低风险的方式。风险承受能力较低的人应选择风险低、安全性高的资产，并且通过分散投资的方式降低风险。投资的前提是资产的安全，不要把全部鸡蛋放在同一个篮子里，也不要把全部篮子挑在同一个肩膀上，要组合投资，分散风险。

收益性原则是指在金融理财的过程中，对投资的收益进行预估和判断，不仅要关注投资收益的绝对值，也要关注投资收益的相对值。

第三，最优化原则。对于特定的金融产品而言，流动性、安全性和收益性三者之间存在矛盾，即流动性较高、安全性较好的金融产品通常收益较低、风险也较低；流动性较低、安全性较低的金融产品通常收益较高、风险也较高，无法同时实现高流动性、高安全性和高收益性。因此，需要考虑最优化原则。最优化原则是指在金融理财的过程中，居民需要对不同金融产品的风险和收益进行比较，在风险既定下追求收益最大化，在收益既定下追求风险最小化。

▶知识链接◀

风险收益的组合矩阵

风险收益主要包括以下四种组合（见表 1 - 1）：高收益高风险组合、高收益低风险组合、低收益高风险组合、低收益低风险组合。高收益低风险组合是投资者最喜欢的，但现实中存在这种组合吗？我们依次加以分析。

表 1 - 1　　　　　　　　　　　风险收益组合矩阵

收益	风险	
	（高收益，高风险）	（高收益，低风险）
	（低收益，高风险）	（低收益，低风险）

第一种组合：高收益高风险组合。在这种组合下，资产的高收益与高风险并存，投资者欲获得高额的收益，需要承担较高的风险，较高的收益中包含了对投资者承担

风险的补偿。

第二种组合：高收益低风险组合。在这种组合下，投资者是否获益取决于投资者所处的位置以及价格调整的时间等因素，但这种情况很难存在。我们利用供给需求分析法进行分析。如果一种资产的收益较高而风险较低，那么就会吸引大量投资者进行购买，从而增加了这种资产的需求，在其他条件不变的情况下，会推高这种资产的价格，从而增加了后进投资者的成本，降低了投资收益，直至价格回归到正常水平为止。因此，在调整时间较长的条件下，最初的投资者可能获益。然而，对于很多金融资产而言，价格的调整十分迅速，投资者很难获益。

第三种组合：低收益高风险组合。投资者不会去购买这种资产，也就无法形成市场。当然，如果存在信息不对称，投资者对资产的风险收益情况存在误判，也可能会购买。

第四种组合：低收益低风险组合。在这种组合下，投资者承担了较低的风险，获得的收益也相对较低，这种组合适合风险承受能力较低的投资者进行投资。

第四，因人制宜原则。世界上没有两片相同的叶子，也不存在适合任何人、任何家庭的金融理财计划。由于在经济环境、个性、投资偏好、年龄、职业、经历等方面存在差异，不同人和家庭的理财规划也不尽相同。因此，对于某些居民和家庭而言，即使有专业的金融理财规划师为其服务，也需要学习一些基本的金融理财知识，只有这样，才能更好地掌握家庭的具体情况，才能更好地与理财规划师进行交流，共同设计出符合居民和家庭特点的理财规划。

第五，终生理财原则。在居民及其家庭的不同阶段，资产负债水平不一样，财富情况不一样，收入支出情况不一样，现金流不一样，对金融理财的需求也不一样。同时，风险偏好也存在巨大差异。因此，应该根据居民及其家庭发展不同阶段的特点，制定金融理财规划，并注意不同阶段之间的衔接性和延续性。

第六，快乐理财原则。金融理财的根本目的是为了使我们的生活变得更美好。在金融理财的过程中，保持快乐的心情和健康的身体有助于对投资机会的把握。并且，伴随着居民的金融知识不断增加，风险控制能力、财富管理能力也在不断提高，居民自己也变得更加优秀。

📖 扩展阅读

在遥远的古巴比伦时代，人们创造了巨大的财富，也积累了大量的理财经验，我们向读者介绍古巴比伦人关于黄金的法则，供参考和借鉴。

第一，凡能把全部所得的1/10或更多的黄金存储起来，留着为自己和家庭未来之用的人，黄金将乐意进入他的家门，而且快速增加。

第二，凡发现了让黄金为自己带来收益的效力，并使黄金像牧场羊群那样不断繁衍增值的英明主人，黄金将殷勤不懈且心甘情愿地为他努力工作。

第三，凡谨慎保护黄金，且在智慧之人的忠告之下才运用和投资黄金的人，黄金就会牢牢地攥在他的手里。

第四，凡在自己不熟悉的行业或用途上进行投资，或者在投资老手所不赞成的行业或用途上进行投资的人，黄金都将从他身边悄悄溜走。

第五，凡将黄金强行运用在不可能获得收益的用途上，以及听从骗子和阴谋家诱人的建议，或盲目相信自己天真的投资理念而付出黄金的人，将使黄金一去不复返。

——乔治·克拉森（2007）①

犹太大地主马太有一天要外出远游，便将他的财产托付给三位仆人保管。他给了第一位仆人5000金币，第二位仆人2000金币，第三位仆人1000金币。马太告诉他们，要好好珍惜并善加管理自己的财富，等到一年后他将会回来。

马太走后，第一位仆人将这笔钱进行了各种投资；第二位仆人则买下原料，制造商品出售；第三位仆人为了安全起见，将钱埋在树下。

一年后，马太如约回来了。第一位仆人手中的金币增加了三倍，第二位仆人的金币增加了一倍，马太甚感欣慰。唯有第三位仆人的金钱丝毫未增加，他向马太解释说："唯恐运用失当而遭到损失，所以将钱存在安全的地方，今天将它原封不动奉还。"马太听了大怒，并骂道："你这愚蠢的家伙，竟不好好利用你的财富。"马太拿回了金币，赏给了第一位仆人。

——李昊轩（2010）②

第三节　金融理财的基本步骤

我们已经知道了什么是金融理财、什么是金融理财的目的和原则，那么，如何进行金融理财呢？在本节中，我们将对金融理财的基本步骤进行学习。主要包括了解家庭特点、梳理财务情况、清楚风险偏好、了解理财工具、规划理财目标、进行资产配置和调整等方面。

一、了解家庭特点

每个人和每个家庭均具有差异性。对于每个家庭而言，其家庭成员的数量、年龄结构、工作情况、学习经历、子女情况、父母情况等均存在差异，这些特点决定了其资产负债情况、收入支出情况、家庭风险偏好、家庭理财目标等各个方面，是进行金融理财的基础。本书将在第二章对此部分内容进行详细介绍。

---

① 乔治·克拉森著，比尔李译：《巴比伦富翁的理财课》，中国社会科学出版社2007年版，第183页。
② 李昊轩：《一本书读懂投资理财学》，中国华侨出版社2010年版，第5~6页。

二、梳理财务情况

对于个人和家庭而言，进行金融理财的第一步就是梳理自己的财务情况，主要包括资产负债情况和收入支出情况。本书将在第三章对此部分内容进行详细介绍。

（一）明确资产负债情况

首先，对个人及家庭的资产情况进行分析，清楚现金、活期存款、定期存款、债券、股票、基金、房地产等资产的绝对数量及所占比例，并根据不同的用途进行初步分类；其次，对个人及家庭的负债情况进行分析，清楚信用卡欠款、银行贷款、外借款项等负债的绝对数量及所占比例，分析负债形成的原因；最后，对资产和负债的整体情况进行分析，对个人及家庭的整体资产负债情况、财务实力进行判断。

（二）明确收入支出情况

首先，对个人及家庭的收入情况进行分析，清楚收入的主要来源，明确工资薪金和劳动报酬收入、个体工商户生产经营所得、投资性收入、转移性收入等不同来源的收入所占比重；其次，对个人及家庭的支出情况进行分析，清楚不同类型支出的绝对数量及所占比例，并根据自身偏好将支出分为必要性支出和选择性支出；最后，对收入支出情况进行整体分析，对支出是否造成个人及家庭净资产减少进行判断。此外，也要对收入和支出的时间节点进行关注，并结合资产负债情况，对家庭整体的财务情况进行把握。

三、清楚风险偏好

不同的个人和家庭具有不同的风险偏好。对股票投资是否有经验？是否有不愿意投资的金融产品？可以承受本金损失多少？投资损失是否对个人的精神、生活等方面造成严重影响？这些都会影响到个人及家庭的风险承受能力和风险承受态度，也决定了在资产配置方面对风险资产的态度及投资比例。本书将在第四章对此部分内容进行详细介绍。

四、了解理财工具

这部分是本书的重点内容。金融理财工具包括银行存款、信用卡、银行理财产品、股票、债券、基金、互联网金融产品、保险等。了解不同金融理财工具的优点和缺点及其风险收益情况，有助于我们判断哪些金融理财工具适合个人及家庭选择。本书将在第五章至第十章对金融理财工具进行详细介绍。此外，由于外汇资产、黄金资产、投资性房产、古玩资产等资产的价格变动影响因素更为复杂，并且自成体系，本书暂不对它们进行讨论。

五、规划理财目标

在明确自己财富情况和风险偏好的基础上，个人及家庭根据可以选择的理财工具、当前的经济金融形势等方面规划自己的理财目标。具体而言，理财目标是通过对金融理财产品的选择，使资产在多长时间达到何种规模。首先，对所有愿望和目标进行排序，选择自己要优先实现的几个目标，并对目标的弹性、可调整性进行分析；其次，在此基础上，选择自己在既定的约束条件下可以实现的目标；最后，根据这一目标制定理财规划。

六、进行资产配置与调整

资产配置主要包括选择资产类别、确定不同资产的比重、确定子类别中的资产比重、具体资产的选择和买入卖出时机、进行绩效跟踪和资产调整等方面。

第一，选择资产类别。根据每个居民及家庭的特殊性，选择其可以接受的资产类别及复杂程度，将其无法接受的资产类别剔除在外；并且，根据不同资产的风险收益特点，判定其在资产组合中的地位和作用，如哪些资产用于流动性支出的需要、哪些资产用于长期升值、哪些资产可以承担保险功能等。

第二，确定不同资产的比重。根据金融市场情况以及居民个人和家庭的需要将资产分为应对流动性支出的资产、应对预防性支出的资产、保本升值的资产、投资资产等几个部分并设定不同部分的比重。例如，应对流动性支出的资产主要是 3~6 个月的生活费；应对预防性支出的资产主要用于疾病、意外事故，在这一部分，如果购买保险，那么，保险可以发挥以小博大的作用，如果采取定期存款的方式，此部分资产的占比可能会较大；保本升值的资产主要用于养老、子女教育等，这部分资产的投资以银行理财产品、债券、年金保险等本金较为安全、收益较为稳定的资产为主；投资资产主要侧重于资产的收益性和成长性，因此，可以投资在股票、基金、房地产、外汇等资产方面，但是要对风险加以考虑。每个人和每个家庭的资产情况、收入水平、年龄结构等存在很大差异，没有适合于所有人或者所有家庭的比重设计。

第三，确定子类别中的资产比重。首先，确定应对流动性支出的资产中，现金、活期存款、货币市场基金等资产的数额和所占比重，根据不同的支出习惯进行调整，同时，要考虑自身的收入支出情况以及当期净收入的情况；其次，确定应对预防性支出的资产，通常将意外伤害、重大疾病、房屋损失等保险列入这一项下，但是，由于不同个人和家庭的偏好不同，保险所占比重也不尽相同，同时，定期存款也可以列入这一范围；再次，确定保本升值资产中银行理财产品、债券、年金保险等资产的比重，根据不同资产的情况和家庭特点，这部分资产要重视风险的控制，严格降低本金损失的风险；最后，确定投资资产中股票、基金等资产的比重。

第四，确定具体资产的品种选择和买入卖出时机。充分利用互联网等各种信息渠道，对相似的资产进行对比，选择风险较低、收益较高的资产进行投资；同时，对资产进行分散，寻找较好的投资组合；此外，特别是对股票、基金等金融产品，应选择买入和卖出时机，选择短期持有还是长期持有。

第五，进行绩效跟踪和资产调整。金融市场瞬息万变，每个人和家庭的财务状况、未来的收支水平、家庭风险偏好也在不断地变化，因此，应该对投资的绩效进行回顾，不断调整理财规划，调整理财目标，优化资产类别和比重，从而实现个人及家庭的财务自由。

威廉·伯恩斯坦（2016）曾指出："市场择时和选股固然重要，但从长期来看，无人能准确择时，选股正确者更是凤毛麟角，资产配置是实现成功投资的唯一有效手段。"因此，在进行资产配置时，应重点把握资产类别的选择及比重设置。

本 章 小 结

从广义上说，投资是指经济行为主体以获得未来收益为目的，投入一定数量的资金或资源来经营某项事业进而获得收益的行为，是一种资本的形成和扩张的过程。在本书中，投资主要是指金融投资，是居民对家庭资产进行配置和调整，通过购买适合的金融产品，在承担风险的基础上获取收益的过程，是资产保值和增值的手段。金融理财的基本目的是使居民的生活更加富足，心情更加愉悦，是为了改善物质生活水平，提高精神生活水平，增强生活风险保障。金融理财的基本原则主要包括量入为出原则、三性原则、最优化原则、因人制宜原则、终生理财原则、快乐理财原则。金融理财的过程包括了解家庭特点、梳理财富情况、清楚风险偏好、了解理财工具、设定理财目标、进行资产配置和调整等方面。

基本概念

投资　理财　流动性

复习思考题

1. 投资和理财之间的关系如何？
2. 金融理财的主要原则是什么？
3. 金融理财的基本步骤是什么？
4. 本章内容对于你在金融理财方面有什么启发？

第二章

居民金融理财基本理论

本章学习目标

- 理解家庭生命周期对金融理财的影响；
- 了解生涯规划的不同阶段对金融理财的不同需求；
- 掌握单利、复利、连续复利的含义及计算方法；
- 掌握货币的时间价值；
- 掌握净现值和内部收益率的含义及计算方法。

本章基本内容

本章主要对与金融理财相关的基本理论进行阐述。首先，对家庭生命周期理论进行介绍，分析家庭生命周期不同阶段在家庭成员、夫妻年龄、居住、资产、负债、收入、支出等方面的特点，指出家庭生命周期不同阶段的差异性与家庭特点共同影响家庭的风险偏好及金融理财方案设计。其次，对生涯规划进行分析，根据生涯规划估计未来的收入支出情况、资产积累情况以及可以选择的金融资产情况。最后，对金融理财中涉及的基本概念进行介绍，阐述单利、复利、连续复利等利率的相关概念，探讨货币的时间价值，解释净现值、内部收益率等概念的经济学含义。

第一节 家庭发展特点与金融理财

在进行金融理财的过程中，家庭生命周期影响着家庭不同阶段的行为特征和价值取向，影响着家庭的收入、支出、净资产等各个方面，是进行金融理财的前提和基础。

一、家庭生命周期与金融理财

（一）家庭生命周期不同阶段的特点

一般而言，家庭生命周期包括家庭形成期、家庭成长期、家庭成熟期、家庭衰退期四个阶段。

1. 家庭形成期

家庭形成期是指一对夫妻结婚建立家庭并生养子女的时期。在这一时期，家庭具有以下特点：

从家庭成员数量方面看，家庭成员随着子女出生而增加，从两口之家向三口之家、四口之家转变，这一时期也被称为筑巢期。

从年龄方面看，夫妻年龄以 25～35 岁者居多，正值青壮年，身体健康。

从居住方面看，或者与父母同住，或者自行租房、购房。

从资产方面看，年龄较轻，如果已经购房，那么，资产中房产占比较大。

从负债方面看，以信用卡账单等负债为主，如果选择按揭贷款的方式购房，负债中尚未偿还的贷款余额比重较大。

从净资产方面看，如果只凭借自身的资产积累，没有任何馈赠等额外的来源，则净资产较少。

从收入方面看，以双薪家庭为主，即夫妻二人均有收入来源。

从支出方面看，在子女出生后，支出显著增加，特别是对于二孩家庭而言，子女支出在整个家庭中的比重较大。

2. 家庭成长期

家庭成长期是指从子女出生到子女完成学业为止的时期。在这一时期，家庭具有以下特点：

从家庭成员数量方面看，家庭成员数量固定，因此这一时期也被称为满巢期。

从年龄方面看，夫妻年龄以 30～50 岁者居多，正值壮年，身体健康。

从居住方面看，或者与父母同住，或者自行租房、购房。

从资产方面看，资产中房产占比仍然较大，但随着时间增加，可累计的资产逐年增加，对风险的控制更加重要。

从负债方面看，如果选择按揭贷款的方式购房，贷款余额的数额在不断降低。

从净资产方面看，一般而言，净资产稳中有升，或者较快增长。

从收入方面看，以双薪家庭为主，但是，如果夫妻一方收入较高，并且子女养育工作较重，那么，另一方可能会回归家庭，放弃工作。

从支出方面看，支出稳定增加。

3. 家庭成熟期

家庭成熟期是指从子女完成学业到夫妻均退休的时期。在这一时期，家庭具有以下特点：

从家庭成员数量方面看，家庭成员随着子女独立离开家庭而减少，因此这一时期也被称为离巢期。

从年龄方面看，夫妻年龄以50～60岁者居多，身体较为健康。

从居住方面看，或者将父母接来同住，或者夫妻二人居住。

从资产方面看，在整个家庭生命周期中，这一时期的资产规模达到顶峰。

从负债方面看，住房贷款在这个阶段需要全部还清，小额的信用卡账单、消费贷款成为主要组成部分。

从净资产方面看，这一时期的净资产也达到顶峰。

从收入方面看，通常在退休前夫妻二人均达到工作的最高职位，收入也最高，储蓄也在增长。

从支出方面看，如果子女可以财务独立，那么，支出将下降，为退休生活准备资金。

4. 家庭衰退期

家庭衰退期是指从夫妻均退休到夫妻一方过世的时期。在这一时期，家庭具有以下特点：

从家庭成员数量方面看，家庭成员只有夫妻二人，因此这一时期也被称为空巢期。

从年龄方面看，夫妻年龄以60～80岁者居多。

从居住方面看，或者夫妻二人居住，或者与子女同住。

从资产方面看，变现资产以增加收入来源，资产规模下降，对控制风险的需求更加强烈。

从负债方面看，新增负债的规模很小，所欠债务基本还清。

从净资产方面看，这一时期的净资产也逐渐减少。

从收入方面看，退休金、保险返还收入、年金、理财收入等成为主要的收入来源。

从支出方面看，休闲、医疗等方面的支出上升。

（二）家庭生命周期对家庭风险偏好的影响

1. 一般分析

在家庭形成期，夫妻较为年轻，财富积累不足，但抗风险能力较强，因此，在资产配置方面可以提高股票等高风险、高收益资产的比重，可以通过信用卡、小额信贷等方式，扩大自己的当期消费边界，弥补财富不足对消费的约束；在保险方面的需求主要在于应对意外伤害等带来的风险。

在家庭成长期，随着年龄的增加，用于子女教育等方面的支出不断上升，家庭逐步加强对风险的控制，高风险资产的比重有所降低，房屋贷款、汽车贷款都可以帮助家庭提高当前的消费水平；对保险方面的需求更加侧重教育年金、家庭支柱的健康保险等方面。

在家庭成熟期，财富积累达到了顶峰，最具有资金实力，但是，侧重点在于保值增值，一方面需要为未来准备退休金，另一方面，随着年龄的增加，风险偏好也随之降低；对保险方面的需求侧重于养老保险、重大疾病保险等方面。

在家庭衰老期，对风险的偏好降到最低，股票等高风险资产在资产组合中的比重降到最低，也不再增加储蓄性、投资性保险产品的支出。

2. 具体分析

家庭生命周期的不同阶段对于每个家庭风险偏好、资产配置等方面的影响是一般性的，但每个家庭的特点不尽相同，具有差异性。这种差异性对不同家庭的金融理财影响十分巨大。

例如，丁克家庭和二孩家庭的金融理财规划存在显著差异。丁克家庭理财的目标主要在于对高品质生活的追求，其理财目标的弹性较强，必要性支出和选择性支出的转换较为灵活，风险承受能力也较强；但是，对于二孩家庭而言，子女的生活、教育支出占比较大，而且主要是必要性支出，家庭的风险承受能力也较弱，因此，此类家庭会避免投资可能遭受本金较大损失的资产。

再如，初始财富情况对家庭的影响也较大。有的家庭在成立之初，便从父母等处接受了房产、汽车等赠与，这类家庭通常不需要承担高额的债务，净资产数额较大，可以选择的资产种类较多，风险承受能力也较强。但是，有的家庭没有任何赠与，全部靠自身的积累，其选择性支出受到的限制较多，可以选择的资产种类较少，风险承受能力也相对较低。

二、生涯规划与金融理财

家庭生命周期是多数家庭必须要经历的过程，生涯规划则是个人前瞻性的活动。生涯规划涉及学业及工作的选择、结婚及组建家庭、居住情况、退休规划等各个方面，涵盖着资产投资、信用选择、保险规划、合理避税等环节。

根据年龄层次，把生涯规划分为六个阶段。

（一）探索期

从年龄方面看，这一时期约为 15～24 岁。

从学业方面看，根据个人的兴趣、自己的能力、社会需求等方面的因素来选择自己的学校以及专业。应对自己的未来有规划：是继续深造还是走向工作岗位？是在国内求学还是出国留学？不同的规划决定了家庭未来的支出方向和数额。

从家庭方面看，这一时期大多未婚，在这一时期的后期，也有些人刚刚步入婚姻，是家庭形成期之前的一段时期。

从居住方面看，主要与父母同住或者在学校宿舍居住，仍以父母的家庭为生活重心。

从资产投资方面看，重点在于提高自身的知识水平和专业技能，为未来工作做准备。此时，可理的财产有限，可以利用银行储蓄、货币市场基金等金融工具，在保持流动性的同时保值增值。

从信用选择方面看，可以选择一到二张信用卡，扩大当期消费的边界。如果需要的话，也可以利用消费信贷等金融产品。

从保险方面看，可以选择意外伤害、定期寿险等保险产品，保险费支出相对较低。

此外，由于年龄较轻、收入较低，因此对退休、避税等方面的考虑较少。

📖 **扩展阅读**

想要一生富有，光靠工资收入远远不够，投资收益是必不可少的。20多岁时一定要知道，脑袋决定口袋，投资创造财富，如果在工资不断增加的同时，开始投资理财，就会事半功倍，早一步踏上致富之路，就会比别人更早达成各种生活目标，实现自我理想。

——杨静云（2010）[①]

尽早开始攒钱投资，而且最好是在你还和父母住在一起的时候就开始行动。设想一下，还有什么时候你的消费会比这个时候更低呢？这个时候你没有孩子要抚养，而你的父母还在抚养你。如果你的父母不要你去支付房租，那就更好了。因为你可以找份工作，然后把收入都节省下来，为将来做些投资。总而言之，如果你还和父母住在一起时攒钱投资越多，你独立生活时就会越从容。

——彼得·林奇等（2010）[②]

（二）建立期

从年龄方面看，这一时期约为25～34岁，逐渐在职场上站稳了脚跟。

从工作方面看，选择与自己的愿望、能力较为匹配的工作。如果第一份工作不尽如人意，可以寻找更为适合自己的工作，但需要对职场的规则有所领悟，切忌频繁跳槽。在工作的过程中，应不断充实自己，建立自己的资源网络。此外，这一阶段的收入也不断增加。

从家庭方面看，这一时期是一般人择偶、结婚、养育婴幼儿子女的时间，对应于家庭形成期的阶段。

从居住方面看，如果需要购买房产，那么，需要提前计划。是一次性付款买房，还是按揭贷款？是使用住房公积金贷款，还是商业性住房贷款？首付款如何筹集？未

[①] 杨静云：《年轻人一定要知道的89个理财常识》，新世界出版社2010年版。

[②] 彼得·林奇、约翰·罗瑟查尔德著，宋三江等译：《彼得·林奇教你理财》，机械工业出版社2010年版。

来分期偿还房贷本金和利息的资金来源是什么？

从资产投资方面看，伴随着工作能力的提升，收入也在增加，而且，处于这一时期的人们年龄较小，风险承受能力也较强，在制定理财计划的过程中，可以将高风险、高收益的股票、基金等资产纳入资产组合。当然，也需要考虑应对日常支出的流动性资产的比例。

从信用选择方面看，在可以承受的范围内，信用卡、小额贷款、住房按揭贷款、汽车贷款均可以考虑。

从保险方面看，对家庭支柱进行投保，意外伤害、定期寿险、教育年金均可以考虑。

（三）稳定期

从年龄方面看，这一时期约为 34~44 岁，生涯方向已经确定。

从工作方面看，经历了十年左右的沉淀，对自己想要从事何种工作、适合何种工作已经有明确的认识，对于是否需要转变现在的工作状态、是否需要自主创业以及对未来发展的估计也更加准确。

从家庭方面看，在这一时期，一般来说子女已进入小学和中学的求学阶段，家庭需要对子女的高中、大学等教育进行规划，是否要出国深造？在什么时间段出国？计划的制定决定了未来教育方面的支出，是家庭成长期的前半段。

从居住方面看，如果利用住房按揭贷款的方式购买房产，需要对贷款的本金和利息进行偿还，而且，这部分支出对于家庭来说是必要性支出。如果是自有住房，那么就无需偿还贷款，可支配的净资产较多。

从资产投资方面看，工作收入对资产的增加影响较大，在扣除了房贷本息偿还额、教育储备金等必要性支出之后，可以侧重于考虑资产的获利性，准备退休金。

从信用选择方面看，在可以承受的范围内，信用卡、小额贷款、住房按揭贷款、汽车贷款均可以考虑。

从保险方面看，对家庭支柱进行投保，意外伤害保险、定期寿险、教育年金均可以考虑，也可以考虑以保险年金的方式储备退休金。

（四）维持期

从年龄方面看，这一时期约为 45~54 岁。

从工作方面看，自身的工作、业务能力均达到较高的水平，在业内积累了一定的声誉；如果是自营职业者，围绕业务建立的资源关系网络已经较为完整。

从家庭方面看，在这一时期，子女多处于念大学或者深造阶段，属于家庭成长期的后半段以及家庭成熟期的前半段，子女教育费用是最大支出。

从居住方面看，首套房产的贷款已经还清，可能会考虑以小换大，也可能为儿女准备房产的首付款。

从资产投资方面看，这一时期的投资能力最强，净资产数额最大，可以选择的资产种类也最多，可以构建包括存款、基金、股票、债券、投资性房产等多种资产的组合，在分散风险的同时，保持较高的收益增长。

从信用选择方面看，主要是信用卡、小额信贷的使用。对于自营职业者而言，在利用小额信贷获取资金时，需要考虑资金的利率、手续费、偿还计划等因素。

从保险方面看，基本养老保险、医疗险、寿险、年金等产品均可以考虑，以应对意外伤害、养老、医疗等方面的需求。

（五）高原期

从年龄方面看，这一时期约为 55～60 岁，主要是退休前的准备。

从工作方面看，在 60 岁之前，工作变化不大，收入也不会有大幅度的增加，工作的重心在于对接班人的培养。

从家庭方面看，在这一时期，子女已经就业，基本实现经济独立，属于家庭成熟期。

从居住方面看，家庭一般会维持现有住所到退休。

从资产投资方面看，这一时期的投资主要在于"求稳"，逐渐降低资产组合中高风险资产的比重，增加低风险资产的比重。

从信用选择方面看，主要是信用卡的使用。

从保险方面看，主要侧重于退休后养老金收入的规划、疾病支出的预判等方面的考虑。

（六）退休期

从年龄方面看，这一时期为 60 岁之后，是退休生活的开始。

从工作方面看，已经退休，如果体力、精力允许，可以承担顾问等方面的工作。

从家庭方面看，夫妻二人居住，或者与子女同住，处于家庭衰老期。

从居住方面看，根据家庭的具体情况，可能以大换小，补充养老金；也可能以小换大，为子女回家探亲提供住宿方面的便利。

从资产投资方面看，如果退休工资可以满足基本的日常支出要求，那么，可以选择风险较低的固定收益工具进行投资；如果需要进行资产变现以应付日常支出，那么，在资产选择时，还要考虑资产的流动性。

从保险方面看，基本上没有新增的保险费用支出，主要是之前保险计划在这一时期的收入回流。

此外，在避税方面，从生涯规划的建立期到高原期，随着收入的增加，需要将避税纳入理财的范围，特别是对于自营职业者以及有多项收入来源的个人更是如此，如利用个人所得税的不同税基和税率，利用进项税额的抵扣，利用具有避税效果的金融产品等进行避税安排。

📖 **扩展阅读**

理财价值观（节选）①

偏退休型——先牺牲后享受的"蚂蚁族"

这类人将大部分选择性支出都存起来，而他们储蓄投资最重要的目标就是期待退休后享受更高品质的生活。"认真工作，早日退休，筑梦余生"是该类型人群的真实写照。偏退休型人群的储蓄率较高，时间较长，会经历整个景气循环，所以不宜太过保守。

偏当前享受型——先享受后牺牲的"蟋蟀族"

这类人把选择性支出大部分用在当前消费上，以提升当前的生活水平。"青春不留白，及时行乐"是该类型人群的典型写照。但是，如果过于极端，那么会导致工作期储蓄率偏低，因此一旦退休，其累积的净资产大多不够老年生活所需，必须大幅降低生活水平或靠救济维生。偏当前享受型人群的储蓄较少，应该重视对养老金的准备。

偏购房型——为壳辛苦忙碌的"蜗牛族"

这类人的必要性支出以房贷为主，而尚未购房者大多将选择性支出储蓄起来准备购房，一般是为了拥有自有住房背负长期房贷并且节衣缩食的家庭。"有土斯有财，有恒产才有恒心"是该类人群的价值观。偏购房型人群应该首先计算自己的购房能力，并设计出最适合的现金流量房贷。

偏子女型——一切为儿女着想的"慈乌族"

这类人当前投入子女教育经费的比重偏高，或者其首要储蓄动机也是为了筹集未来子女的高等教育准备金。他们视子女成功为自己最大的成就，终其一生为子女辛劳。偏子女型人群应该避免由于过多倾向子女而留给自己较少的资源。在投资方面，他们会侧重于子女高等教育金的筹备。

第二节　金融理财理论基础：货币的时间价值

货币的时间价值理论是金融理财的基础理论。本节在对单利、复利、连续复利等利率相关概念进行介绍的基础上，探讨现值与终值的含义及相互关系，指出净现值和内部收益率在投资规划中的重要意义。

---

① 中国金融教育发展基金会金融理财标准委员会：《金融理财原理》，中信出版社 2007 年版。

一、利率的相关概念

利率是资金的价格，是理财过程中需要关注的重要因素。根据计算方式不同，利率可以分为单利、复利和连续复利。

（一）单利

所谓单利，是指仅按本金和时间的长短计算利息，本金所产生的利息不加入本金重复计算利息。

设 I 为利息额，P 为初始本金，r 为利息率，n 为借贷期限，S_n 为第 n 年的本金和利息之和，简称本利和，n = 1，2，…。

单利的计算公式：

$$I = P \times r \times n$$
$$S_n = P \times (1 + r \times n)$$

案例分析

假定有一笔为期 5 年、年利率为 10% 的 1 万元贷款，如果按照单利计算利息，利息额及本利和分别为：

I = 10000 元 × 10% × 5 = 5000 元
S_n = 10000 元 × (1 + 10% × 5) = 15000 元

（二）复利

爱因斯坦曾说过："复利堪称世界第八大奇迹，它的威力甚至超过了原子弹。"那么，复利是什么呢？复利是在单利的基础上发展起来的。与单利不同，复利是指在一定时期（如年、季或月）按本金计算利息，然后再将其加入本金，作为下一期计算利息的基础。民间所称"利滚利"指的就是复利计算方法。

设 I 为利息额，P 为初始本金，r 为利息率，n 为借贷期限，S_n 为第 n 年的本金和利息之和，简称本利和，n = 1，2，…。

复利的计算公式：

$$S_n = P \times (1 + r)^n$$
$$I = S_n - P = P \times \left[(1 + r)^n - 1 \right]$$

当计息次数超过一期时，从第二期开始，由于复利计息的本金高于单利计息的本金，所以，在到期时，无论是总利息还是本利和，复利计息都高于单利计息。

案例分析

假定有一笔为期 5 年、年利率为 10% 的 1 万元贷款，如果按照复利计算利息，本利和及利息额分别为：

$$S_n = 10000 \text{ 元} \times (1 + 10\%)^5 = 16105.1 \text{ 元}$$

$$I = 16105.1 \text{ 元} - 10000 \text{ 元} = 6105.1 \text{ 元}$$

如果按照单利计算利息，利息额及本利和分别为 5000 元和 15000 元，可见，对于债权人而言，复利计息的收入高于单利计息的收入。

（三）连续复利

上述复利计息采用每年计息一次的方法。从理论上讲，可以采用每半年一次或每月一次甚至每日一次的复利计息方式。一般地，如果本金为 P，期限为 n 年，年利率为 r，则在每年计息 m 次的复利条件下，本利和为：

$$S_n = P \times \left(1 + \frac{r}{m}\right)^{n \times m}$$

当复利次数 m 趋于正无穷大时，即为连续复利：

$$S_n = \lim_{m \to +\infty} P \times \left(1 + \frac{r}{m}\right)^{n \times m} = P \times e^{r \times n}$$

$$e \approx 2.718281828\cdots\cdots$$

$$I = S_n - P$$

案例分析

假定有一笔为期 5 年、年利率为 10% 的 1 万元贷款，如果按照连续复利计算利息，本利和及利息额分别为：

$$S_n = 10000 \text{ 元} \times 2.72^{5 \times 10\%} = 16492.42 \text{ 元}$$

$$I = 16492.42 \text{ 元} - 10000 \text{ 元} = 6492.42 \text{ 元}$$

可见，如果按照单利计算利息，利息额及本利和分别为 5000 元和 15000 元；如果按照复利计算利息，利息额及本利和分别为 6105.1 和 16105.1 元；如果按照连续复利计算利息，利息额及本利和分别为 6492.42 和 16492.42 元。对于债权人而言，连续复利计息方式获得的收入最高。

二、单期的终值和现值

货币具有时间价值，对于单期而言，无论采取单利的计息方式还是采取复利的计息方式，结果是一致的。

例如，假设利率为 3%，投资的本金为 100 万元，那么，一年后，投资的本利和为 103 万元，即：

100 万元 × (1 + 3%) = 103 万元

从货币的时间价值角度看，103 万元是 100 万元在一年后的终值，用 FV（future value）表示；反过来，一年后如果想获得 103 万元，在利率为 3% 的条件下，现在需要投资 100 万元，即 100 万元是一年后 103 万元的现值，用 PV（present value）表示。

一般而言，用 PV 表示现值，FV_t 表示第 t 期的终值，t 表示现值和终值之间的时间区间，在单期时，t = 1，通常省略，r 表示利率，那么：

$$FV = PV \times (1 + r)$$

$$PV = \frac{FV}{1 + r}$$

三、多期的终值和现值

从上文中可知，由于只有一期，所以，无论采取单利的计息方式，还是采取复利的计息方式，单期的终值和现值的结果是一致的。但是，对于多期而言，单利和复利区别很大。我们以 3 年期为例，同样假设利率为 3%，投资本金为 100 万元，对利用单利和复利计算的终值和现值进行比较。

（一）以单利计算终值和现值

如果以单利计息，投资的本利和一年后为 103 万元，两年后为 106 万元，3 年后为 109 万元。从时间价值的角度看，103 万元为 100 万元在一年后的终值，106 万元为 100 万元在两年后的终值，109 万元为 100 万元在三年后的终值。同理，100 万元是一年后 103 万元的现值，是两年后 106 万元的现值，是三年后 109 万元的现值（见图 2 - 1）。

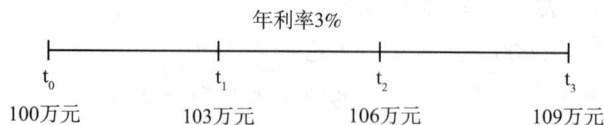

年利率3%

t_0 　　　 t_1 　　　 t_2 　　　 t_3

100万元　　103万元　　106万元　　109万元

图 2 - 1　以单利计算终值和现值

一般而言，用 PV 表示现值，FV_t 表示终值，t 表示现值和终值之间的时间区间，r 表示利率，那么：

$$FV_t = PV(1 + t \times r)$$

$$PV = \frac{FV_t}{1 + t \times r}$$

（二）以复利计算终值和现值

以复利计算终值和现值是更加常见的一种方式，如果没有特殊说明，那么，关于货币时间价值的计算一般采取复利形式。

如果以复利计息，那么：

一年后投资的本利和为：100 万元 × (1 + 3%) = 103 万元

两年后投资的本利和为：100 万元 × (1 + 3%)^2 = 106.09 万元

三年后投资的本利和为：100 万元 × (1 + 3%)^3 = 109.2727 万元

从时间价值的角度看，103 万元为 100 万元在一年后的终值，106.09 万元为 100 万元在两年后的终值，109.2727 万元为 100 万元在三年后的终值。同理，100 万元是一年后 103 万元的现值，是两年后 106.09 万元的现值，是三年后 109.2727 万元的现值（见图 2 - 2）。

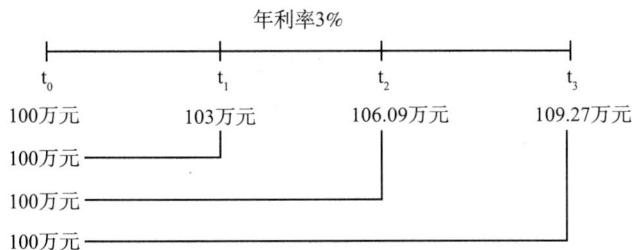

图 2 - 2　以复利计算终值和现值

一般而言，用 PV 表示现值，FV$_t$ 表示终值，t 表示现值和终值之间的时间区间，r 表示利率，那么：

$$FV_t = PV \times (1 + r)^t$$
$$PV = \frac{FV_t}{(1 + r)^t}$$

📖 扩展阅读

72 法则

"72 法则"是指已知投资报酬率前提下估算一项投资多长时间可以翻番的一个粗略法则。如果年利率为 r%，你的投资大约会在 72/r 年后翻番。但是，该法则只是一个粗略的估计，一般来说，利率在 6% ~ 12% 的范围内，使用"72 法则"比较准确。

例如，如果年利率为 10%，本金 100 万元，那么，你的投资将会在 7.2 年后翻番。如果按照复利计算公式 100 × (1 + 10%)^t = 200，根据财务计算器可知，t = 7.2725 年。

利用"72 法则"我们可以进行很多简单的计算。例如，一项投资本金 5 万元，10 年后翻番 10 万元，那么，72/r = 10，年利率大约为 7.2%。

如果按照复利公式计算，50000 元 × (1 + r)^{10} = 100000 元。

求解：r = 7.18%。

四、净现值

净现值（net present value，NPV）是指所有时点上现金流（cash flow，CF）的现值之和。对于一项投资而言，如果有收入，那么就有正向的现金流，则此项现金流的现值为正；如果有支出，那么就有负向的现金流，则此项现金流的现值为负。因此，当正向现金流大于负向现金流时，净现值为正，当正向现金流小于负向现金流时，净现值为负。如果净现值为正，那么，该项投资是有利可图的，净现值越大，投资收益也越高；反之，如果净现值为负，那么，该项投资就是亏损的，不应该进行投资。

例如，钱先生对某项投资很感兴趣，他对投资项目进行了深入考察，对投资的收入和支出情况进行了估计。该投资项目预期回报率为 5%，在期初时投资 10 万元，第一年年末收回 2 万元，但要追加投资 1 万元，第二年年末收回 3 万元，但要追加投资 1 万元，第三年年末收回 5 万元，第四年年末收回 3 万元。具体情况见表 2 - 1。

表 2 - 1 投资项目的收入支出情况 单位：元

年度	收入	支出
0		100000
1	20000	10000
2	30000	10000
3	50000	
4	30000	

通过简单的计算，我们发现，钱先生一共支出了 120000 元，收入了 130000 元，利润 10000 元。那么，这个答案准确吗？别忘了，货币具有时间价值。净现值的计算过程见图 2 - 3 和表 2 - 2。

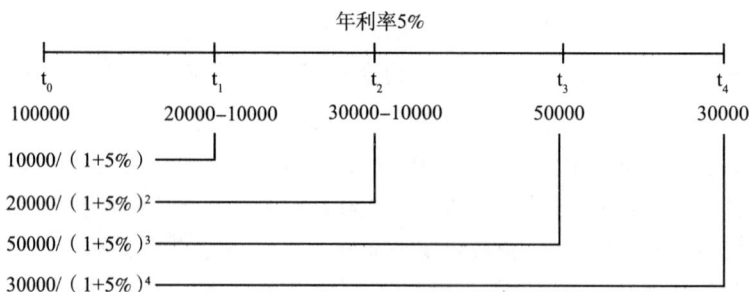

图 2 - 3 净现值的折现图

表 2 - 2	投资项目的净现值情况	单位：元
年度	净现金流	净现金流的现值
0	- 100000	- 100000
1	10000	$10000/(1+5\%)$
2	20000	$20000/(1+5\%)^2$
3	50000	$50000/(1+5\%)^3$
4	30000	$30000/(1+5\%)^4$

通过对收入和支出所形成的现金流的分析，我们利用复利公式计算该项目的净现值。

$$NPV = -100000 + \frac{20000 - 10000}{(1+5\%)} + \frac{30000 - 10000}{(1+5\%)^2} + \frac{50000}{(1+5\%)^3} + \frac{30000}{(1+5\%)^4}$$

$$= -4250.14 \ （元）$$

可见，该项投资的 NPV 为 - 4250.14 元，为负值，因此，不建议钱先生进行投资。

📖 扩展阅读

利用 WPS 表格计算 NPV

在许多情况下，投资项目涉及多期，每期现金流均不同，计算净现值十分麻烦。WPS 表格提供了 NPV 的计算公式，便于大家计算。

第一步：打开 WPS 表格，在表格内输入净现金流、利率的相应数值。例如，在 A1 输入"净现金流"的文本，在 B1 ~ F1 输入项目各期净现金流（正向现金流与负向现金流之和）的数值；在 A2 输入"利率"的文本；在 B2 输入利率的数值，5%；在 A3 输入"NPV"的文本。

第二步：将光标移至 B3（我们希望在此处得到 NPV 的数值），点击公式—财务—NPV，弹出对话框。

第三步：在贴现率处点击 5% 的所在表格 B2，在收益处选择 B1 至 F1，点击确定（见图 2 - 4）。

第四步：计算出 NPV 的数值，NPV = - 4250.14 元（见图 2 - 5）。

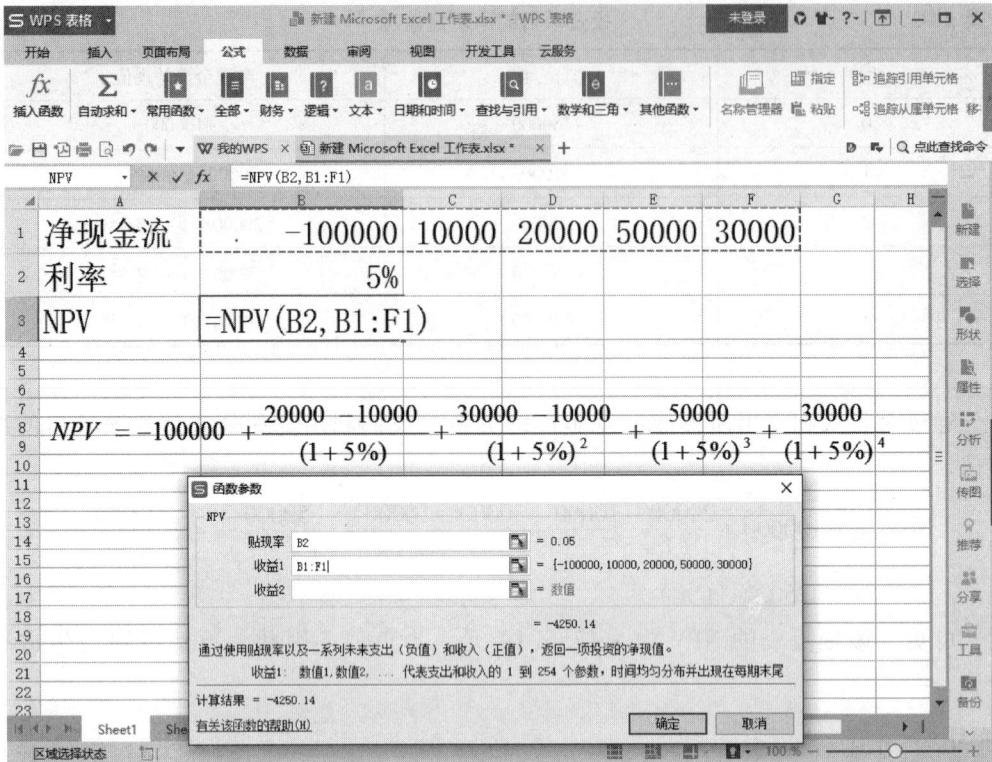

图 2-4　NPV 函数参数的设置

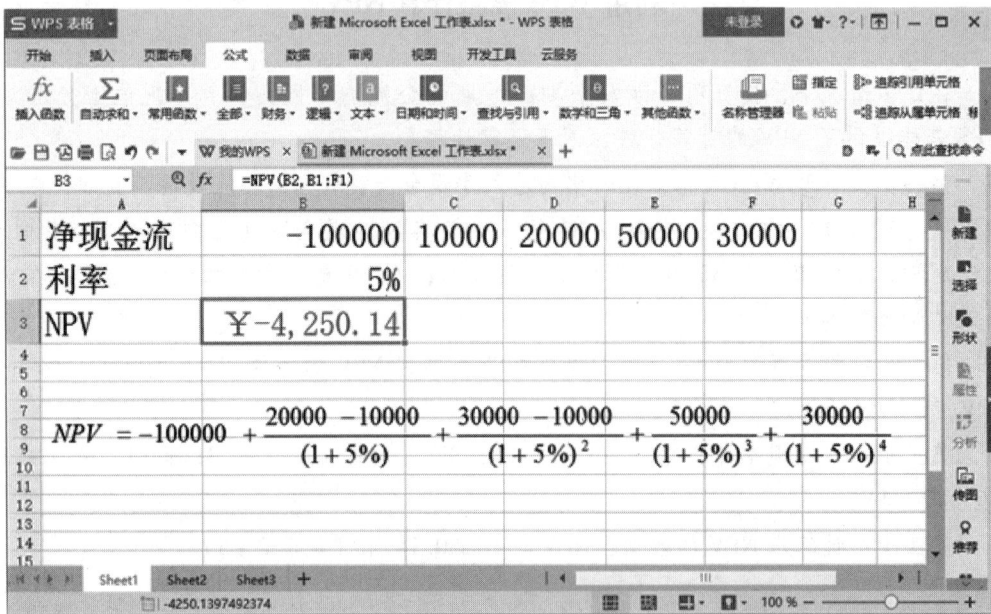

图 2-5　计算 NPV 的数值

五、内部收益率

内部收益率是与净现值相联系的一个概念，我们也可以从内部收益率的角度分析投资的财务可行性。内部收益率（internal return rate，IRR）也称为内含报酬率、内部回报率，是使净现值 NPV 为 0 的贴现率，是最准确的利率衡量指标。当投资者要求的收益率小于 IRR 时，则投资项目的 NPV >0，应当进行投资，投资项目的 IRR 越大越好；反之，当投资者要求的收益率大于 IRR 时，则投资项目的 NPV <0，不应当进行投资。

我们仍然利用钱先生的例子进行分析，项目的收入支出情况见表 2－1。

$$NPV = -100000 + \frac{20000 - 10000}{(1 + IRR)} + \frac{30000 - 10000}{(1 + IRR)^2} + \frac{50000}{(1 + IRR)^3} + \frac{30000}{(1 + IRR)^4} = 0$$

$$IRR = 3\%$$

这意味着，如果钱先生要求的投资收益率小于 3%，那么该项目值得投资；反之，如果钱先生要求的投资收益率大于 3%，那么应拒绝该项目，不进行投资。如果市场上可比项目的投资预期收益率为 5%，则意味着钱先生可以从市场上获得 5% 的投资回报，3% 小于 5%，因此，该项目应被拒绝。通过利用 IRR 进行分析，我们得出了与利用 NPV 进行分析一样的结论。但是，IRR 的计算需要对一元多次方程求解，有时会出现无解或者多个解的情况，当 IRR 和 NPV 出现矛盾时，以 NPV 的结论为准。

📖 **扩展阅读**

利用 WPS 表格计算 IRR

WPS 表格也提供了 IRR 的计算公式，便于大家计算。

第一步：打开 WPS 表格，在表格内输入净现金流的相应数值。例如，在 A1 输入"净现金流"的文本，在 B1～F1 输入项目各期净现金流（正向现金流与负向现金流之和）的数值；在 A2 输入"IRR"的文本（见图 2－6）。

第二步：将光标移至 B2（我们希望在此处得到 IRR 的数值），点击公式—财务—IRR，弹出对话框。

第三步：在现金流处选择 B1 至 F1，点击确定（见图 2－7）。

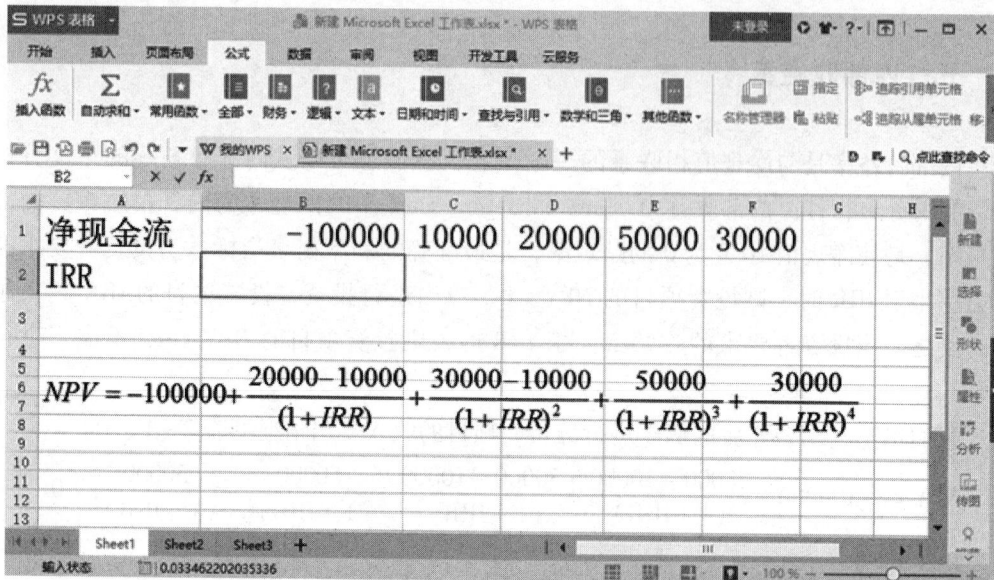

图 2 - 6　输入各期净现金流

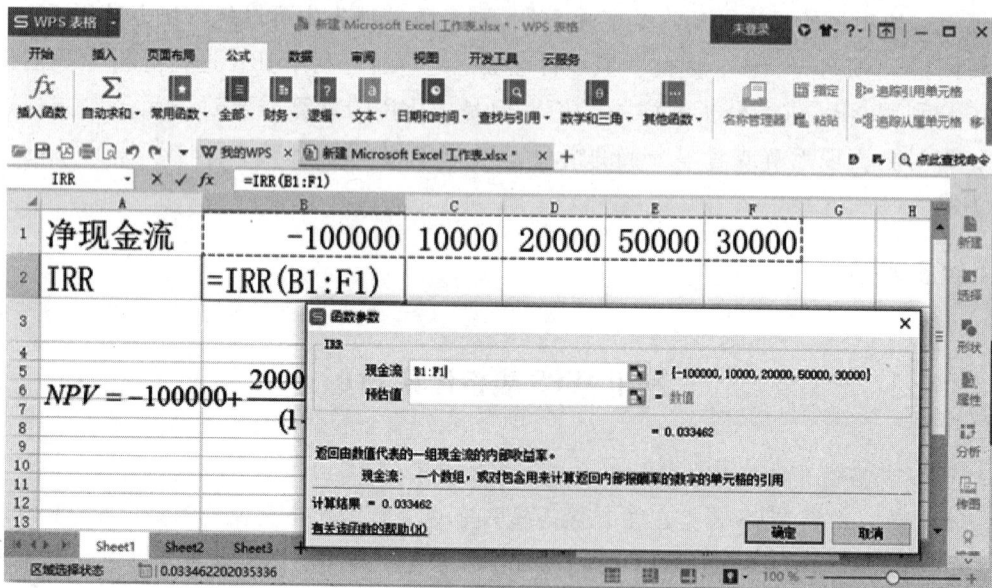

图 2 - 7　IRR 函数参数的设置

第四步：计算出 IRR 的答案，IRR = 3% （见图 2 - 8）。

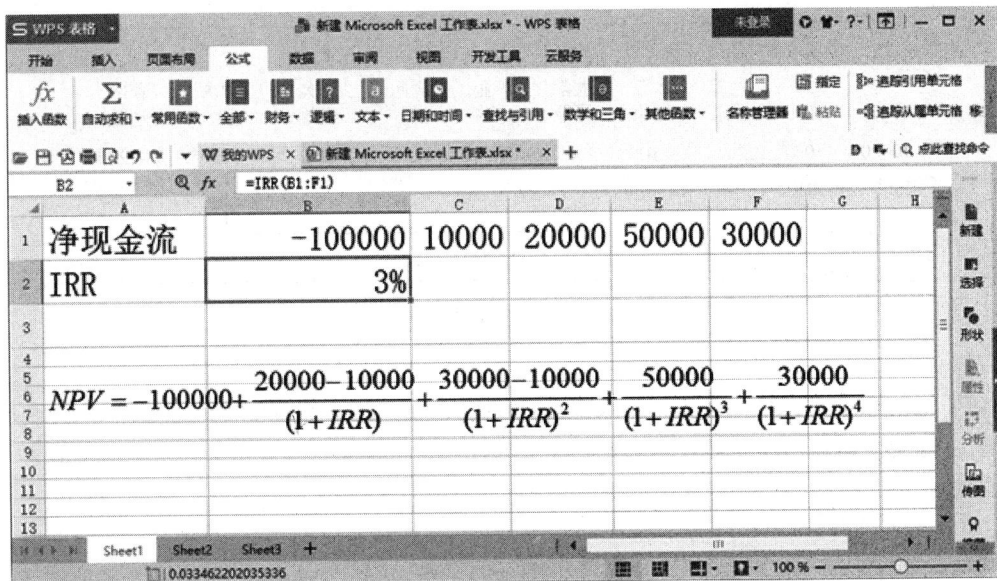

图2-8 计算IRR的数值

案例分析

助学贷款的内部收益率

为了支付大学学费，钱同学在大学开始时申请了20000元的助学贷款，贷款利率10%，分3年还清，头两年只偿付利息，最后一次性偿还本金。根据国家政策规定，钱同学可以在大学毕业两年后进行偿还，并且，在大学期间以及毕业后两年内均享有不支付利息的优惠。那么，用内部收益率衡量的利率是多少？为什么钱同学所支付的真实贷款利率低于10%？

（1）收入和支出的现金流分析。

在大学开始时，收入20000元。

在大学四年及毕业后两年内，均没有任何收入和支出。

在毕业后第一次偿还利息，20000元×10%=2000元

在毕业后第二次偿还利息，20000元×10%=2000元

在毕业后第三次偿还本金利息，20000元+20000元×10%=22000元

收入和支出的现金流折现分析如图2-9所示。

（2）IRR的计算。

根据净现值的公式，可知：

$NPV=20000-2000/(1+IRR)^7-2000/(1+IRR)^8-22000/(1+IRR)^9=0$

$IRR=3\%$

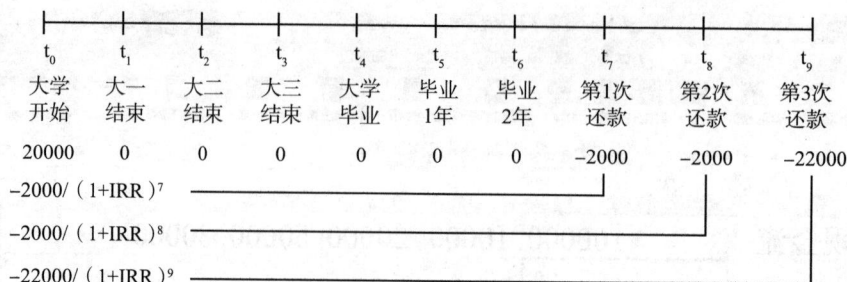

图 2-9 现金流折现

可见，钱同学实际需要支付的贷款利率仅为3%。由于货币时间价值的存在，时间越长，现金流贴现的现值越小。

本 章 小 结

在进行金融理财的过程中，家庭生命周期影响着家庭不同阶段的行为特征和价值取向，是进行金融理财的前提和基础，包括家庭形成期、家庭成长期、家庭成熟期、家庭衰退期四个阶段，在不同的阶段，家庭的成员数量、年龄、居住、收入、支出、净资产等方面存在差异，从而影响家庭的风险偏好和资产配置。生涯规划是个人前瞻性的活动，包括探索期、建立期、稳定期、维持期、高原期、退休期六个阶段，涉及学业及工作的选择、结婚及组建家庭、居住情况、退休规划等各个方面，涵盖资产投资、信用选择、保险规划、合理避税等环节。利率是资金的价格，根据计算方式不同，可以分为单利、复利和连续复利。其中，单利是指仅按本金和时间的长短计算利息，本金所产生的利息不加入本金重复计算利息；复利是指在一定时期（如年、季或月）按本金计算利息，然后再将利息加入本金，作为下一期计算利息的基础；连续复利是指当复利次数趋于正无穷大时的复利计算方式。货币具有时间价值，今天1元人民币的价值与明天1元人民币的价值不相等。净现值是指所有时点上现金流的现值之和，有正负之分；内部收益率是使净现值 NPV 为 0 的贴现率，是最准确的利率衡量指标，可以利用净现值和内部收益率衡量一个投资项目是否具有财务可行性。

基本概念

单利　复利　连续复利　净现值　内部报酬率

复习思考题

1. 家庭生命周期分为哪几个阶段？每个阶段的主要特点是什么？

2. 生涯规划分为哪几个阶段？每个阶段的主要特点是什么？生涯规划与家庭生命

周期是何种关系？

　　3. 同一个项目，分别采用单利、复利、连续复利的计息方式，对于债权人而言，哪种计息方式获得的利息数额最大？请举例说明。

　　4. 如果某个三年期的投资项目，投入资金成本 5 万元，三年内可获得 6 万元收入，那么，这个项目值得投资吗？请说明理由。

第三章

家庭财务情况分析

本章学习目标

- 了解家庭资产、负债的类型，并掌握反映家庭资产负债情况的指标；
- 了解家庭收入、支出的类型，并掌握反映家庭收入支出情况的指标；
- 理解不同家庭财务指标之间的关系。

本章基本内容

　　本章对家庭的资产负债情况进行分析，对流动性资产、自用性资产、投资性资产的主要内容进行阐述，对流动性负债、自用性负债、投资性负债的主要内容进行介绍，并对家庭资产负债指标进行总体分析和具体分析。同时，对家庭收入支出情况进行阐述，对工资薪金和劳动报酬收入、投资性收入等不同类型的收入进行区分，对生活类支出、投资类支出、转移类支出进行介绍，并对家庭收入支出指标进行总体分析和具体分析。最后，对资产负债情况与收入支出情况之间的关系进行探究，对家庭的财务情况进行整体考量。

第一节　家庭资产负债情况分析

　　资产和负债是存量概念，是指在一定时点的量，通常以月度末、季度末和年度末为分析的基点。一个家庭的资产负债反映了该家庭在月度末、季度末、年度末资产和负债的存量情况。明确资产负债情况是进行金融理财的基本前提，是对家庭整体财富情况进行分析的基础。

一、家庭资产分析

　　根据资产用途不同，家庭资产主要包括流动性资产、自用性资产和投资性资产三类。

（一）流动性资产

从一个家庭的角度看，流动性资产主要包括现金、活期存款、货币市场基金等。这一部分资产通常具有安全性好、流动性高的特点，但是收益率较低，持有此类资产的目的在于资产的货币性或者变现性。

以凯恩斯货币需求理论为基础，一个家庭持有流动性资产主要包括交易性动机、预防性动机和投机性动机三种。

第一，交易性动机。家庭出于交易性动机持有流动性资产主要与日常消费相关，如果日常消费可预测性较强，消费支出稳定，则这部分的流动性资产也较为稳定。此外，伴随着信用卡、京东白条等信用工具的出现，居民家庭的消费边界得到了扩展，但也增加了负债存量和下个期间的支出数额。

第二，预防性动机。家庭出于预防性动机持有流动性资产主要是为了应对不时之需。影响这部分资产数额的因素主要包括失业的可能性、寻找新工作的时间、疾病和意外发生的可能性、是否购买了保险、其他流动性较强的资产数量等。

第三，投机性动机。家庭出于投机性动机持有流动性资产主要是为了不错失更好的投资机会。例如，与居民股票账户相关联的活期存款就属于投机性动机的流动性资产。这一部分的流动性资产数额受到其他资产的流动性程度、投资机会、投资时机、预期收益等因素的影响。

（二）自用性资产

自用性资产主要包括个人和家庭使用的且拥有产权的房产、汽车、珠宝首饰等资产。这类资产主要为个人和家庭提供其特有的使用价值，不以赚取买卖差价为目的。例如，持有房产的主要目的在于居住，持有汽车的主要目的在于家庭成员驾驶代步，持有珠宝的主要目的在于为居民提升幸福感等。但是，上述资产的保值性差异巨大。一般而言，房产的保值性较强，具有抗通货膨胀的作用；汽车的保值性较弱，价值随着使用年限和行驶公里数的增加而显著下降；珠宝首饰的保值性与珠宝的珍贵程度相关，普通珠宝首饰的保值性也较弱。

（三）投资性资产

投资性资产主要包括定期存款、长期债券、股票、基金、档口、投资性房产、投资型保单、古玩字画等，这些资产的持有动机在于获得收益。这一部分的资产规模影响着居民家庭可以选择的投资工具的种类和数额。

二、家庭负债分析

根据负债用途不同，家庭负债主要包括流动性负债、自用性负债和投资性负债三类。

（一）流动性负债

流动性负债主要包括信用卡欠款、小额消费信贷、耐用消费品的分期付款等，主要是与上一个月的信用透支额度、期限、是否有循环额度等因素相关，通常期限较短。

（二）自用性负债

自用性负债主要是指通过信用方式购买房产、汽车、珠宝等自用性资产的负债余额，主要与未偿还贷款余额规模、偿还期限、贷款利率、每期偿还规模等因素相关。

（三）投资性负债

投资性负债主要是指通过信用方式或者杠杆方式借钱进行投资而形成的借款余额。通过杠杆方式进行投资，可以使收益成倍增长，也可以使损失成倍增加。投资性负债的大小与家庭的风险偏好程度、资产数额等因素相关。

案例分析

钱先生家庭在 2016 年 12 月末的财务情况如下：现金 20000 元，活期存款 20000 元，定期存款 200000 元；货币市场基金 50000 元；在某银行购买了 4 单银行理财产品，每单 50000 元；持有甲股票 10 手，每股价格 350 元，另持有乙股票 20 手，每股 6 元；持有某机构的股票型基金，价值 100000 元；持有投资型保单，账户价值 50000 元。同时，拥有自用型房产，房屋价值为 700000 元，但房贷余额为 500000 元；购买了第二套房产用于投资，房屋价值 200000 元，但房贷余额为 100000 元；拥有汽车，市场价值 300000 元，但车贷未偿余额为 80000 元，拥有珠宝首饰，市场价值 100000 元。此外，信用卡未偿还余额 15000 元，利用分期付款方式购买手机，未偿还余额为 2000 元。通过对以上数据的分类与梳理，钱先生家庭资产负债表如表 3 - 1 所示。

表 3 - 1 　　　　　　　　　　**2016 年 12 月末钱先生家庭资产负债表**　　　　　　　单位：元

资产	数额	负债及净值	成本价值
流动性资产	90000	流动性负债	17000
现金	20000	信用卡欠款	15000
活期存款	20000	分期付款	2000

资产	数额	负债及净值	成本价值
货币市场基金	50000		
自用性资产	1100000	自用性负债	580000
房产	700000	住房按揭贷款	500000
汽车	300000	汽车按揭贷款	80000
珠宝首饰	100000		
投资性资产	1112000	投资性负债	100000
定期存款	200000	投资性房地产按揭贷款	100000
银行理财产品	200000		
股票	362000	负债总计	697000
基金	100000	净值	1605000
投资型保单	50000		
投资性房产	200000		
资产总计	2302000	负债和净值总计	2302000

注：股票 1 手为 100 股。

三、家庭资产负债指标分析

在对家庭资产负债情况进行归类和梳理的基础上，需要对家庭资产负债进行指标分析，从而更加直观地反映出家庭的资产负债情况。家庭资产负债指标分析主要包括总体分析、资产分析和负债分析三个方面。

（一）总体分析

总体分析主要包括资产负债比率、流动性比率、自用性比率和投资性比率。

1. 资产负债比率

资产负债比率是总负债与总资产的比率。该比率越低表示债务负担越小，该比率越高表示债务负担越大。资产负债比率是总体分析中一个非常重要的指标，不仅反映了居民家庭的财富积累情况，也很大程度上决定了理财规划的不同类型。一般而言，资产负债比率越小，净资产的数额越大，该家庭可用于投资的资产数额也越大。

$$资产负债比率 = \frac{总负债}{总资产} \times 100\%$$

在钱先生的案例中：

$$资产负债比率 = \frac{697000}{2302000} \times 100\% = 30.28\%$$

钱先生家庭的资产负债比率为30.28%，低于50%，说明净资产数额较大，资产负债情况较好。

2. 流动性比率

流动性比率是流动性资产与流动性负债的比率。流动性资产既可以用于支付日常消费所需要的资金，也可以用于偿还流动性负债，因此，较高的流动性比率表明家庭的短期偿债能力较强。但是，该比率也不能过高，由于流动性资产的收益通常较低，所以，过高的流动性比率会影响到家庭资产的收益。

$$流动性比率 = \frac{流动性资产}{流动性负债}$$

在钱先生的案例中：

$$流动性比率 = \frac{90000}{17000} = 5.29$$

在暂不考虑钱先生家庭收入支出情况的条件下，5.29的流动性比率较高，通常会建议钱先生在扣除日常消费支出后，降低流动性资产的数额。

3. 自用性比率

自用性比率是自用性资产与自用性负债的比率，用来反映该家庭在自用性资产方面的债务负担。通常该比率越大，获取自用性资产的杠杆率越低。同时，自用性负债的产生与自用性资产密切相关，因此，只要自用性资产的折损率较低，该比率通常会大于1。但是，如果利用信用的方式购买了折损率较高的汽车、珠宝等产品，也可能会出现自用性比率小于1的情况，这意味着贷款的未偿余额高于资产的当前价值。

$$自用性比率 = \frac{自用性资产}{自用性负债}$$

在钱先生的案例中：

$$自用性比率 = \frac{1100000}{580000} = 1.90$$

钱先生家庭的自用性比率为1.90，大于1，说明自用性资产的价值远远高于尚未偿还的贷款余额。

4. 投资性比率

投资性比率是投资性资产与投资性负债的比率，反映一个家庭在投资方面的杠杆情况。该比率大于1，表示该家庭主要利用自有资产进行投资；该比率小于1，表示该家庭通过借款的方式进行投资。杠杆较高，风险较大。

$$投资性比率 = \frac{投资性资产}{投资性负债}$$

在钱先生的案例中：

$$投资性比率 = \frac{1112000}{100000} = 11.12$$

钱先生家庭的投资性比率为11.12，远远大于1，说明钱先生家庭的投资较为保守，主要依靠自有资产进行投资。

（二）资产分析

资产分析主要包括流动性资产比率、自用性资产比率、投资性资产比率。

1. 流动性资产比率

流动性资产比率是流动性资产占总资产的比率。一般情况下，总资产规模越大，该比率越低。较高的流动性资产比率意味着资金的使用效率低下，投资收益较低。

$$流动性资产比率 = \frac{流动性资产}{总资产} \times 100\%$$

在钱先生的案例中：

$$流动性资产比率 = \frac{90000}{2302000} \times 100\% = 3.91\%$$

钱先生家庭的流动性资产比率为 3.91%，占比较小，主要是由于钱先生家庭的资产数额基数较大。

2. 自用性资产比率

自用性资产比率是自用性资产占总资产的比率。一般情况下，该比率越高，表示该家庭的资产主要以自用性的住房、汽车等形态持有，可用于投资的资产占比较低。

$$自用性资产比率 = \frac{自用性资产}{总资产} \times 100\%$$

在钱先生的案例中：

$$自用性资产比率 = \frac{1100000}{2302000} \times 100\% = 47.78\%$$

钱先生家庭的自用性资产比率为 47.78%，低于 50%，这意味着在钱先生家庭的资产中，自用性资产并不占其资产的绝大部分，可用于金融产品投资的资产数额较大。

3. 投资性资产比率

投资性资产比率是投资性资产占总资产的比率。一般情况下，该比率越高，表示该家庭可用于投资的资产比率越大。而且，该资产数额的大小也在很大程度上决定了投资性收入的大小。

$$投资性资产比率 = \frac{投资性资产}{总资产} \times 100\%$$

在钱先生的案例中：

$$投资性资产比率 = \frac{1112000}{2302000} \times 100\% = 48.31\%$$

钱先生家庭的投资性资产比率为 48.31%，这意味着在钱先生家庭的资产中，投资性资产的占比较大，可用于投资的资产较多。

（三）负债分析

负债分析主要包括流动性负债比率、自用性负债比率、投资性负债比率。

1. 流动性负债比率

流动性负债比率是流动性负债占总负债的比率。一般情况下，流动性负债比率越高，意味着短期偿债的需求越高，则该家庭需要保持相应的流动性资产以偿付到期债务。

$$流动性负债比率 = \frac{流动性负债}{总负债} \times 100\%$$

在钱先生的案例中：

$$流动性负债比率 = \frac{17000}{697000} \times 100\% = 2.44\%$$

钱先生家庭的流动性负债比率为2.44%，占比较低，这意味着钱先生家庭的短期偿债压力不大，对流动性资产的需求相对较低。

2. 自用性负债比率

自用性负债比率是自用性负债占总负债的比率。一般情况下，自用性负债的比率越高，表示该家庭的自用性资产主要通过抵押贷款的方式获得，家庭债务负担较重。而且，为了偿还自用性负债，该家庭会压缩投资性资产的数额。

$$自用性负债比率 = \frac{自用性负债}{总负债} \times 100\%$$

在钱先生的案例中：

$$自用性负债比率 = \frac{580000}{697000} \times 100\% = 83.21\%$$

钱先生家庭的自用性负债比率为83.21%，在总负债中占比较高，说明钱先生家庭的自用性负债是其主要的负债来源，而自用性负债通常有自用性资产作为抵押物，因此，还债压力也较小。

3. 投资性负债比率

投资性负债比率是投资性负债占总负债的比率。一般情况下，该比率越高，表示该家庭越偏好于借款投资的方式，风险相对较高，但是，如果能获利，则获利能力较强。

$$投资性负债比率 = \frac{投资性负债}{总负债} \times 100\%$$

在钱先生的案例中：

$$投资性负债比率 = \frac{100000}{697000} \times 100\% = 14.35\%$$

钱先生家庭的投资性负债比率为14.35%，主要用于投资性房产的投资，抵押物的保值性也较好。

钱先生家庭的资产负债指标如表3-2所示。

表 3 - 2　　　　　　　　　钱先生家庭的资产负债比率情况

类别	科目	指标
总体分析	资产负债比率	30.28%
	流动性比率	5.29
	自用性比率	1.90
	投资性比率	11.12
资产分析	流动性资产比率	3.91%
	自用性资产比率	47.78%
	投资性资产比率	48.31%
负债分析	流动性负债比率	2.44%
	自用性负债比率	83.21%
	投资性负债比率	14.35%

第二节　家庭收入支出情况分析

收入和支出是流量概念，是指在一段时间的量，通常以一个月、一个季度、一年为分析的基点。一个家庭的收入和支出反映了该家庭在一个月、一个季度、一个年度收入和支出的流量情况。对家庭财务状况的分析，不仅包括对家庭资产负债情况的分析，也包括对家庭收入支出情况的分析，只有将两者结合起来，才能准确地对家庭财务情况进行整体评估。

一、家庭收入分析

根据我国《税法》，不同收入所缴纳的税收存在差异。因此，可以以税收为基础对家庭收入进行分类，从而为避税奠定基础。家庭收入一般可以分为工资薪金和劳动报酬收入、个体工商户生产和经营所得、投资类收入和转移类收入。

（一）工资薪金和劳动报酬收入

工资、薪金所得是指个人因任职或者受雇而取得的工资、薪金、奖金、年终加薪、劳动分红、津贴、补贴以及与任职或者受雇有关的其他所得。

劳务报酬所得是指个人从事设计、装潢、安装、制图、化验、测试、医疗、法律、会计、咨询、讲学、新闻、广播、翻译、审稿、书画、雕刻、影视、录音、录像、演出、表演、广告、展览、技术服务、介绍服务、经纪服务、代办服务以及其他劳务取得的所得。

（二）个体工商户生产和经营所得

个体工商户的生产、经营所得是指：

（1）个体工商户从事工业、手工业、建筑业、交通运输业、商业、饮食业、服务业、修理业以及其他行业生产、经营取得的所得。

（2）个人经政府有关部门批准，取得执照，从事办学、医疗、咨询以及其他有偿服务活动取得的所得。

（3）其他个人从事个体工商业生产、经营取得的所得。

（4）上述个体工商户和个人取得的与生产、经营有关的各项应纳税所得。

（三）投资类收入

投资类收入包括：

（1）利息、股息、红利所得，是指个人拥有债权、股权而取得的利息、股息、红利所得。

（2）财产租赁所得，是指个人出租建筑物、土地使用权、机器设备、车船以及其他财产取得的所得。

（3）财产转让所得，是指个人转让有价证券、股权、建筑物、土地使用权、机器设备、车船以及其他财产取得的所得。

（四）转移类收入

转移类收入包括救济、遗产、受赠资产、理赔金、赡养费以及中奖等偶然所得。

二、家庭支出分析

家庭支出主要包括生活类支出、投资类支出和转移类支出。

（一）生活类支出

根据衣食住行医育乐来划分，生活类支出主要包括：

1. 食品类支出

食品类支出主要是指用于购买柴米油盐、水果、饮料、烟酒糖茶等方面的支出。

2. 衣品类支出

衣品类支出主要是指用于购买衣服、鞋帽、洗衣、美容美发、化妆品、配饰等方面的支出。

3. 居住类支出

居住类支出主要是指用于购买家电产品、洗化用品、清洁用品、保洁人员报酬等方面的支出，同时也包括房租、水电煤气费、物业费等。

4. 交通通信类支出

交通通信类支出主要是指加油费、租车费、停车费、通信费用等。

5. 医疗保健类支出

医疗保健类支出主要是指门诊医疗费、住院医疗费、药品费用、保健品费用等。

6. 教育类支出

教育类支出主要包括子女的补习费、参加各类兴趣班的培训费、图书费、软件费等。

7. 娱乐类支出

娱乐类支出主要包括旅游支出、KTV支出、饭局支出、运动健身类支出等。

（二）投资类支出

1. 利息及偿债支出

利息支出是指由于存在尚未还清的房贷、车贷、借款、信用卡支出而产生的利息支出。此外，在很多情况下，住房、汽车等抵押贷款采取固定金额的偿还形式，因此，在每期偿还的款项中，不仅包括利息支出，也包括本金的偿付。

2. 资产投资支出

资产投资支出是指由于购买了如定存定投等金融产品而导致的每期存在的投资支出，此外，购买新资产的支出也在此项下。

3. 保险支出

保险支出是指家庭缴纳寿险保费以及财险保费的支出，或者以趸缴方式支出，或者以分期方式支出。

（三）转移类支出

转移类支出是指需要支付的赡养费、抚养费、捐赠等方面的支出。

案例分析

钱先生家庭为双薪家庭，一家三口。钱先生为某单位高管，钱夫人在某事业单位上班，儿子大学在读。2017年，钱先生家庭的收入支出情况如下：夫妻二人每年税后工资收入500000元；利息收入4000元；在货币市场基金初始投入50000元，当前净值为51000元，收入1000元；投资了4单银行理财产品，每单收入2000元，共计收入8000元；持有甲股票10手，成本价350元，市场价值485元，收入135000元，另持有乙股票20手，成本价6元，市场价值7.5元，收入3000元；持有某机构的股票型基金，成本价100000元，现价80000元，亏损20000元；持有投资型保单，趸交保费50000元，现在账户价值60000元，收入10000元；稿费收入20000元。同时，生活类支出200000元，其中，儿子每年的学费支出15000元；信用卡偿还额15000元，消费贷款的偿还额 2000 元；住房按揭贷款和汽车按揭贷款尚未还清，住房按揭贷款的偿还额为 30000 元，汽车贷款的偿还额为 8000 元，投资性房产贷款偿还 10000 元。此外，钱先生开始对某基金进行定额定投，每年支出 30000 元；每年需要支付的车辆险保费 5000 元；购买了新的人身保险，保费支出 5000 元，保单的现金价值 3000 元；每年给父母 20000 元的零用钱。通过对以上数据的分类与整理，钱先生家庭收入支出如表 3 - 3 所示。

表 3 - 3　　　　　　　　　　钱先生家庭的收入支出情况　　　　　　　　　单位：元

收入	金额	支出	金额	储蓄
工作类收入	500000	生活类支出	200000	300000
		学费支出	15000	
投资类收入	141000	投资类支出	105000	36000
利息收入	4000	信用卡偿还	15000	
银行理财产品收入	8000	消费贷款偿还	2000	
货币基金收入	1000	房产贷款偿还	40000	
股票投资收入	138000	汽车贷款偿还	8000	
基金收入	-20000	基金定额定投	30000	
投资型保单收入	10000	保险支出	10000	
转移类收入	20000	转移类支出	20000	0
收入总额	661000	支出总额	325000	336000

三、家庭收入支出指标分析

在对家庭收入支出情况进行归类和梳理的基础上，需要对家庭收入支出进行指标分析，从而更加直观地反映出家庭的收入支出情况，主要包括总体分析、收入类指标分析和支出类指标分析三个方面。

（一）总体分析

总体分析主要包括收入支出比率、自由储蓄率、工作类收入与生活类支出比率和投资类收入支出比率。

1. 收入支出比率

收入支出比率是总收入与总支出的比率，反映当期总收入对当期总支出的覆盖程度。如果该比率大于 1，则表明当期收入能够满足当期支出的需求；如果该比率小于 1，则表明当期收入不能满足当期支出的需求，需要动用净资产进行支付。

$$收入支出比率 = \frac{当期收入}{当期支出}$$

在钱先生的案例中：

$$收入支出比率 = \frac{661000}{325000} = 2.03$$

钱先生家庭的收入支出比率为2.03，数值大于1，这意味着钱先生家庭当期收入可以完全满足当期支出的需求，并且净资产增加。

2. 自由储蓄率

自由储蓄是指储蓄总额扣除既定的还款或者投资后的余额，是可以自由决定如何使用的储蓄绝对额。自由储蓄率是自由储蓄绝对额占总收入的比率，是衡量自由储蓄的相对比率。该比率较高，则表明该居民家庭的投资自由度更大，可以实现计划外的理财目标越多。

$$自由储蓄率 = \frac{自由储蓄额}{总收入} \times 100\%$$

在钱先生的案例中：

$$自由储蓄率 = \frac{336000}{661000} \times 100\% = 50.83\%$$

钱先生家庭的自由储蓄率为50.83%，当期收入结余较多，这意味着钱先生家庭可用于投资的资产基数增加。

3. 工作类收入与生活类支出的比率

工作类收入与生活类支出的比率是工作类收入与生活类支出之比。该比率大于1，则表明工作类收入足以满足生活类支出。

$$工作类收入与生活类支出比率 = \frac{工作类收入}{生活类支出}$$

在钱先生的案例中：

$$工作类收入与生活类支出比率 = \frac{500000}{200000} = 2.5$$

钱先生家庭工作类收入与生活类支出的比率为2.5，该比率较高，这意味着钱先生家庭的生活类支出完全可以被工作类收入覆盖。

4. 投资类收入支出比率

投资类收入支出比率是投资类收入与投资类支出的比率，反映了家庭当前和未来的投资资产配置情况。如果该比率小于1，原因可能是之前投资资产的亏损，也可能是该家庭对新资产进行了投资。

$$投资类收入支出比率 = \frac{投资类收入}{投资类支出}$$

在钱先生的案例中：

$$投资类收入支出比率 = \frac{141000}{105000} = 1.34$$

钱先生家庭投资类收入支出比率为 1.34，这意味着钱先生家庭之前进行了较为成功的资产配置。

（二）收入类指标分析

收入类指标主要包括工作类收入比率、投资类收入比率、转移类收入比率。

1. 工作类收入比率

工作类收入比率是工作类收入占总收入的比率。该比率越高，反映该家庭对工作收入依赖越大。退休后，该比率会显著减少，甚至为零。

$$工作类收入比率 = \frac{工作类收入}{总收入} \times 100\%$$

在钱先生的案例中：

$$工作类收入比率 = \frac{500000}{661000} \times 100\% = 75.64\%$$

钱先生家庭的工作类收入比率为 75.64%，表明工作收入是钱先生家庭收入的主要来源。

2. 投资类收入比率

投资类收入比率是投资类收入占总收入的比率。该比率越高，反映该家庭对投资类收入的依赖越大。退休后，家庭收入主要依赖于投资类收入。

$$投资类收入比率 = \frac{投资类收入}{总收入} \times 100\%$$

在钱先生的案例中：

$$投资类收入比率 = \frac{141000}{661000} \times 100\% = 21.33\%$$

钱先生家庭的投资类收入比率为 21.33%，这意味着投资类收入是钱先生家庭收入的重要来源，伴随着资产的增加，该比率会逐步上升。

3. 转移类收入比率

转移类收入比率是转移类收入占总收入的比率。该比率越高，反映该家庭对转移类收入的依赖越大，这类家庭通常比较脆弱，现金流断裂的风险较高。

$$转移类收入比率 = \frac{转移类收入}{总收入} \times 100\%$$

在钱先生的案例中：

$$转移类收入比率 = \frac{20000}{661000} \times 100\% = 3.03\%$$

钱先生家庭的转移类收入比率为 3.03%，转移类收入占比很低。

（三）支出类指标分析

支出类指标主要包括生活类支出比率、投资类支出比率、转移类支出比率。

1. 生活类支出比率

生活类支出比率是生活类支出占总支出的比率。该比率越高，反映该家庭的支出主要用于衣食住用行等生活类支出，此时，家庭的收入水平通常较低。

$$生活类支出比率 = \frac{生活类支出}{总支出} \times 100\%$$

在钱先生的案例中：

$$生活类支出比率 = \frac{200000}{325000} \times 100\% = 61.54\%$$

钱先生家庭生活类支出比率为61.54%，这意味着钱先生家庭一半以上的支出用于消费，而非投资。

2. 投资类支出比率

投资类支出比率是投资类支出占总支出的比率，可以对该比率进行细分：

如果利息及偿债支出占比较大，则反映该家庭偿债压力较大以及负债余额的下降。

如果资产投资支出占比越大，则反映该家庭的投资偏好越大，未来获得更高收入的可能性越大，家庭的收入水平通常也较高。

如果保险支出占比较大，则需要进一步分析原因，是由于购买车辆险等财产险形成的支出，还是由于购买寿险而形成的支出？是趸缴方式形成的大额支出，还是分期付款方式的长期支出？是必要性支出，还是选择性支出？

$$投资类支出比率 = \frac{投资类支出}{总支出} \times 100\%$$

在钱先生的案例中：

$$投资类支出比率 = \frac{105000}{325000} \times 100\% = 32.31\%$$

钱先生家庭投资类支出比率为32.31%。

3. 转移类支出比率

转移类支出比率是转移类支出占总支出的比率。该比率越高，反映该家庭转移类支出的负担越大。这一部分支出通常是没有回报的，该比率越大，反映该家庭可用于自由支配以及理财的收入越少。

$$转移类支出比率 = \frac{转移类支出}{总支出} \times 100\%$$

在钱先生的案例中：

$$转移类支出比率 = \frac{20000}{325000} \times 100\% = 6.15\%$$

钱先生家庭的转移类支出比率为6.15%，占比较小，对整个家庭的理财情况影响不大。

钱先生家庭收入支出各指标如表3-4所示。

表 3－4 钱先生家庭收入支出比率分析

类别	科目	指标
总体分析	收入支出比率	2.03
	自由储蓄率	50.83%
	工作类收入与工作类支出比率	2.5
	投资类收入支出比率	1.34
收入类指标	工作类收入比率	75.64%
	投资类收入比率	21.33%
	转移类收入比率	3.03%
负债分析	生活类支出比率	61.54%
	投资类支出比率	32.31%
	转移类支出比率	6.15%

第三节　家庭财务情况整体分析

一、资产负债分析与收入支出分析的关系

（一）收入支出决定资产负债的增量

从整体的家庭财务情况角度看，资产负债与收入支出关系密切，T_0 期的资产负债情况和收入支出情况，决定了 T_1 期的资产负债情况。

案例分析

我们以钱先生家庭 2016 年 12 月末的资产负债情况和 2017 年的收入支出情况为例（具体案例介绍见上文），编制钱先生家庭 2017 年 12 月末的资产负债表。

1. 收入和支出对资产的影响

（1）流动性资产。

①活期存款。

第一，夫妻二人每年税后工资收入 500000 元，如果以活期存款形式持有，则活期存款增加了 500000 元。

第二，稿费收入 20000 元，如果以活期存款形式持有，则活期存款增加 20000 元。

第三，生活类支出 200000 元，如果支出以活期存款支付，则活期存款减少 200000 元。

第四，偿还信用卡支出 15000 元，如果支出以活期存款支付，则活期存款减少 15000 元。

第五，偿还消费贷款支出 2000 元，如果支出以活期存款支付，则活期存款减少 2000 元。

第六，住房按揭贷款及投资性房产偿还额 40000 元，汽车贷款的偿还额为 8000 元，如果以活期存款支付，则活期存款减少 48000 元。

第七，钱先生开始对某基金进行定额定投，每年支出 30000 元，如果以活期存款支付，则活期存款减少 30000 元。

第八，车辆险保费 5000 元，如果以活期存款支付，则活期存款减少 5000 元。

第九，人身保险保费 5000 元，如果以活期存款支付，则活期存款减少 5000 元。

第十，给父母 20000 元的零用钱，如果以活期存款支付，则活期存款减少 20000 元。

因此，活期存款共计增加了 195000 元，期初的活期存款为 20000 元，活期存款增加至 215000 元。

②货币市场基金。

货币市场基金投资收入 1000 元，货币市场基金价值增加至 51000 元。

（2）投资性资产。

①定期存款。定期存款的利息收入为 4000 元，如果该笔利息作为定期存款的本金，则定期存款增加了 4000 元，增加至 204000 元。

②银行理财产品。银行理财产品收入共计 8000 元，如果收入仍用于购买银行理财产品，则银行理财产品增加至 208000 元。

③股票。股票投资收入共计 138000 元，当前市场价值 500000 元。

④基金。基金投资亏损 20000 元，当前市场价值 80000 元；钱先生开始对某基金进行定额定投，基金价值增加 30000 元，基金价值总计增加至 110000 元。

⑤投资型保单。投资型保单增值，现在账户价值 60000 元。人身保险保费 5000 元，其保单价值 3000 元，资产增加了 3000 元。

2. 收入和支出对负债的影响

（1）流动性负债。

第一，偿还信用卡支出 15000 元，由于所有信用卡欠款均被偿付，所以，在没有新的信用卡欠款发生的条件下，负债的信用卡欠款为 0。

第二，偿还消费贷款支出 2000 元，由于所有消费贷款均被偿付，所以，在没有新的消费贷款发生的条件下，负债的消费贷款为 0。

（2）自用性负债。

第一，住房按揭贷款偿还额 30000 元，负债项下的住房按揭贷款未偿余额减少至 470000 元。

第二，汽车贷款的偿还额为 8000 元，汽车贷款未偿余额减少至 72000 元。

（3）投资性负债。

投资性房产偿还额 10000 元，投资性房产未偿余额减少至 90000 元。

在考虑了收入支出对资产负债表的影响后，2017 年 12 月末钱先生家庭资产负债表如表 3 - 5 所示。

表 3 - 5　　　　　　　　**2017 年 12 月末钱先生家庭资产负债表**　　　　　单位：元

资产	数额	负债及净值	成本价值
流动性资产	286000	流动性负债	0
现金	20000	信用卡欠款	0
活期存款	215000	分期付款	0
货币市场基金	51000		
自用性资产	1100000	自用性负债	542000
房产	700000	住房按揭贷款	470000
汽车	300000	汽车按揭贷款	72000
珠宝首饰	100000		
投资性资产	1285000	投资性负债	90000
定期存款	204000	投资性房地产按揭贷款	90000
银行理财产品	208000		
股票	500000	负债总计	632000
基金	110000	净值	2039000
投资型保单	63000		
投资性房产	200000		
资产总计	2671000	负债和净值总计	2671000

此外，由于自用性资产、投资性房产等资产本身会存在升值和贬值的情况，假设：

第一，自用性房产价值上升，当前市场价值为 800000 元。

第二，自用性汽车价值下降，当前市场价值 250000 元。

第三，珠宝首饰价值下降，当前市场价值 80000 元。

第四，投资性房产价值上升，当前市场价值 220000 元。

则钱先生家庭的资产负债表再次发生变化，见表 3 - 6。

表 3 - 6　　　　　**2017 年 12 月末考虑价值变动后钱先生家庭资产负债表**　　　　单位：元

资产	数额	负债及净值	成本价值
流动性资产	286000	流动性负债	0
现金	20000	信用卡欠款	0

续表

资产	数额	负债及净值	成本价值
活期存款	215000	分期付款	0
货币市场基金	51000		
自用性资产	1130000	自用性负债	542000
房产	800000	住房按揭贷款	470000
汽车	250000	汽车按揭贷款	72000
珠宝首饰	80000		
投资性资产	1285000	投资性负债	90000
定期存款	204000	投资性房地产按揭贷款	90000
银行理财产品	208000		
股票	500000	负债总计	632000
基金	110000	净值	2069000
投资型保单	63000		
投资性房产	220000		
资产总计	2701000	负债和净值总计	2701000

(二) 财务指标的综合考虑

第一，在不考虑当期收入的条件下，净资产可以用于应对各项支出的需要，因此，净资产越大，资产负债比率越低，对支出的保证越强。

第二，如果当期收入能够覆盖当期支出，即收入支出比率大于1，则家庭当前的现金流情况很好，不需要动用净资产弥补收支缺口。

第三，资产收入等非工作收入是家庭收入的重要来源，一般而言，随着家庭资产规模的增加，资产收入占比会逐步增加，即投资类收入比率上升。

第四，如果家庭需要当期还款的房贷、车贷数额较大，则在偿还时点之前，活期存款数额较大。

二、家庭财务情况的弹性程度

在对家庭财务情况进行分析的基础上，了解家庭财务情况的弹性程度也十分重要，主要包括可用于投资的净资产和支出的类型两方面。

(一) 可用于投资的净资产

我们可以用资产负债比率来衡量一个家庭的净资产情况。一般而言，资产负债比率越小，净资产占比越大。而且，我们要对资产和负债进行具体分析。

从资产方面看，一个家庭的自用性资产占比越大，即自用性比率越高，则可用于投资的资产越少，资产增值的基数越小；一个家庭的投资性资产占比越大，即投资性比率越高，则可用于投资的资产越多，资产增值的基数越大。

从负债方面看，如果一个家庭的负债主要由于消费、自用等原因形成的，不具有保值性和投资性，那么，这种类型的负债越多，该家庭在投资规模方面受到的制约也越多。

（二）支出的类型

一个家庭的支出可以分为选择性支出和必要性支出。一个家庭的必要性支出越多，包括日常消费支出、每月房贷偿还额等，那么，支出的弹性较低，该家庭很难通过支出优化来增加可投资资产的数量。

此外，信用卡、保险等金融产品可以在一定程度上优化家庭的收入支出情况。第一，信用卡可以扩大家庭的支出边界，通过延期支付的方式改变家庭的收入支出覆盖方式；第二，保险可以降低家庭预防性资产的规模，提高投资性资产在总资产中的占比，也可以在家庭遭受风险事件时提供必要的收入支持。

本 章 小 结

明确资产负债情况和收入支出情况是进行金融理财的基本前提，是对家庭整体财富状况进行分析的基础。根据资产用途不同，家庭资产主要包括流动性资产、自用性资产和投资性资产三类；根据负债用途不同，家庭负债主要包括流动性负债、自用性负债和投资性负债三类。同时，对资产负债情况进行比率分析。总体分析主要包括资产负债比率、流动性比率、自用性比率和投资性比率。家庭收入一般包括工资薪金和劳动报酬收入、个体工商户生产和经营所得、投资类收入和转移类收入四类，家庭支出包括生活类支出、投资类支出和转移类支出三类。还要对收入支出情况进行比率分析。总体分析主要包括收入支出比率、自由储蓄比率、工作类收入与生活类支出比率和投资类收入支出比率。此外，资产负债情况是家庭财务的存量情况，收入支出情况是家庭财务的流量情况，收入支出决定了资产负债的增量。

基本概念

资产负债比率　流动性比率　自用性比率　投资性比率　收入支出比率　自由储蓄率

复习思考题

1. 一个家庭的资产和负债主要包括哪几种类型?

2. 一个家庭的收入和支出主要包括哪几种类型?

3. 不同家庭的财务指标为什么会存在差异? 请举例说明。

4. 王先生的家庭为单薪家庭, 一家三口。王先生为公务员, 王夫人为全职太太, 儿子3岁。从资产负债方面看, 王先生家庭持有现金5000元, 活期存款2000元, 定期存款100000元; 余额宝中货币市场基金2000元; 持有股票型基金50000元; 拥有一套住房, 房屋价值为500000元, 但房贷余额200000元; 信用卡未偿还余额6000元。从收入支出方面看, 王先生每年税后工资收入120000元; 利息收入3000元; 货币市场基金收入80元; 股票型基金投资收入1000元; 生活类支出60000元, 信用卡偿还额6000元; 住房按揭贷款偿还额为20000元; 王先生开始为儿子投资教育年金, 每年需要支付保险费2000元; 每年给父母5000元的零用钱。根据上述资料, 请对王先生家庭的财务情况进行分析。

第四章

家庭风险偏好分析

本章学习目标

- 理解风险与收益的含义及类型；
- 掌握风险与收益的度量方法；
- 了解影响家庭风险偏好的因素；
- 掌握风险承受能力和风险承受态度的影响因素及度量方式；
- 理解风险偏好与资产组合风险收益特征之间的关系。

本章基本内容

在对风险与收益的基本内容进行介绍的基础上，阐述风险及收益的含义及类型，并对单一资产风险与收益的度量、资产组合风险与收益的度量、市场风险的度量进行探讨。然后，分析影响家庭风险承受能力的因素，并从简易分析和量化分析两个方面对家庭的风险属性进行探讨。

第一节　风险与收益

风险与收益密切相关，高风险往往伴随着高收益，低风险往往伴随着低收益。本节将对风险的相关概念进行阐释，并对风险和收益的度量方式进行介绍。

一、风险的相关概念

（一）风险的含义及类型

在金融学中，风险通常是指能够用概率衡量的某一项投资的不确定性。根据不同的依据，可以分为不同的种类。

1. 根据风险的来源进行分类

根据风险的来源进行分类，风险可以分为信用风险、市场风险、操作风险、流动性风险、政策风险、国家风险等。

（1）信用风险。

信用风险，也称为违约风险，通常是指借款人或者交易对手方无法按期进行偿付而导致的损失可能性。如债券的发行人无法按期偿还本金和利息的可能性、按揭贷款的借款人无法按时偿还借款利息和本金的可能性、互联网贷款平台借款人无法按期偿付的可能性，这些都属于信用风险。

（2）市场风险。

市场风险，也称为价格风险，通常是指市场上利率、汇率、股票价格、商品价格等波动而导致参与者资产价值变化的可能性。如利率的上升会使利息负担增加，本币币值上升可能会不利于出口商的出口，股票价格的频繁波动使投资者资产价值的波动性增加。

（3）操作风险。

操作风险通常是指金融机构或者信用平台由于系统不完善、管理不健全以及人为操作失误而导致交易方产生损失的可能性。巴塞尔委员会从两个维度对操作风险进行了分类。

①按照事件原因或者风险因素划分。从事件原因或者风险因素角度对操作风险进行分类，可以分为内部欺诈、外部欺诈、就业政策和工作场所安全性风险、客户和产品操作风险、实体资产损坏、业务中断或者交易失败、交易处理和流程管理风险七类。

②按照操作风险发生的部门和流程环节划分。从操作风险发生的业务部门和流程环节角度对操作风险进行分类，可以分为公司金融风险、交易和销售风险、零售银行业务风险、商业银行业务风险、支付清算风险、代理风险、资产管理风险、经纪风险八类。

（4）流动性风险。

流动性风险，也称为变现性风险，通常是指金融市场的参与者由于资产的流动性降低而产生损失的可能性。特别是，当金融市场参与者采取保证金方式进行杠杆交易时，流动性风险更加重要。

（5）政策风险。

政策风险通常是指由于与金融市场有关的政策发生重大变化，或者重要的政策、法规的出台而导致金融资产价格波动，从而给市场参与者带来损失的可能性。货币政策、财政政策、汇率制度的变化等都属于政策风险的内容。

（6）国家风险。

国家风险，也称为主权风险，是指在国际活动中由于国家的主权行为而导致的市场参与者产生损失的可能性。在金融全球化的背景下，当市场参与者从事外币交易和投资、对外借款和贷款、对外证券投资等业务时会面临国家风险。

2. 根据风险是否可以分散进行分类

根据是否可以分散，风险可以分为系统性风险和非系统性风险（见图4-1）。

（1）系统性风险。

系统性风险，也称为不可分散风险，通常是指对从事金融交易的整个金融市场产生的风险。例如，一个国家的货币政策、财政政策、利率变动、汇率变动、经济周期调整等都会对该国的金融市场产生影响，这种风险不能通过投资的分散化加以降低和消除。

（2）非系统性风险。

非系统性风险，也称为可分散风险，通常是指由于个别的、特有的事件给市场参与者带来损失的可能性。例如，某上市公司由于新产品开发失败而导致该公司股票价格下跌，这一事件只会影响到该公司以及相关企业，不会对整体金融市场产生太大的影响，因此，这种风险可以通过分散化投资消除。

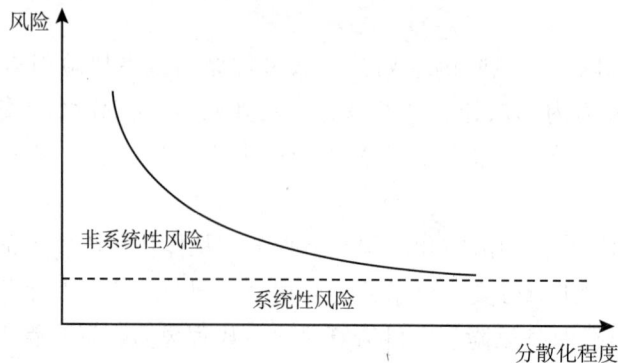

图4-1　系统性风险和非系统性风险

（二）收益的含义及类型

我们已经了解了利率、单利、复利、内部报酬率等概念，这些都是可以衡量收益的指标。收益率是某项投资产生的回报对本金的比率，如果收益率的数值为正，则表明投资有正向的回报；如果收益率数值为负，则表明投资亏损。

收益率有实际收益率和预期收益率之分。实际收益率是事后的概念，是在投资结束后计算出的投资的收益率；预期收益率是事前的概念，是在投资计划时预测出的收益率，是项目分析和投资的基础。实际收益率往往和预期收益率存在差异。

二、风险与收益的度量

（一）单一资产的风险与收益的度量

1. 单一资产收益的度量

在金融学中，通常利用数学期望来衡量某种资产的预期收益率。如果一种资产的预期收益率有 s = 1，2，3，…，m 种可能性，记为 P_s，每种可能性下对应的收益率为 R_s，那么，该资产的预期收益率 E(R) 为：

$$E(R) = \sum_{s=1}^{m} P_s R_s$$

例如，对于某项资产而言，有 1/4 的可能性收益率为 50%，有 3/4 的可能性收益率为 -10%，那么，这种资产的预期收益率为：

$$E(R) = 1/4 \times 50\% + 3/4 \times (-10\%) = 5\%$$

即该项资产的预期收益率为 5%。

2. 单一资产风险的度量

在金融学中，通常用方差或者标准差（也称为波动率）来衡量资产的风险。如果一种资产的预期收益率有 s = 1，2，3，…，m 种可能性，记为 P_s，每种可能性下对应的收益率为 R_s，那么，该资产的方差 σ^2 为：

$$\sigma^2 = \sum_{s=1}^{m} P_s \times [R_s - E(R)]^2$$

该资产的标准差为：

$$\sigma = \sqrt{\sum_{s=1}^{m} P_s \times [R_s - E(R)]^2}$$

例如，某投资者欲投资某项资产，有 1/4 的可能性收益率为 50%，有 3/4 的可能性收益率为 -10%，预期收益率为 5%，那么，该资产的方差 σ^2 为：

$$\sigma^2 = 1/4 \times (50\% - 5\%)^2 + 3/4 \times (-10\% - 5\%)^2$$
$$= 0.03375$$

该资产的标准差 σ 为：

$$\sigma = \sqrt{0.03375} = 0.1837$$

📖 **扩展阅读**

钱先生面临两种选择：或者投资资产 A，资产 A 有 1/4 的可能性收益率为 50%，有 3/4 的可能性收益率为 -10%；或者投资资产 B，资产 B 有 1/2 的可能性收益率为 20%，有 1/2 的可能性收益率为 -10%。那么，投资那种资产更好呢？

在上文中，我们已经计算了资产 A 的预期收益率和标准差：

$E(R_A) = 1/4 \times 50\% + 3/4 \times (-10\%) = 5\%$

$\sigma_A = \sqrt{0.03375} = 0.1837$

我们还需要计算资产 B 的预期收益率和标准差。

根据计算公式，可得：

$E(R_B) = 1/2 \times 20\% + 1/2 \times (-10\%) = 5\%$

$\sigma_B^2 = 1/2 \times (20\% - 5\%)^2 + 1/2 \times (-10\% - 5\%)^2 = 0$

$\sigma_B = 0$

通过比较可以发现，两种资产的预期收益率相同，均为 5%，但是衡量风险的标准差不同，第一种资产的标准差为 0.1827，第二种资产的标准差为 0，表明第二种资产的投资风险更小。根据收益既定下风险最小化的原则，应该选择第二种资产进行投资。

（二）资产组合的风险与收益的度量

通过分散化，非系统性风险可以被分散，从而降低资产组合的风险。因此，建立资产组合可以在降低风险的同时维持原有的收益率水平。

1. 资产组合收益的度量

资产组合的收益可以利用资产组合的预期收益率进行度量。资产组合的预期收益率是组合中所有资产预期收益率的加权平均值。假定资产组合中包括 $i = 1$，2，3，…，n 种资产，E_P 为资产组合的预期收益率，$E(R_i)$ 为组合中第 i 种资产的预期收益率，W_i 为第 i 种资产在资产组合中的权重，则资产组合的预期收益率 E_P 为：

$$E_P = \sum_{i=1}^{n} E(R_i) W_i$$

例如，某资产组合包括两种股票 A 和 B。股票 A 的预期收益率为 20%，权重为 1/4，股票 B 的预期收益率为 10%，权重为 3/4，那么，该资产组合的预期收益率为：

$$E_P = 1/4 \times 20\% + 3/4 \times 10\% = 12.5\%$$

2. 资产组合风险的度量

资产组合的风险也可以用方差和标准差（也称为波动率）来衡量。假定资产组合中包括 $i = 1$，2，3，…，n 种资产，其中，σ_P^2 表示资产组合的方差，W_i、W_j 表示第 i 种资产和第 j 种资产在资产组合中的权重，CoV_{ij} 表示第 i 种资产和第 j 种资产预期收益率的协方差，ρ_{ij} 表示第 i 种资产和第 j 种资产预期收益率的相关系数，则该资产组合的方差 σ_P^2 和标准差 CoV_{ij} 为：

$$\sigma_P^2 = \sum_{i=1}^{n} \sum_{j=1}^{n} CoV_{ij} W_i W_j$$

$$CoV_{ij} = \rho_{ij} \times \sigma_i \times \sigma_j$$

例如，某资产组合包括两种股票 A 和 B。股票 A 的预期收益率为 20%，标准差为 30%，权重为 1/4，股票 B 的预期收益率为 10%，标准差为 10%，权重为 3/4，相关系数为 0.6，则：

$$CoV_{AB} = \rho_{AB} \times \sigma_A \times \sigma_B = 0.6 \times 30\% \times 10\% = 0.018$$

$$\sigma_P^2 = \sum_{i=1}^{n} \sum_{j=1}^{n} CoV_{ij}W_iW_j = \sum_{i=1}^{2} W_i^2\sigma_i^2 + 2CoV_{AB}W_AW_B$$

$$= (1/4)^2 \times (30\%)^2 + (3/4)^2 \times (10\%)^2 + 2 \times (0.018) \times 1/4 \times 3/4 = 0.018$$

$$\sigma_P = \sqrt{0.018} = 0.134$$

📖 *扩展阅读*

相关数学知识[①]

（1）概率。

概率是表示产生某种结果的可能性。如某一项投资成功的概率为 1/5，失败的概率是 4/5。概率的形成依赖于不确定性事件本身的性质和人们的主观判断，比较难以表述，因此常用同类事件发生的频率代替。例如，在过去的 1000 次类似的投资中，有 200 次获得成功，而 800 次失败，那么，1/5 是上述某一项目成功的概率。但是，在金融投资中，很多情况下没有过去类似的试验帮助度量概率，那么，在这种情况下，概率的形成往往取决于主观性的判断。主观性概率主要依据一个人或者团体的工作经验、相关信息、未来预测而形成的判断决策，不同的人会产生不同的判断，从而进行不同的选择。

（2）均值或数学期望。

均值或者数学期望是对不确定事件的所有可能结果的一个加权平均，权重为每一种结果的概率，是总体趋势或者平均结果的衡量。

一般情况下，如果有 n 种可能结果，其值为 X_1，X_2，…，X_n，其对应的概率为 P_1，P_2，…，P_n，则均值或数学期望为：

$$E(X) = \sum_{t=1}^{n} P_t X_t$$

（3）方差和标准差。

设 X 为随机变量，若 $E(X-EX)^2$ 存在，则称 $E(X-EX)^2$ 为随机变量 X 的方差，用 DX 表示，$\sqrt{DX}$ 为随机变量 X 的标准差。方差和标准差反映的是随机变量 X 相对于均值的离散程度。

（4）协方差。

设 （X，Y）为二维随机变量，若：

---

① 刘国顺、王青：《经济数学基础（下）》，辽宁大学出版社 1998 年版，第 10 页、第 85 页、第 94 页、第 101 页。

$$E[(X-EX)(Y-EY)] < \infty$$

则称 $E[(X-EX)(Y-EY)]$ 为 X 与 Y 的协方差, 计为 $CoV(X, Y)$, 即:

$$CoV(X, Y) = E[(X-EX)(Y-EY)]$$

(5) 相关系数。

设 (X, Y) 为二维随机变量, 若协方差 $CoV(X, Y)$ 存在, 且 $DX > 0$, $DY > 0$, 则称

$$\rho_{XY} = \frac{CoV(X, Y)}{\sqrt{DX}\sqrt{DY}}$$ 为 X 与 Y 的相关系数。

(三) 市场风险的度量

通过上面的论述, 我们已经知道了风险可以区分为系统性风险和非系统性风险。例如, 对于某只股票而言, 它的风险可以分为两个部分: 由于金融市场共同因素引起的整体股票市场的波动而带来的股票价格的变化; 由于个股自身因素引起的该股票价格的变化, 前者为系统性风险, 后者为非系统性风险。

1963 年, 夏普提出了衡量系统性风险的市场模型。该模型假定:

第一, 某种资产的价格受到某些共同因素的影响, 可以用市场组合表示。

第二, 任何一种资产的收益率与市场组合收益率之间都存在一种线性相关的关系, 即:

$$R_i = \alpha_i + \beta_i R_m + \varepsilon_i$$

其中, R_i 表示第 i 种资产的收益率, R_m 表示市场组合的收益率。α_i、β_i、ε_i 分别为截距项、斜率项和误差项。其中, 截距项 α_i 表示当市场组合收益率为零时第 i 种资产的收益率, 误差项 ε_i 是一个数学期望等于零的随机变量, 斜率项 β_i 是贝塔系数, 用来衡量系统性风险的大小。

贝塔系数的计算公式为:

$$\beta_i = \frac{CoV_{im}}{\sigma_m^2}$$

其中, CoV_{im} 是第 i 种资产收益率与市场组合收益率之间的协方差, σ_m^2 为市场组合收益率的方差。

例如, 某种股票的贝塔系数为 0.5, 并具有如下线性特征:

$$R_i = 2\% + 0.5 R_m$$

如果市场组合的收益率为 5%, 那么该股票的收益率为:

$$R_i = 2\% + 0.5 \times 5\% = 4.5\%$$

此外, 市场组合自身的贝塔系数为 1。如果某一资产的贝塔系数小于 1, 那么, 该资产的系统性风险小于市场的平均风险, 属于防守型资产; 如果某一资产的贝塔系数大于 1, 那么, 该资产的系统性风险大于市场的平均风险, 属于进攻型资产。

第二节　家庭的风险特征

家庭的风险特征是对家庭风险偏好的整体概括，风险偏好不同，对风险资产的态度不同，理财方案的设计也不同。本节对影响家庭风险偏好的因素进行介绍，并对家庭风险属性进行量化分析。

一、影响家庭风险偏好的因素

风险是影响居民理财的重要因素。一个人或者一个家庭的风险偏好与财富、婚姻状况、就业状况、投资期限、教育程度、年龄等因素密切相关。

（一）财富

一般而言，家庭的财富增加，可用于投入到风险资产的财富数额也增加，风险偏好也上升。但是，从相对风险偏好方面看，投入到风险资产的财富数额占财富总额的比重不一定增加。

（二）年龄

一般而言，在成年之后，居民的风险偏好通常和年龄呈负相关关系，即年龄越大，风险偏好越低，年龄越小，风险偏好越高。一方面，对于年龄较小的居民而言，如果出现投资亏损，其未来翻本的可能性更大；另一方面，年龄较小的居民可以承担长期投资的阶段性亏损，有时间经历整个经济周期，因此，风险偏好较高。

（三）婚姻

婚姻对一个家庭风险偏好的影响是复杂的。一方面，婚姻意味着责任，如果一个人觉得自己的行为将可能对自己的丈夫或者妻子造成负面影响，就会更加谨慎行事，从而导致已婚者的风险偏好低于未婚者；另一方面，如果丈夫或者妻子收入较为稳定，可以为家庭提供稳定而有保证的收入，那么，该家庭有可能将一部分资产投资于高风险高收益的领域，在资产投资方面表现出较高的风险偏好。

（四）工作

工作收入是一个家庭收入的重要组成部分。如果一个家庭的成员主要从事安全程度较高的职业，失业可能性较低，那么，这个家庭的工作收入会较为稳定。相反，如果一个家庭的成员主要从事安全程度较低的职业，失业可能性非常大，那么，这个家庭的支出主要依赖于资产收入，在资产投资方面更加偏向于稳健和安全。

（五）期限

一般而言，资金的投资期限越长，可以承担的风险越高。如果一笔 100 万元投资的期限在 10 年以上，在短期内不需要使用这笔资金，那么，风险偏好较高；相反，如果这笔投资短期内需要变现的可能性较大，那就只能投资于低收益、低风险、高流动性的产品，因此，风险偏好较低。

（六）目标

理财目标是否可调整也影响到一个家庭的风险偏好。如果理财目标可以在较大范围内进行调整，例如，某项投资本金 2 万元，如果投资收入翻倍，则考虑到国外旅游，如果亏损，只剩本金 1.5 万元，则考虑国内旅游，这说明投资者风险承受能力较高。相反，如果理财目标不可以调整，例如，投资收益将用于支付子女的学费，并且理财的期限很短，那就只可以选择安全性高的低收益资产。

二、风险属性的量化分析

（一）简易量化分析

简易量化分析将居民分为冒险、积极、稳健、消极、保守五种风险承受情况。假设只考虑存款和股票两种金融资产。一方面，根据"100 - 年龄"进行计算，得出稳健型家庭可用于股票投资的比率；另一方面，在此基础上，根据不同的风险承受情况进行调整，冒险型 +20%，积极型 +10%，消极型 -10%，保守型 -20%。例如，一个 30 岁的积极型投资者，投资股票的比率为 80%（见表 4 - 1）。

表 4 - 1　　　　　　　　　风险属性简易量化分析　　　　　　　　单位：%

年龄	股票投资比率				
	冒险型	积极型	稳健型	消极型	保守型
20 岁	100	90	80	70	60
30 岁	90	80	70	60	50
40 岁	80	70	60	50	40
50 岁	70	60	50	40	30
60 岁	60	50	40	30	20

对于一个家庭而言，其风险承受情况可以以家庭支柱居民的风险承受情况为准，

也可以是家庭成员风险承受情况的加权平均。

（二）风险矩阵量化分析

1. 风险承受能力指标

风险承受能力指标的英文为 risk capacity index，简称 RCI。根据年龄、家庭情况、工作情况、住房情况、购车情况、投资经验可以计算出风险承受能力。

（1）年龄是影响风险承受能力的重要因素。例如，年龄总分 50 分，30 岁以下者 50 分，每多 1 岁少 1 分。

（2）其他因素，包括家庭情况、工作情况、住房情况、购车情况、投资经验，总分 50 分（见表 4 -2）。

表 4 -2　　　　　　　　　　风险承受能力因素矩阵

分值	10 分	8 分	6 分	4 分	2 分
家庭情况	未婚	双薪无子女	双薪有子女	单薪有子女	单薪养三代
工作情况	公务员	固定收入者	佣金收入者	自主创业者	失业
住房情况	房产投资	自有住房	房贷 <50%	房贷 >50%	无自用住房
购车情况	≥2 辆车	1 辆车	车贷 <50%	车贷 >50%	无自用车辆
投资经验	10 年以上	5 ~10 年	2 ~4 年	1 年以下	无

在计算过程中，风险承受能力分值总分为 100 分，最低为 10 分，分值越低，表示风险承受能力越低。根据分值的区间不同，设定了五个等级的 RCI：80 分以上，表示被测评者为高风险承受能力；60 ~79 分，表示被测评者为中高风险承受能力；40 ~59 分，表示被测评者为中等风险承受能力；20 ~39 分，表示被测评者为中低风险承受能力；20 分以下，表示被测评者为低风险承受能力。

2. 风险承受态度指标

风险承受态度指标的英文 risk attitude index，简称 RAI。风险承受态度表示居民愿意承担的风险，主观因素更强，通常用对本金损失的容忍度、赔钱后的心理、当前投资等指标进行衡量。

（1）对本金损失的容忍度。不能容忍本金任何损失，为 0 分，每增加 1% 加 2 分，对本金损失的容忍度超过 30%，为 60 分。

（2）其他因素，包括赔钱心理、当前投资、投资目标、投资历史，总分 40 分（见表 4 -3）。

表4-3　　　　　　　　　　　　风险承受态度因素矩阵

分值	10分	8分	6分	4分	2分
赔钱心理	交了学费	正常生活	影响小	影响大	无法正常生活
当前投资	外汇	股票	债券	银行理财产品	存款
投资目标	短期差价	长期分红	高于通胀	抵御通胀	保本保息
投资历史	只赚不赔	赚多赔少	损益两平	赚少赔多	只赔不赚

在计算过程中，风险承受态度总分为100分，最低8分。得分越低，表示风险承受态度越低。根据分值的区间不同，可以区分为5个等级的RAI：80分以上，表示被测评者为高风险承受态度；60~79分，表示被测评者为中高风险承受态度；40~59分，表示被测评者为中等风险承受态度；20~39分，表示被测评者为中低风险承受态度；20分以下，表示被测评者为低风险承受态度。

案例分析

钱先生的风险承受能力和风险承受态度

钱先生现年40岁，为某单位高管，钱夫人在某事业单位上班，儿子大学在读。已于2年前购房自住，当前房贷余额为房屋总价的40%，家里拥有一辆别克车用于自用，3年前开始投资股市，赚少赔多。另外，钱先生本金可忍受的最大损失率为10%，投资的首要考虑因素为长期红利所得，但赔钱仍会对工作和生活造成少许影响，当前资产70%在股票，30%在存款。

（1）风险承受能力计算。

①钱先生40岁，年龄在风险承受能力方面的贡献值为40分。

②钱先生的家庭情况为双薪有子女，工作情况为固定收入者，住房情况为房贷余额小于50%，购车情况为拥有一辆车，投资经验为3年。

因此，钱先生的风险承受能力得分为：

RCI = 40 + 6 + 8 + 6 + 8 + 6 = 74（分）

钱先生为中高风险承受能力。

（2）风险承受态度计算。

①钱先生可以容忍本金损失为10%，本金损失容忍度在风险承受态度方面的贡献值为20分。

②钱先生的投资如果赔钱，对生活的影响较小，当前投资中，风险最高的金融产品为股票，投资目标主要考虑长期红利分配，历史投资赚少赔多。

因此，钱先生的风险承受态度得分为：

RAI = 20 + 6 + 8 + 8 + 4 = 46（分）

钱先生为中等风险承受态度。

钱公子的风险承受能力和风险承受态度

钱公子今年 20 岁，在某大学就读，单身，无自用住宅，无自用汽车，零用钱每月 2000 元，对投资本金的损失容忍程度为 20%，投资首要考虑短线差价，赔钱会影响生活和学习，但是影响不大，当前主要投资于存款，但一年前在股票市场投资了 1 万元，股票投资不赔不赚。

（1）风险承受能力计算。

①钱公子 20 岁，年龄在风险承受能力方面的贡献值为 50 分。

②钱公子的家庭情况为单身未婚，无工作，但是每个月可以从父母处获得零用钱，为固定收入者，并不拥有自己的住房和车辆，有 1 年股票市场投资经验。

因此，钱公子的风险承受能力得分为：

RCI = 50 + 10 + 8 + 2 + 2 + 4 = 76（分）

钱公子为中高风险承受能力。

（2）风险承受态度计算。

①钱公子可以容忍本金损失为 20%，本金损失容忍度在风险承受态度方面的贡献值为 40 分。

②钱公子投资赔钱对生活和学习影响较小，当前投资产品中风险最高的为股票，投资目标为赚取短线差价，历史投资损益两平。

因此，钱公子的风险承受态度得分为：

RAI = 40 + 6 + 8 + 10 + 6 = 70（分）

钱公子为中高风险承受态度。

如果将钱公子视为独立的个体，则风险承受能力和风险承受态度得分分别为 76 分和 70 分；如果将钱公子视为钱先生家庭的成员，则风险承受能力和风险承受态度以家庭支柱钱先生的得分为准。

3. 风险矩阵

风险承受能力和风险承受态度决定了不同居民和家庭愿意并且能够在具有不同风险特征的金融产品中投资的比例，进而形成了资产组合，对组合中资产及其比例的选择也影响到资产组合的收益和风险。

假设存在三种可投资的金融资产：活期存款 A、银行理财产品 B、股票 C。其预期收益率、标准差和相关系数见表 4 - 4。

表4-4 三种资产的预期收益率、标准差及相关系数

	预期收益率（%）	标准差（%）	相关系数
活期存款 A	1	0	$\rho_{AB} = 0.1$
银行理财产品 B	5	5	$\rho_{BC} = 0.3$
股票 C	10	20	$\rho_{AC} = -0.2$

另外，假设对于中等风险承受能力和中等风险承受态度的居民而言，其在活期存款、银行理财产品和股票三种资产的投资比例分别为10%、50%、40%。那么，可以计算出资产组合的预期收益率和标准差。

该资产组合的预期收益率为：

$E(R_P) = 10\% \times 1\% + 50\% \times 5\% + 40\% \times 10\% = 6.6\%$

活期存款 A、银行理财产品 B、股票 C 三种金融产品之间的协方差分别为：

$CoV_{AB} = \rho_{AB} \times \sigma_A \times \sigma_B = 0.1 \times 0 \times 5\% = 0$

$CoV_{AC} = \rho_{AC} \times \sigma_A \times \sigma_C = -0.2 \times 0 \times 20\% = 0$

$CoV_{BC} = \rho_{BC} \times \sigma_B \times \sigma_C = 0.3 \times 5\% \times 20\% = 0.003$

该资产组合的方差为：

$$\sigma_P^2 = \sum_{i=1}^{n} \sum_{j=1}^{n} CoV_{ij} W_i W_j = \sum_{i=1}^{3} W_i^2 \sigma_i^2 + 2 \sum{}^{*} CoV_{ij} W_i W_j$$

$$= W_A^2 \sigma_A^2 + W_B^2 \sigma_B^2 + W_c^2 \sigma_C^2 + 2 W_A W_B CoV_{AB} + 2 W_A W_C CoV_{AC} + 2 W_B W_C CoV_{BC}$$

$$= (10\%)^2 \times 0^2 + (50\%)^2 \times (5\%)^2 + (40\%)^2 \times (20\%)^2$$

$$+ 2 \times 10\% \times 50\% \times 0 + 2 \times 10\% \times 40\% \times 0 + 2 \times 50\% \times 40\% \times 0.003$$

$$= 0 + 0.000625 + 0.0064 + 0 + 0 + 0.0012$$

$$= 0.008225$$

该资产组合的标准差或者波动率为：

$\sigma_P = \sqrt{0.008225} = 0.0907 = 9.07\%$

根据计算可知，对于中等风险承受能力和中等风险承受态度的居民而言，如果在活期存款、银行理财产品和股票三种资产的投资比例分别为10%、50%和40%，在既定的资产预期收益率、标准差和相关系数下，其投资组合的预期收益率为6.6%，标准差为9.07%。

以此类推，根据不同风险承受能力和风险承受态度设定资产组合中活期存款、银行理财产品和股票所占比例，再根据三种资产的风险收益特征计算出不同资产组合的预期收益率和标准差（见表4-5）。

表 4 - 5　　　　　　　　　　　　　　　　　　风险矩阵　　　　　　　　　　　　　　　　　　单位：%

资产组合及相关指标		风险承受态度				
		高态度	中高态度	中等态度	中低态度	低态度
风险承受能力	高能力					
	活期存款	10	10	10	20	20
	银行理财产品	20	25	30	40	50
	股票	70	65	60	40	30
	预期收益率	8.1	7.85	7.6	6.2	5.7
	标准差	14.33	13.42	12.53	8.81	7.16
	中高能力					
	活期存款	10	10	10	20	20
	银行理财产品	25	30	40	50	60
	股票	65	60	50	30	20
	预期收益率	7.85	7.6	7.1	5.7	5.2
	标准差	13.42	12.53	10.77	7.16	5.67
	中等能力					
	活期存款	10	10	10	20	20
	银行理财产品	30	40	50	60	65
	股票	60	50	40	20	15
	预期收益率	7.6	7.1	6.6	5.2	4.95
	标准差	12.53	10.77	9.07	5.67	5.04
	中低能力					
	活期存款	10	10	10	20	20
	银行理财产品	40	50	55	65	70
	股票	50	40	35	15	10
	预期收益率	7.1	6.6	6.35	4.95	4.7
	标准差	10.77	9.07	8.25	5.04	4.52
	低能力					
	活期存款	10	10	20	20	30
	银行理财产品	50	60	60	70	70
	股票	40	30	20	10	0
	预期收益率	6.6	6.1	5.2	4.7	3.8
	标准差	9.07	7.47	5.67	4.52	3.5

可见，年龄、家庭情况、工作情况、住房情况、购车情况、投资经验等因素决定了风险承受能力，本金损失的容忍度、赔钱心理、当前投资、投资目标、投资历史等因素决定了风险承受态度，风险承受能力和风险承受态度决定了资产组合中的资产种类和比例，资产种类和比例以及资产风险收益特征决定了资产组合的收益与风险。

📖 **扩展阅读**

创业板开户风险测评

在我国，创业板股票市场的投资风险非常高，为了保护金融投资者的权益，证监会要求在开户之前应对投资者进行风险测评。风险测评的基本内容如下：

1. 您的主要收入来源是：

A. 工资、劳务报酬

B. 生产经营所得

C. 利息、股息、转让证券等金融性资产收入

D. 出租、出售房地产等金融性资产收入

E. 无固定收入

2. 最近您家庭预计进行证券投资的资金占家庭现有总资产（不含自住、自用房产及汽车等固定资产）的比例是：

A. 70% 以上   B. 50% ~70%

C. 30% ~50%   D. 10% ~30%

E. 10% 以下

3. 您是否有尚未清偿的数额较大的债务，如有，其性质是：

A. 没有

B. 有，住房抵押贷款等长期定额债务

C. 有，信用卡欠款、消费信贷等短期信用债务

D. 有，亲朋之间借款

4. 你可用于投资的资产数额（包括金融资产和不动产）为：

A. 不超过 50 万元人民币

B. 50 万 ~300 万元（不含）人民币

C. 300 万 ~1000 万元（不含）人民币

D. 1000 万元人民币以上

5. 以下描述中何种符合您的实际情况：

A. 现在或此前曾从事金融、经济或财会等金融产品投资相关的工作超过两年

B. 已取得金融、经济或财会等与金融产品投资相关专业学士以上学位

C. 取得证券从业资格、期货从业资格、注册会计师证书（CPA）或注册金融分析师（CFA）中的一项及以上

D. 我不符合以上任何一项描述

6. 您的投资经验可以被概括为：

A. 有限：除银行活期账户和定期存款外，我基本没有其他投资经验

B. 一般：除银行活期账户和定期存款外，我购买过基金、保险等理财产品，但还需要进一步的指导

C. 丰富：我是一位有经验的投资者，参与过股票、基金等产品的交易，并倾向于自己做出投资决策

D. 非常丰富：我是一位非常有经验的投资者，参与过权证、期货或创业板等高风险产品的交易

7. 有一位投资者一个月内做了 15 笔交易（同一品种买卖各一次算一笔），您认为这样的交易频率：

A. 太高了   B. 偏高

C. 正常   D. 偏低

8. 过去一年时间内，您购买的不同产品或接受的不同服务（含同一类型的不同产品或服务）的数量是：

A. 5 个以上   B. 6 ~ 10 个

C. 11 ~ 15 个   D. 16 个以上

9. 以下金融产品或服务，您投资经验在两年以上的有：（注：本题可多选，但评分以其中最高分值选项为准）

A. 银行存款等

B. 债券、货币市场基金、债券型基金或其他固定收益类产品等

C. 股票、混合型基金、偏股型基金、股票型基金等权益类投资品种等

D. 期货、期权、融资融券

E. 复杂金融产品、其他产品或服务

10. 如果您曾经从事过金融市场投资，在交易较为活跃的月份，平均月交易额大概是多少：

A. 10 万元以内   B. 10 万 ~ 30 万元

C. 30 万 ~ 100 万元   D. 100 万元以上

E. 从未从事过金融市场投资

11. 您用于证券投资的大部分资金不会用作其他用途的时间段为：

A. 0 ~ 1 年

B. 1 ~ 5 年

C. 无特别要求

12. 您打算重点投资于哪些种类的投资品种？（注：本题可多选，但评分以其中最高分值选项为准）

A. 债券、货币市场基金、债券基金等固定收益类投资品种

B. 债券、货币市场基金、债券基金等固定收益类投资品种；股票、混合型基金、

偏股型基金、股票型基金等权益类投资品种

C. 债券、货币市场基金、债券基金等固定收益类投资品种；股票、混合型基金、偏股型基金、股票型基金等权益类投资品种；期货、期权、融资融券等

D. 债券、货币市场基金、债券基金等固定收益类投资品种；股票、混合型基金、偏股型基金、股票型基金等权益类投资品种；期货、期权、融资融券等；高风险金融产品或服务

E. 其他产品或服务

13. 假设有两种不同的投资：投资 A 预期获得 5% 的收益，有可能承担非常小的损失；投资 B 预期获得 20% 的收益，但有可能面临 25% 甚至更高的亏损。您将您的投资资产分配为：

A. 全部投资于 A   B. 大部分投资于 A

C. 两种投资各一半   D. 大部分投资于 B

E. 全部投资于 B

14. 当您进行投资时，您的期望收益是：

A. 尽可能保证本金安全，不在乎收益率比较低

B. 产生一定的收益，可以承担一定的投资风险

C. 产生较多的收益，可以承担较大的投资风险

D. 实现资产大幅增长，愿意承担很大的投资风险

15. 您认为自己能承受的最大投资损失是多少？

A. 不能承受任何损失   B. 一定的投资损失

C. 较大的投资损失   D. 损失可能超过本金

16. 您打算将自己的投资回报主要用于：

A. 改善生活

B. 个体生产经营或证券投资以外的投资行为

C. 履行扶养、抚养或赡养义务

D. 本人养老或医疗

E. 偿付债务

17. 您的年龄是

A. 18～30 岁   B. 31～40 岁

C. 41～50 岁   D. 51～60 岁

E. 超过 60 岁

18. 今后五年时间内，您的父母、配偶以及未成年子女等负法定扶养、抚养和赡养义务的人数为：

A. 1～2 人

B. 3～4 人

C. 5 人以上

19. 您的最高学历是：

A. 高中或以下

B. 大学专科

C. 大学本科

D. 硕士及以下

20. 您家庭的就业状况是：

A. 您与配偶均有稳定收入的工作

B. 您与配偶其中一人有稳定收入的工作

C. 您与配偶均没有稳定收入的工作或者已退休

D. 未婚，但有稳定收入的工作

E. 未婚，目前暂无稳定收入的工作

21. 您是否符合下列情形：

A. 不具有完全民事行为能力

B. 没有任何风险容忍度

C. 不愿承受任何投资损失

D. 法律、行政法规规定的其他风险承受能力最低的情形

本 章 小 结

　　风险通常是指能够用概率衡量的某一项投资的不确定性。根据风险的来源，风险可以分为信用风险、市场风险、操作风险、流动性风险、政策风险、国家风险等；根据是否可以分散，风险可以分为系统性风险和非系统性风险。利率、单利、复利、内部报酬率等都是可以衡量收益的指标，收益率有实际收益率和预期收益率之分：实际收益率是事后的概念，是在投资结束后计算出的投资收益率；预期收益率是事前的概念，是在制定投资计划时预测出的收益率，是项目分析和投资的基础。无论是单一资产，还是资产组合，都可以用数学期望和方差（或者标准差）来衡量收益和风险。年龄、家庭情况、工作情况、住房情况、购车情况、投资经验等因素决定了风险承受能力，本金损失的容忍度、赔钱心理、当前投资、投资目标、投资历史等因素决定了风险承受态度，风险承受能力和风险承受态度决定了资产组合中的资产种类和比例，资产种类和比例以及资产风险收益特征决定了资产组合的收益与风险。

基本概念

　　风险　信用风险　市场风险　操作风险　流动性风险　系统性风险　非系统性风险

复习思考题

1. 风险包括哪几种类型?

2. 影响风险承受能力的因素有哪些? 如何对风险承受能力进行度量?

3. 影响风险承受态度的因素有哪些? 如何对风险承受态度进行度量?

4. 如果某项投资 20% 的概率收益率为 10%, 30% 的概率收益率为 5%, 50% 的概率收益率为 2%, 那么, 该项目的预期收益率和标准差是多少?

5. 如果某资产组合包括三种资产, 资产 A 的预期收益率为 10%, 标准差为 20%, 权重为 50%, 资产 B 的预期收益率为 20%, 标准差为 30%, 权重为 25%, 资产 C 的预期收益率为 5%, 标准差为 5%, 权重为 25%, 其中, 资产 A 和资产 B 的相关系数是 0.5, 资产 A 和资产 C 的相关系数为 -0.3, 资产 B 与资产 C 的相关系数为 -0.2, 请计算资产组合的预期收益率和标准差。

第五章

银行金融产品与理财

本章学习目标

- 了解储蓄的种类，掌握不同的储蓄策略；
- 掌握信用卡的使用方式；
- 掌握不同类型贷款产品的特点，并掌握住房抵押贷款的不同还款方式；
- 理解银行理财产品的特点以及在投资过程中需要注意的问题。

本章基本内容

本章主要对与商业银行相关的金融产品及其投资和使用策略进行阐述。首先，对储蓄产品进行介绍，梳理储蓄的种类及其特征，分析不同存款储蓄策略的优势；其次，对信用卡的特点进行介绍，探讨信用卡的使用策略；再次，对银行贷款进行介绍，指出银行贷款在家庭理财中的重要作用，分析与居民家庭理财相关的不同类型贷款的特点和适用性；最后，介绍银行理财产品，指出银行理财产品与储蓄的区别，并从投资者的角度，对某银行理财产品进行具体的案例分析。

第一节　利用储蓄进行理财

本节将对储蓄的种类进行介绍，对储蓄存款的利息进行比较，并对储蓄的策略进行探讨，为储户选择适合自己的储蓄方式提供建议。

一、储蓄的种类

储蓄是最原始、最普通的理财方式。目前，银行提供的储蓄产品多种多样，包括活期储蓄、定期储蓄、定活两便储蓄、储蓄一本通等。

（一）活期储蓄

活期储蓄是指开户时不约定期限、可随时存取的一种储蓄方式。它通常 1 元起存，采取记名方式，可以预留密码，如果遗失可以挂失，包括活期存折储蓄、活期存单储蓄等。

（二）定期储蓄

定期储蓄是指在存款时事先约定存期，一次或者分次存入，一次或多次支取本金或利息的一种储蓄方式，包括整存整取定期储蓄、零存整取定期储蓄和存本取息定期储蓄等。

1. 整存整取定期储蓄

这种储蓄方式主要是针对居民闲置不用的待用款设置的，本金一次存入，起存金额一般为 50 元，由银行开具存单，存单记名，可留密码，可挂失，也可以在借记卡内开设整存整取定期存款账户，存期分 3 个月、半年、1 年、2 年、3 年、5 年。整存整取定期储蓄的利率较高，利率高低与期限长短成正比，收入较高且稳定。此外，很多银行可以开通整存整取储蓄到期后自动转存功能，居民可以灵活地管理整存整取储蓄的本息、存期、存款形式等。

2. 零存整取定期储蓄

这种储蓄方式主要是针对居民每月节余款项设置的，是事先约定金额本金逐月分次存入、到期一次提取本息的定期储蓄。这种储蓄的特点是：每月固定存额，5 元起开户，多存不限；开户时银行开具存折，存折记名，可留密码，可挂失，可凭本人身份证件办理提前支取；可以在银行卡内开设零存整取定期存款账户；存期分 1 年、3 年、5 年等；存款利率高于活期和定活两便储蓄。需要注意的是，每月需以固定金额存入，若中途漏存，应在次月补齐，未补齐视同违约，违约后将不再接受客户续存及补存。

3. 存本取息定期储蓄

这种储蓄方式主要是针对持有较大数额现金的储蓄投资者设置的，本金款项在一定时期内不需动用，只需定期支取利息以作为生活零用。这种储蓄的特点是：一次存入本金，起存金额较高，一般为 5000 元，多存不限；存折记名，可留印鉴或密码，可挂失；也可以在银行卡内开设存本取息定期存款账户；存期选择多样，分为 1 年、3 年、5 年三种；利息分期支取，可以一个月或几个月取息一次，由储户与储蓄机构协商确定，但通常不得提前支取利息，如到取息日而未取息，以后可随时取息，但不按照复利计算利息。

（三）定活两便储蓄

如果居民有较大额度的结余，但在不久的将来需随时全额支取使用时，可以选择

"定活两便"方式作为储蓄存款形式。定活两便是一种事先不约定存期、一次性存入、一次性支取的储蓄存款，既有活期之便，又有定期之利，利息按实际存期长短计算，存期越长利率越高。这种储蓄的特点是：起存金额低，人民币50元即可起存；支取简单，一次存入，一次支取；存期超过整存整取最低档次且在一年以内的，分别按同档次整存整取利率打6折计息；存期超过一年（含一年）的，一律按一年期整存整取利率打六折计息；存期低于整存整取最低档次的，按活期利率计息。

（四）储蓄一本通/一卡通

储蓄一本通一般包括定期储蓄一本通和活期储蓄一本通。定期储蓄一本通是指集人民币和外币于一体、多种存于一折的整存整取的储蓄方式；活期储蓄一本通是指集人民币和外币于一体、多种存款于一折的活期储蓄方式。此外，伴随着银行卡的普及，一张借记卡可以提供人民币、外币的活期和定期储蓄业务。

（五）大额存单

大额存单是由银行业存款类金融机构面向非金融机构投资者发行的记账式大额存款凭证，数额较大，因此称为大额存单。其中，有的大额存单具有可转让的特点，称为大额可转让存单，简称NCDs（negotiable certificate of deposits）。

大额可转让存单最先由花旗银行推出，是美国一项重要的金融创新产品。在1961年之前，美国的存单是不可以转让的，这意味着存单的流动性较差，而且，法律规定除非支付一笔可观的罚金，否则不能要求银行进行清偿。20世纪60年代，市场利率不断上升，但由于受到Q条例对存款利率上限的限制，美国的商业银行无法提高存款利率，致使银行存款缺乏吸引力，客户纷纷将资金投资于安全性较好、收益性较高的货币市场工具，如国库券、货币市场共同基金等，从而导致银行存款急剧下降，商业银行出现了"脱媒"现象。为了阻止存款外流，商业银行设计了大额可转让存单来吸引企业的短期资金。与银行定期存款相比，大额可转让存单具有以下特点：

第一，不记名。银行的定期存款需要记名；而大额可转让存单则是不记名的。

第二，面额大。定期存款金额不固定，大小均可；而可转让定期存单金额较大。例如，美国向机构投资者发行的大额可转让存单面额最少为10万美元，向个人投资者发行的大额可转让存单面额最少为100美元。

第三，利率高。一般而言，定期存款利率是固定的；而大额可转让存单利率既有固定的，也有浮动的，并且，大额可转让存单的利率通常高于同期定期存款利率。

第四，流动性强。定期存款不可以流通，可以提前支取，但会损失一部分利息；大额可转让存单不能提前支取，但可以在二级市场流通转让。

第五，期限短。一般而言，大额可转让存单的期限都在1年以内，平均4个月左右，最短的只有 14 天。

📖 扩展阅读

中国工商银行的个人储蓄存款业务①

以中国工商银行为例，个人储蓄存款业务主要包括：

（1）活期存款。

①活期存款。活期存款是一种不限存期，凭银行卡或存折及预留密码可在银行营业时间内通过柜面或通过银行自助设备随时存取现金的服务。人民币活期存款 1 元起存，外币活期存款起存金额为不低于人民币 20 元的等值外汇。活期存款具有通存通兑②、资金灵活、缴费方便等特点。

②活期"一本通"。活期"一本通"是为客户提供的一种综合性、多币种的活期储蓄，既可以存取人民币，也可以存取外币。其特点为：账务信息清晰明了，便于对账；具有人民币和外币活期储蓄的全部基本功能；客户开立活期"一本通"账户时，必须预留密码。活期"一本通"通存通兑，缴费方便，可开通电话银行和网上银行，转账汇款方便。

（2）定期存款。

①整存整取。整存整取定期存款具有利率较高、可约定转存、可质押贷款、可提前支取的特点。人民币整存整取定期存款 50 元起存，多存不限，其存期分为 3 个月、半年、1 年、2 年、3 年、5 年；外币定期存款起存金额一般不低于人民币 50 元的等值外汇，存期分为 1 个月、3 个月、半年、1 年和 2 年。

②人民币存本取息。存本取息存款具有以下特点：起存金额较高；可多次支取利息，灵活方便；可质押贷款；可提前支取。存本取息定期存款 5000 元起存，存期分为 1 年、3 年、5 年。存本取息定期存款取息日由客户开户时约定，可以一个月或几个月取息一次；取息日未到不得提前支取利息；取息日未取息，以后可随时取息，但不计复息。

③人民币零存整取。人民币零存整取存款 5 元起存，多存不限。零存整取存款存期分为 1 年、3 年、5 年。存款金额由客户自定，每月存入一次。零存整取可以积少成多，可培养理财习惯，可提前支取，可约定转存，可质押贷款。

④人民币整存零取。整存零取存款 1000 元起存，存期分为 1 年、3 年、5 年。整存零取可多次支取本金，取款灵活，可质押贷款。

---

① 资料来源：中国工商银行网站。
② 通存通兑是指客户凭银行卡可在全国工行网点和自助设备上存取人民币现金，预留密码的存折可在同城工行网点存取现金。

⑤定期"一本通"。定期"一本通"是为客户提供的一种综合性、多币种的定期储蓄账户。一个定期"一本通"账户可以存取多笔本外币定期储蓄存款。这种账户账务信息清晰明了，便于对账及保管，可办理各种定期存款业务。

（3）其他存款。

①个人通知存款。个人通知存款是存入款项时不约定存期，但约定支取存款的通知期限，支取时按约定期限提前通知银行，约定支取存款的日期和金额，凭存款凭证支取本金和利息的服务。人民币通知存款的最低存款金额为5万元（含），外币通知存款的最低存款金额各地区略有不同，约为等值人民币5万元（含），本金一次存入，可一次或分次支取；通知存款按提前通知的期限，分为一天通知和七天通知两个品种。外币通知存款提前通知的期限为七天。个人通知存款的收益高，资金支取灵活，客户可约定在通知存款存期结束后将本金和利息自动转存为定期存款。

②定活通。"定活通"是指中国工商银行自动每月将客户活期账户的闲置资金转为定期存款，当活期账户因刷卡消费或转账取现资金不足时，定期存款将自动转为活期存款的服务。"定活通"实现了智能理财，省却了经常管理账户的麻烦，省时省心，同时可以高效现金管理，可以满足定期存款收益与活期存款便利的双重需要。

③人民币教育储蓄。教育储蓄是指为接受非义务教育积蓄资金，实行优惠利率，分次存入，到期一次支取本息的服务。开户对象为在校小学四年级（含四年级）以上学生。教育储蓄存期分为1年、3年、6年。教育储蓄50元起存，每户本金最高限额为2万元。该储蓄具有税收优惠的特点，积少成多，适合为子女积累学费，培养其理财习惯。

④人民币定活两便。人民币定活两便储蓄存款是存款时不确定存期，一次存入本金随时可以支取的业务。定活两便存款50元起存，具有存取灵活、流动性较好、可质押贷款等特点。

二、储蓄利息的比较

对储蓄利息的比较是利用储蓄进行理财的重要环节。在我国利率市场化基本完成的背景下，不同商业银行利率存在显著差异。因此，在对不同商业银行的稳健性经营、风险等方面进行评估之后，可以选择利率较高的商业银行进行存款。

一般而言，全国性股份制商业银行的利率高于五大国有控股商业银行的利率，地方性商业银行的利率高于全国性股份制商业银行的利率。例如，本书选择工商银行、建设银行、光大银行、招商银行、北京银行和南京银行为样本，对各家银行的利率进行比较。在活期存款方面，南京银行的利率为0.35%，高于其他银行；在一年期整存整取存款方面，光大银行、北京银行和南京银行的利率相对更高；在三年期整存整取存款方面，北京银行和南京银行的利率相对较高；在零存整取、整存零取、存本取息的存款方面，南京银行的利率相对较高（见表5-1）。

表 5-1 各家银行存款利率对比 单位：%

商业银行名称		工商银行	建设银行	光大银行	招商银行	北京银行	南京银行
活期存款		0.3	0.3	0.3	0.3	0.3	0.35
整存整取	3 个月	1.35	1.35	1.40	1.35	1.40	1.40
	半年	1.55	1.55	1.65	1.55	1.65	1.65
	1 年	1.75	1.75	1.95	1.75	1.95	1.90
	2 年	2.55	2.55	2.41	2.25	2.5	2.52
	3 年	2.75	2.75	2.75	2.75	3.15	3.15
	5 年	2.75	2.75	3.0	2.75	3.15	3.30
零存整取、整存零取、存本取息	1 年	1.35	1.35	1.4	1.35	1.32	1.40
	3 年	1.55	1.55	1.65	1.55	1.56	1.65
	5 年	1.55	1.55	1.65	1.55	1.80	1.90
	定活两便	按一年以内定期整存整取同档次利率打 6 折					
协定存款		1	NA	NA	NA	1.10	1.10
通知存款	1 天	0.55	0.55	0.55	0.55	0.55	0.80
	7 天	1.1	1.1	1.1	1.1	1.1	1.10

数据采集时间：2017 年 10 月 31 日。
资料来源：各银行网站。

此外，大额存单也是居民可以选择的储蓄存款产品。从 2015 年 6 月 15 日起，工商银行、农业银行、中国银行、建设银行、交通银行、浦发银行、中信银行、招商银行、兴业银行开始面向个人投资者发行大额存单，大额存单利率比中央银行同期定期存款基准利率最高上浮 40%。在我国现阶段，大额存单通常不能转让和赎回，但可以在柜台提前支取。如果提前支取，提前支取的部分按当日活期利率计算，剩余的部分如果满足起点金额，还可以继续按照大额存单利率计算。

案例分析

招商银行个人大额存单 2017 年第 624 期

以招商银行个人大额存单 2017 年第 624 期为例，1 个月大额存单的年化利率为 1.55%，与工商银行等银行半年期的整存整取利率持平，但是起点金额较高，需要 200000 元。该大额存单的具体情况见表 5-2。

表 5-2   **招商银行个人大额存单 2017 年第 624 期**

代码	20170624
币种	人民币
发行对象	个人投资者
发行利率	1.55%
计息类型	固定利率
付息方式	到期一次还本付息
付息频率	期满
产品期限	1 个月
认购起点金额	200000 元
认购基数	10000 元
提前支取	本产品允许在柜台提前支取
转让/赎回	本产品不允许转让和赎回
预约期	2017 年 9 月 25 日 00：00 至 2017 年 9 月 25 日 15：00
起息日	2017 年 9 月 25 日，预约资金在起息日前按招商银行活期挂牌利率计算利息，该部分利息不计入本金
到期日/兑付日	2017 年 10 月 25 日
发行规模	规模上限：3 亿元人民币；规模下限：0 元人民币
购买方式	在产品预约期内，请携带本人身份证和招商银行一卡通到招商银行营业网点或通过招商银行网上个人银行专业版、大众版、手机银行、PAD 银行办理预约
税款	产品收益的应纳税款由购买人自行申报及缴纳

第一，大额存单的起点金额较大，在本例中，需要 200000 元，限制了小额资金的投资。

第二，发行利率较高，在本例中，为 1.55%，这意味着一个月投资的年利率与工商银行等银行半年期存款的年利率持平。

第三，该存单不允许转让和赎回，但是产品期限较短，只有 1 个月，并可以在柜台提前支取，保证了投资者的流动性。

三、储蓄策略

在进行储蓄时，如果能够科学安排，合理配置，储户便可以获取较高的利息收入。

（一）选择适合的储蓄期限

在对商业银行进行选择的基础上，对储蓄期限的选择至关重要。可以发现，利率的高低通常与储蓄期限相关，储蓄期限越长，利率越高，即 3 个月的存款年利率高于活期利率，6 个月的存款年利率高于 3 个月的存款年利率，1 年期的存款年利率高于 6 个月的存款年利率。

案例分析

假定钱先生有 100000 元人民币，存在南京银行的储蓄卡中，比较钱先生选择不同储蓄期限获得的利息。为了便于比较，无论活期存款利率、3 个月的存款利率、6 个月的存款利率都是年化利率，我们可以利用利息计算公式计算出年化利息（见表 5 – 3）。

表 5 – 3 南京银行存款利率情况

期限	活期存款	整存整取存款					
		3 个月	半年	1 年	2 年	3 年	5 年
年化利率（%）	0.35	1.40	1.65	1.90	2.52	3.15	3.30
年化利息（元）	350	1400	1650	1900	2520	3150	3300

数据采集时间：2017 年 10 月 31 日。

如果钱先生的 100000 元存款在 5 年内不会使用，那么选择不同的存款期限，对其获得的利息会产生何种影响呢？

第一种方案：全部以活期存款的形式存在，获得活期存款利息。

五年期活期存款的利息 = 100000 元 × 0.35% × 5 = 1750 元

第二种方案：以 3 个月整存整取存款的形式存在，获得 3 个月存款在 5 年内转存的利息。

我们假定钱先生设置了到期自动转存，这意味着在 3 个月后，存期自动续为 3 个月，第一次 3 个月的利息，在第二次 3 个月时变为本金，需要通过复利方式计算。

5 年期 3 个月存款的利息 = $100000 \ 元 \times \left(1 + \frac{1.40\%}{4}\right)^{4 \times 5} - 100000 \ 元 = 7237.71 \ 元$

第三种方案：以 6 个月整存整取存款的形式存在，获得 6 个月存款在 5 年内转存的利息。

我们假定钱先生设置了到期自动转存，这意味着在 6 个月后，存期自动续为 6 个月，第一次 6 个月的利息，在第二次 6 个月时变为本金，需要通过复利方式计算。

5 年期 6 个月存款的利息 = $100000 \ 元 \times \left(1 + \frac{1.65\%}{2}\right)^{2 \times 5} - 100000 \ 元 = 8563.12 \ 元$

第四种方案：以 1 年期整存整取存款的形式存在，获得 1 年期存款在 5 年内转存的利息

我们假定钱先生设置了到期自动转存，这意味着在 1 年后，存期自动续为 1 年，第一次 1 年存期后的利息，在第二次 1 年时变为本金，需要通过复利方式计算。

5 年期 1 年存款的利息 = 100000 元 × $(1 + 1.90\%)^5$ - 100000 元 = 9867.92 元

第五种方案：以 2 年期和 3 年期整存整取存款的形式存在。

我们假定钱先生选择先存入 2 年、再存入 3 年的存款期限。这样，在 2 年后的利息，变为 3 年存期的本金。

利息$_{2+3}$ = 100000 元 × $(1 + 2 \times 2.52\%)$ × $(1 + 3 \times 3.15\%)$ - 100000 元 = 14966.28 元

同样，钱先生也可以选择先存入 3 年、再存入 2 年的存款期限。这样，在 3 年后的利息，变为 2 年存期的本金。

利息$_{3+2}$ = 100000 元 × $(1 + 3 \times 3.15\%)$ × $(1 + 2 \times 2.52\%)$ - 100000 元 = 14966.28 元

乘法交换律告诉我们，位置改变不会影响到结果，因此，两种方式的利息是相同的。

第六种方案：以 5 年期整存整取存款的形式存在，获得整存整取的利息。

5 年期整存整取的利息 = 100000 元 × 5 × 3.30% = 16500 元

我们将上述计算结果总结在表 5 - 4 中。

表 5 - 4　　　　　　　　　　　不同存款方案下的利息比较

期限	活期存款	整存整取					
		3 个月	半年	1 年	2 年	3 年	5 年
年化利率（%）	0.35	1.40	1.65	1.90	2.52	3.15	3.30
年化利息（元）	350	1400	1650	1900	2520	3150	3300
五年利息（元）	1750	7237.71	8563.12	9867.92	14966.28	14966.28	16500

通过比较可以发现，在 5 年的时间里，如果钱先生将 100000 元存为活期存款，则利息只有 1750 元；如果存为 5 年期整存整取存款，则利息为 16500 元，是活期存款利息的 9 倍多。而且，即使存期为 3 个月，由于复利的计算方式，利息为 7237.71 元，是活期存款利息的 4 倍多。因此，不要经常把较大金额的资金存放于活期存款账户，应该根据对资金需求的预期，选择合适的存期。

另外，及时转存很重要。现在很多商业银行都开通了自动转存业务，但需要在开户和办理过程中征得储户同意。如果没有自动转存，需要储户自行转存，没有转存的情况下，利息按照活期存款计息。

（二）选择适合的存款策略

不同的居民适合不同的存款策略，如金字塔储蓄法、滚动储蓄法、强制储蓄法等。

1. 金字塔储蓄法

金字塔储蓄法又称为四分储蓄法，是针对大额资金的储蓄策略。一般而言，我国商业银行提供提前支取的服务，但是，定期存款一旦提前支取，其利息计算就转变为活期利息计算方式，利息会遭受损失。例如，钱先生在某银行存入一笔 100000 元 3 年期的定期存款，但在存入的一年后，钱先生需要使用 50000 元资金用于购置车辆，他想要提前支取此笔款项，那么，100000 元的存款全部按照提款日当天的活期存款利率进行计息，从而造成了较大的利息损失。

金字塔法意味着将大额款项进行拆分。例如，钱先生的 100000 万元款项可以拆分成 10000 元、20000 元、30000 元、40000 元四笔款项，当需要 50000 元时，可以提前支取 10000 元和 40000 元的款项，或者 20000 元和 30000 元的款项，这样，没有提前支取的存款仍然按照定期存款利率计息（见图 5 - 1）。

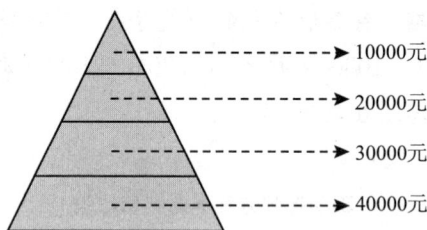

图 5 - 1　金字塔储蓄法

2. 滚动储蓄法

通过分析和计算我们知道，存期越长，利息越高。但是，存期越长，不确定性越大，提前支取的可能性越大。滚动储蓄法主要解决的是在保持流动性的前提下如何获取高利息的问题。

假如钱先生持有 30000 元存款，可以开设三笔定期存款业务，即一笔 10000 元存期 1 年、一笔 10000 元存期 2 年、一笔 10000 元存期 3 年。一年后，存期一年的 10000 元到期，将其转为存期 3 年；两年后，存期两年的 10000 元到期，将其转为存期 3 年。通过这种滚动储蓄的方式，30000 元的存款存期均为 3 年，不仅可以获得 3 年存期的较高利率，而且每年都有一笔 10000 元的存款到期，也保证了资金的流动性。这种方式比较适用于中长期投资。

3. 强制储蓄法

很多居民没有结余的原因是由于选择性支出较多，花钱大手大脚，没有记账和计算的习惯。因此，建议在对自身的必要性支出进行计算的基础上，结合自己的收入水平，设定自己每个月或者每个季度的强制储蓄金额，如每个月储蓄收入的 10%，或者每个季度储蓄 1000 元等。这种先储蓄再消费的方式，保证了居民的资金结余，而且，由于减少的消费支出是过去的非必要性支出，也保证了居民的当期生活水平不会由于强制储蓄而下降。

📖 **扩展阅读**

月光族理财小妙招

（1）"强制储蓄"积少成多。

每月领取薪水后，将生活费和各项开支以外的钱存入银行。强制储蓄可减少日常生活中许多随意性的支出，一旦生活中出现意外用钱的情况，可以从容应对。而且，储蓄一段时间后，就能积少成多，把这笔钱作为启动资金，适当尝试风险性投资，让钱生钱，就能积累更多的财富。

（2）"意外储蓄"生财有道。

在生活中，常常会有意外的惊喜，比如获奖、稿酬、亲友馈赠、老板红包以及其他临时性意外进账，可将此笔钱及时存入银行，开设专门的账户，按月、双月和季度从此账户中扣款。

（3）"分散储蓄"攻守兼备。

将定期储蓄分散于不同的存单或者不同的笔数，如果家庭有需要用钱的地方，只需要动用最近期限的一张存单，而不必动用其他存单，避免了因需取出某大额存单中的部分资金而损失其他存款的利息。

（4）"节约储蓄"两全其美。

如果不是迫切需要买的东西，可以先将这笔钱暂时存入储蓄卡内，一段时间后再考虑是否真的需要购买，避免冲动消费造成的不必要开支，或者退而求其次，购买同类型档次稍低些的商品，把节省下来的钱也存入储蓄卡内，如此坚持一段时间就会发现，自己既减少了不必要的开支，又无形当中储蓄了一笔资金。

（5）"活期储蓄"存之有道。

在办理活期储蓄的时候，可以事先和银行约定好活期账户的最低金额，超出最低金额的部分，选择自动转存为定期存款。这样，一旦储户急需用钱，可以随时取用定期账户上的钱，损失的只是这部分定期的存款利息。[1]

第二节　利用信用卡进行理财

本节对信用卡的种类和特点进行阐述，对信用卡的申请和使用流程进行介绍，并对信用卡的使用提出相关建议。

---

[1]　代翚：《每天读点理财常识》，立信会计出版社 2011 年版，第 28～29 页。

一、信用卡的特点

银行卡分为借记卡和贷记卡两种。借记卡也称储蓄卡，主要作用是储蓄存款，这种卡片的主要特点是先存款再消费，即可以用此卡进行刷卡消费、转账、提现的上限是卡内的可用余额。卡内的存款储蓄可以获得利息，行内提现一般没有手续费。信用卡一般是指在约定的时期和信用额度内先消费后还款的银行卡。

（一）信用卡的起源

信用卡起源于 19 世纪 80 年代的英国服装业、旅游业等部门，卡片能够进行短期的商业赊销，但是资金需要随用随付，没有授信额度。20 世纪 50 年代，美国商人弗兰克·麦克纳马拉与其好友在纽约创立了大莱俱乐部（Diners Club，大莱信用卡的前身），为其会员提供一种卡片，这种卡片可以证明会员的身份，也可以在指定的 27 家餐厅记账消费，不必支付现金，信用卡的雏形由此出现，但仍属于商业信用卡。

1952 年，美国的富兰克林国民银行发行了信用卡，标志着第一张银行信用卡的诞生以及第一家发行信用卡银行的出现。20 世纪 60 年代，银行信用卡得到了社会的认可和接受，在美国、英国、日本、加拿大、欧洲等国家迅速发展。

在我国，第一张信用卡于 1985 年正式出现，在"金卡工程"等国家政策的推动下，信用卡产业蓬勃发展。截至 2017 年年末，全国信用卡和信贷合一卡在用发卡数量 5.88 亿张，同比增长 26.35%；人均持有信用卡 0.39 张，同比增长 25.82%。[①]

（二）信用卡的种类

1. 贷记卡和准贷记卡

根据清偿方式不同，信用卡可以分为贷记卡和准贷记卡。贷记卡在免息还款期内、在信用额度内先消费后还款；准贷记卡是具有一定透支功能的借记卡，需要在卡内先存入一定的款项备用。

2. 普通卡和金卡

根据信用等级不同，信用卡可以分为普通卡和金卡。普通卡是商业银行对一般客户发行的信用卡，对客户的财务实力、工作、地位等要求不高；金卡是商业银行对信用等级较高、具有一定社会地位、资金实力雄厚的客户发行的信用卡，信用卡的透支额度较高，同时附加多种服务项目，因而费用较高，申请较为困难。

---

① 数据来源：中国人民银行：《2016 年支付体系运行总体情况》。

📖 *扩展阅读*

黑金信用卡①

黑金信用卡，又称卡中之王，是1999年美国运通公司首次发行的百夫长卡的俗称。黑金信用卡代表的不仅仅是持卡者尊贵的社会地位，而且发卡行还会为持卡人提供周到细致的金融服务。黑金信用卡不可以申请，只能由银行邀请。凭借这张卡，客户可以获得客机上的私人舱和享受头等舱升级服务、旅馆套房升级服务、私人旅行顾问服务以及各种免费赠品服务。

黑金信用卡的额度一般会比较高，在中国大概为几百万元，也可以继续上调。有的银行有规定，如果黑金信用卡额度超过500万元，通常需要董事长签字同意。此外，如果客户想要调整黑金信用卡额度，除了用作企业流动资金外的其他合理消费，银行一般都会同意。在我国，黑金信用卡办理条件非常苛刻，对客户的资产规模、资产流动性、生活品位、消费习性及客户对银行的贡献度等方面均有较高的要求。年消费境内200万人民币或境外100万人民币是一个基本门槛，一般而言，持卡人都是福布斯、胡润等社会公认的财富榜成员，或者知名企业CEO、总裁或董事长，他们的年龄在35～60岁，拥有多辆轿车、多处豪宅，享受私家游艇、飞机。

3. 公司卡和个人卡

根据发卡对象不同，信用卡可以分为公司卡和个人卡。公司卡的发卡对象为企业、事业单位、党政机关等；个人卡的发卡对象为城乡居民个人。

4. 国际卡和地区卡

根据流通范围不同，信用卡可以分为国际卡和地区卡。国际卡是指可以在发行国境外使用的信用卡，万事达卡、维萨卡、运通卡、JCB卡、大莱卡等都属于国际卡；地区卡是指只能在发行国国内或者一定地区内使用的信用卡。

（三）信用卡的优缺点

1. 信用卡的优点

第一，可以透支消费，扩大居民的消费边界，在免息期内还款不收利息和手续费。而且，提供分期付款服务，可以降低单期的还款压力，平滑资金紧张客户的现金流。

第二，可以积累个人信用，持有信用卡是居民与银行建立长期联系、提高信用等级的有效方式。

---

① 资料来源：融360网站，金融百科。

第三，在具有银联标识的 ATM 和 POS 机上刷卡消费方便、快捷，并且免费提供电子对账单，可以通过微信、App、邮箱等多种渠道获取。同时，许多银行设有信用卡电话专线，提供 24 小时服务，可以保证及时挂失。

第四，许多银行的信用卡可以选择一卡双币的形式，在境外消费可以即时转为本币，用人民币还款。同时，信用卡具有多种附加价值，如积分礼品赠送、特约商户折扣优惠等。

2. 信用卡的缺点

第一，对于自我约束力较低的居民而言，容易造成盲目消费和过度消费，多次恶意欠款会影响到个人的信用记录。

第二，信用卡提供了一定额度的提现功能，但提现的利息和手续费较高，而且，在还款日如果无法还款，需要支付逾期费用和利息。

第三，信用卡提供了分期付款功能，但分期付款需要支付相应的利息和手续费。

第四，存在信用卡被盗刷的风险。

二、信用卡的实务操作

（一）信用卡的办理流程

以居民个人为例，信用卡的办理流程包括申请、审查、发卡、开卡等。

1. 申请

具有完全民事行为能力、有一定直接经济来源的公民，可以向发卡行申请信用卡。在申请信用卡时，居民需要填写信用卡申请表，一般包括申领人的名称、基本情况、经济状况或收入来源、担保人及其基本情况等，同时提交一定的证件复印件（通常为身份证）与证明等，仔细阅读信用卡合同、信息提交真实性声明、隐私保护政策等，并在申请人处签字。目前，许多银行提供网上直接办理信用卡服务，不需要到银行网点办理，从而使信用卡的办理更加方便和简单。

2. 审查

发卡银行接到申请人交来的申请表及有关材料后，要对申请人的信誉情况进行审查。同时，根据申请人过去的信用记录、申请人已知的资产、职业特性等信息判断是否发卡以及确定信用额度。不同商业银行在信用卡发行条件和额度方面存在差异。

3. 发卡

在成功申领信用卡后，发卡行将为持卡人在发卡银行开立单独的信用卡账户，以供购物、消费和取现后进行结算，并通过邮寄或者自取的方式将信用卡送达客户手中。

4. 开卡

持卡人可以通过电话、网络等方式开卡。开卡后，客户在卡片背后签名，并更改信用卡密码，然后就可以正常使用。信用卡一般仅限个人使用，不可以外借他人使用。

5. 销卡

在销卡前，账户余额必须清零。目前，很多银行提供电话销卡业务。

（二）信用卡的信息识别

1. 信用卡的正面信息

信用卡的正面信息包括发卡行名称及标识、信用卡别（组织标识）及全息防伪标记、卡号、英文或拼音姓名、启用日期（一般计算到月）、有效日期（一般计算到月），最新发行的卡片正面附有芯片，芯片账户与磁条账户为相对独立的两个账户。

2. 信用卡的背面信息

信用卡的背面信息包括卡片磁条、持卡人签名栏（启用后必须签名）、服务热线电话、卡号末四位号码或全部卡号（防止被冒用）、信用卡安全码（在信用卡背面的签名栏上，紧跟在卡号末四位号码后面的 3 位数字，用于信用卡激活、密码管理以及电视、电话及网络交易等）。

📖 扩展阅读

中国人民银行关于信用卡业务有关事项的通知（节选）①

为完善信用卡业务市场化机制，提高信用卡服务水平，保障持卡人合法权益，促进信用卡市场健康发展，现就有关事项通知如下：

（1）利率标准。

对信用卡透支利率实行上限和下限管理，透支利率上限为日利率万分之五，透支利率下限为日利率万分之五的 0.7 倍。信用卡透支的计结息方式，以及对信用卡溢缴款是否计付利息及其利率标准，由发卡机构自主确定。

（2）免息还款期和最低还款额。

持卡人透支消费享受免息还款期和最低还款额待遇的条件和标准等，由发卡机构自主确定。

（3）违约金和服务费用。

取消信用卡滞纳金，对于持卡人违约逾期未还款的行为，发卡机构应与持卡人通过协议约定是否收取违约金，以及相关收取方式和标准。发卡机构向持卡人提供超过授信额度用卡服务的，不得收取超限费。发卡机构对向持卡人收取的违约金和年费、取现手续费、货币兑换费等服务费用不得计收利息。

---

① 中国人民银行网站。

（4）信用卡预借现金业务。

持卡人通过 ATM 机等自助机具办理现金提取业务，每卡每日累计不得超过人民币 1 万元；持卡人通过柜面办理现金提取业务、通过各类渠道办理现金转账业务的每卡每日限额，由发卡机构与持卡人通过协议约定；发卡机构可自主确定是否提供现金充值服务，并与持卡人协议约定每卡每日限额。发卡机构不得将持卡人信用卡预借现金额度内资金划转至其他信用卡，以及非持卡人的银行结算账户或支付账户。

（5）信息披露义务。

发卡机构应在信用卡协议中以显著方式提示信用卡利率标准和计结息方式、免息还款期和最低还款额待遇的条件和标准，以及向持卡人收取违约金的详细情形和收取标准等与持卡人有重大利害关系的事项，确保持卡人充分知悉并确认接受。其中，对于信用卡利率标准，应注明日利率和年利率。

本通知自 2017 年 1 月 1 日起实施。此前人民银行发布的银行卡业务有关规定与本通知不一致的，以本通知为准。

（三）消费日、对账单日和还款日

在使用信用卡的过程中，消费日、对账单日和还款日对于居民而言至关重要。

1. 消费日

顾名思义，消费日是持卡人使用信用卡进行消费的时间。

2. 对账单日

对账单日是发卡银行每月对持卡人的信用卡账户当期发生的各项交易进行结算，并计算出还款金额和最小还款额的时间。

3. 还款日

还款日是持卡人需要偿还信用卡欠款的最晚时间。

案例分析

钱先生持有某商业银行的信用卡，额度为 50000 元人民币，该信用卡的对账单日为每月 4 日，还款日为每月 20 日。钱先生近期的信用卡消费如表 5 - 5 所示。

表 5 - 5　　　　　　　　　　　　　钱先生的消费情况

时间	信用卡消费金额（元）
2017 年 7 月 2 日	1250
2017 年 7 月 5 日	5300
2017 年 7 月 10 日	500
2017 年 7 月 11 日	370
2017 年 7 月 18 日	120

时间	信用卡消费金额（元）
2017 年 7 月 20 日	530
2017 年 7 月 25 日	6000
2017 年 8 月 2 日	360
2017 年 8 月 5 日	900

由于该信用卡的对账单日为每月 4 日，还款日为每月 20 日，因此，可以分析如下：

2017 年 7 月 2 日的消费计入 7 月的对账单，需要在 2017 年 7 月 20 日进行还款。

2017 年 7 月 5 日 ~ 2017 年 8 月 2 日的消费计入 8 月的对账单，共计 13180 元，需要在 2017 年 8 月 20 日进行还款。

2017 年 8 月 5 日的消费计入 9 月的对账单，需要在 2017 年 9 月 20 日进行还款。

三、信用卡的使用策略

（一）选择适合的信用卡

在我国，许多商业银行都开展了信用卡业务，居民应根据自己的特点，选择适合自己的信用卡。

第一，根据自身条件、经济实力、还款能力选择信用卡，金卡的额度高、服务好，但是申请难度也较大。

第二，信用卡并非越多越好，信用卡太多，不仅给管理带来不便，也可能"方便"某些居民过上"卡付卡"的生活。因此，可以根据自身情况选择 2 ~ 3 张信用卡。

（二）选择适合的还款方式

目前，信用卡的还款方式包括网点还款、ATM 还款、银行 App 还款、约定还款、支付宝还款、微信还款、拉卡拉还款等，居民可以选择自己熟悉的、方便的还款方式。

（三）用好免息期

在上文中，我们已经学习了消费日、对账单日、还款日的相关含义，这三个日期决定了信用卡的免息期。免息期即商业银行为客户提供的不需要支付利息的透支时间。以上文中钱先生的信用卡为例，信用卡的对账单日为每月 4 日，还款日为每月 20 日。这就意味着，如果钱先生在 7 月 4 日消费，其对账单日为 8 月 4 日，还款日为 8 月 20 日，免息期为 48 天；如果钱先生在 7 月 3 日消费，其对账单日为 7 月 4 日，还款日为 7 月 20 日，免息期为 17 天。此外，客户在最后还款日之前全额还款，不会产生利息。但如果客户未全额还款，则按日收取利息，按照实际还款时间计算计息天数。

案例分析

钱先生持有某银行的信用卡，对账单日为每月 4 日，最后还款日为每月 20 日，利息为日息万分之五。钱先生在 7 月 1 日刷卡消费 5000 元，7 月 2 日该笔消费入账。假设不存在其他消费，在 7 月 4 日的账单上显示"本期应还金额"为 5000 元，一般而言，最低还款额的比例为本期应还金额的 10%，因此，钱先生的"最低还款额"为 500 元。

通常情况下，如果持卡人持信用卡进行非现金交易时选择了最低还款额方式，则不再享受免息还款期待遇，应支付全部透支款项自记账日起至实际还款日止按规定利率计付的利息。例如，如果钱先生选择在最后还款日 7 月 20 日只偿还 500 元，则 8 月 4 日的账单上会显示截至当日需要支付的利息，即 5000 元循环信用本金 18 天（7 月 2 日~7 月 19 日）的利息和还款后剩余额 4500 元本金 16 天的（7 月 20 日~8 月 4 日）的利息（见图 5-2）。

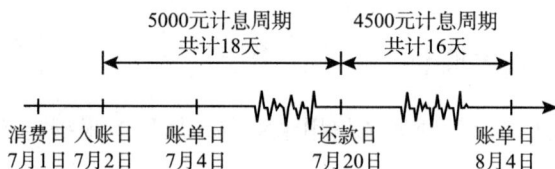

图 5-2　利息计算周期

在本例中，日利率为 0.05%，则：

利息合计 = 5000 元 × 0.05% × 18 天 + 4500 元 × 0.05% × 16 天 = 81 元

（四）注意手续费和违约金

在有些情况下，在利用信用卡进行分期付款的过程中，每次付款都需要收取一定的手续费。另外，如果持卡人违约逾期未还款，发卡机构根据协议规定收取违约金；如果没有选择分期付款，或者分期付款没有按时偿还每期款项时，发卡机构收取违约金（如最低还款额未还部分的 5%，最低收取 10 元人民币或 1 美元等）。

案例分析

钱先生所持有的信用卡提供个性化分期服务，提供 2 期、3 期、6 期、10 期、12 期、18 期和 24 期多种分期期数选择，对应的每期基准手续费率分别为 1.0%、0.9%、0.8%、0.7%、0.68%、0.65%、0.65%。

每期应还本金 = 本金总额 ÷ 分期期数

每期应还本金（精确到分）逐月计入持卡人信用卡人民币账户，余数计入最后一期。

分期每期手续费 = 分期本金总额 × 对应期数的每期手续费率

如果钱先生有20000元需要分期偿还，那么，每期需要偿还的本金和手续费如表5-6所示。

表5-6　　　　　　　　　　分期偿还的本金和手续费情况

分期次数	手续费率（%）	每期需要偿还的本金（元）	每次需要支付的手续费（元）	总手续费（元）
2 期	1.0	10000.00	100.00	200.00
3 期	0.9	6666.66	60.00	180.00
6 期	0.8	3333.33	26.66	159.96
10 期	0.7	2000.00	14.00	140.00
12 期	0.68	1666.66	11.33	135.96
18 期	0.65	1111.11	7.22	129.96
24 期	0.65	833.33	5.41	129.84

此外，一些商业银行推出了自己的网上商城业务，如招商银行的网上商城、工商银行的融e购等，如果持卡人在银行自己的网上商城以分期付款的方式购物，可能会免息免手续费，或者降低手续费和利息。

（五）信用卡提现的手续费和利息

信用卡提现又称"预借现金"，是发卡行为持卡人提供的小额现金借款功能。持卡人可以通过多种方式提取现金，包括ATM、银行柜台、网银和电话预借现金等。信用卡提现与刷卡消费有区别，提现需要收取手续费和利息。例如，招商银行规定境内人民币预借现金手续费为每笔取现金额的1%，最低收费每笔10元人民币，境外预借现金手续费为每笔取现金额的3%，最低收费每笔3美元或30元人民币；并且，预借现金不享受免息还款，从取现当天起至清偿日止，按日利率万分之五计收利息，按月计收复利。

第三节　利用银行贷款进行理财

本节将明确银行贷款在理财中的作用，介绍与居民相关的贷款种类，并对不同贷款的适应条件和人群进行探讨。

一、贷款在家庭理财中的作用

有一种观念认为，理财是对既有财富的保值增值，与贷款无关。其实，贷款在理财中具有重要作用。

（一）改变家庭的收入和支出情况

贷款可以改变家庭即时现金流短缺的情况，花未来的钱进行消费，不仅可以平滑整个家庭生命周期的现金流，提高家庭的整体福利水平，而且还可以改变家庭的资产负债表和收入支出表，影响家庭理财的分析基础。

（二）降低资产投资的流动性需求

一个家庭需要贷款，往往出于两种原因：第一种原因是当前的财富价值不够；第二种原因是家庭资金的流动性不足。针对第一种原因，根据家庭自身偏好选择的贷款改变了其当期消费和未来消费的比例；针对第二种原因，贷款的存在可以使家庭的财富投资于流动性较低的资产和工具，降低流动性高的资产的比例。由于低流动性与高收益性相匹配、高流动性与低收益性相匹配，因此，投资于流动性较低的资产意味着收益性较高。如果家庭投资于流动性低、收益性高的资产，在存在流动性需求时，可以通过贷款解决流动性问题。

（三）改变消费支出方式

目前，商业银行推出的贷款品类繁多，涵盖了消费信贷、汽车信贷、留学信贷、住房信贷等多个领域，降低了贷款的门槛，方便了居民的选择。

二、相关贷款的种类

与居民家庭相关的贷款，主要包括小额消费信贷、汽车信贷、住房抵押贷款等。

（一）小额消费信贷

小额消费信贷是信用卡业务的延伸，主要针对个人消费领域的短期、小额资金需求。根据是否需要抵押物，可以分为无担保消费信贷和有抵押消费信贷。

1. 无担保消费信贷

这种消费信贷是指消费信贷的发放无需抵押品和担保品，一般额度较小、要求客户的资信等级较高。

案例分析

中国工商银行的融 e 借

融 e 借是指由中国工商银行向符合特定条件的借款人发放的，用于个人合法合规消费用途的无担保无抵押的人民币贷款，可用于购车、家装、旅游、购物消费等用途，但不得进入证券市场、期货市场及用于股本权益性投资、房地产市场，不得用于民间借贷，不得用于国家法律法规明确规定不得经营的事项。

这一产品的特点如下：

利率更低：按日计息，随借随还，成本更低。

额度更高：600 元起借，最高额度 80 万元，额度可循环使用。

期限更长：贷款期限一般为 2 年，最长 5 年。

还款灵活：支持等额本息、等额本金、按期付息一次还本、一次性还本付息四种还款方式，支持提前还款。

体验更优：无抵押、无担保、纯信用，通过网上银行、手机银行"一键即贷"，营业网点即可办理，贷款最快实时到账。

从工商银行的融 e 借无担保消费信贷可以看出：

第一，借款用途具有限制性，不可以用于金融投资等用途，主要用于缓解消费资金的短缺。

第二，额度较小，融 e 借消费信贷最高额度为 80 万元，较低的信贷额度也有利于借款人将所借资金在限定的用途下使用。

第三，灵活方便，在利率计算、还款方式等方面都体现出了灵活方便的特点，产品的设计更加人性化。

2. 有抵押消费信贷

为了控制信用风险，一些商业银行的贷款选择有抵押的方式，这种消费信贷一般利率相对较低，贷款期限更长，申请较为容易。

案例分析

招商银行的个人消费贷款

招商银行提供以房产抵押办理个人消费贷款的业务。

这一产品的特点如下：

金额多：超高贷款金额，充分满足各种消费需求，贷款金额最高可达 2000 万元。

期限长：贷款的期限最长可以达到 30 年。

成数高：抵押物成数最高可以达到 7 成。

用途多：购车、装修、旅游、留学、消费等均可。

方便多：可以循环使用，随借随还，想用就用。

省钱多：利率超低。同时使用消费易，还可尽享最长 50 天的免息期。

从招商银行以房产为抵押物的个人消费信贷可以看出：

第一，借款用途比无担保消费信贷更广泛，包括留学等资金需求时间较长的用途。

第二，额度比无担保消费信贷更高，抵押物的存在增加了银行的风险控制能力，因此，银行愿意提供更高额度的信贷，在本案例中，贷款金额最高可以达到 2000 万元。

第三，涉及抵押物评估的问题，由于是抵押贷款，需要对抵押物的价值进行评估，而且也涉及成数问题，成数越高，借款人可以获得的贷款数额越多。

第四，借款期限更长，无担保消费信贷主要针对短期的贷款需求，而有抵押的消费信贷也覆盖了长期的贷款需求，在本案例中，贷款期限最长达到 30 年。

（二）汽车贷款

汽车贷款通常是指商业银行向申请购买汽车的借款人发放的贷款，也叫汽车按揭。贷款规模通常为 50 万以下，期限 5 年以下，银行签约担保合作单位。一般而言，通过借款人提交申请、银行审批、放款提车三步完成汽车贷款方式的买车流程。此外，对于公务员、教师、医生等政府机关或行政事业单位员工以及私人银行客户、优质企业员工等客户群体，一些银行提供免担保汽车贷款。

（三）住房抵押贷款

住房抵押贷款，也称为住房按揭贷款，可以分为一手住房贷款和二手住房贷款。一手住房贷款是指商业银行向借款人发放的，用于购买房地产开发企业依法建造、销（预）售住房的贷款。二手住房贷款是指商业银行向在房屋二级市场购买各类住房的客户发放的贷款，俗称"二手房贷款"。一般而言，具有完全民事行为能力、年龄在 18（含）~65 周岁（含）之间、有良好的信用记录和还款意愿者，可以申请住房抵押贷款。贷款期限通常最长 30 年，贷款额度最高为所购住房市场价值的 70%，借款人年龄与贷款期限之和不超过 70 年。

案例分析

不同还款方式下的住房抵押贷款

王先生选择住房抵押贷款的方式为家庭购买住房。贷款总额 300000 元人民币，固定年利率 8%，3 年还清。在不考虑其他费用的条件下，本书对王先生选择等额本息还款、等额递增还款、等额递减还款下每个月的还款金额进行分析。

（1）等额本息还款。

等额本息还款是常见的还款方式之一。在这种还款方式下，每个月的还款金额是固定的，还款金额不仅包括利息的部分，也包括本金的部分。

假定 PV 为现值，FP 为每期支付的还款金额，i 为利率水平，N 为偿还期数。根据现值的计算公式可知：

$$PV = \sum_{t=1}^{N} \frac{FP}{(1+i)^t}$$

$$300000 = \sum_{t=1}^{36} \frac{FP}{\left(1 + \dfrac{8\%}{12}\right)^t}$$

可以求得每月的还款额为 FP = 9400.91 元

在等额本息还款的方式下，月还款额、偿还本金、偿还利息和本金余额见表 5-7。

表 5-7 等额本息还款情况 单位：元

期数	月还款额	本金部分	利息部分	本金余额
1	9400.91	7400.91	2000.00	292599.09
2	9400.91	7450.25	1950.66	285148.84
3	9400.91	7499.92	1900.99	277648.92
4	9400.91	7549.92	1850.99	270099.01
5	9400.91	7600.25	1800.66	262498.76
6	9400.91	7650.92	1749.99	254847.84
7	9400.91	7701.93	1698.99	247145.92
8	9400.91	7753.28	1647.64	239392.65
9	9400.91	7804.96	1595.95	231587.69
10	9400.91	7857.00	1543.92	223730.70
11	9400.91	7909.38	1491.54	215821.32
12	9400.91	7962.11	1438.81	207859.22
13	9400.91	8015.19	1385.73	199844.04
14	9400.91	8068.62	1332.29	191775.42
15	9400.91	8122.41	1278.50	183653.02
16	9400.91	8176.56	1224.35	175476.46
17	9400.91	8231.07	1169.84	167245.40
18	9400.91	8285.95	1114.97	158959.46
19	9400.91	8341.18	1059.73	150618.28
20	9400.91	8396.79	1004.12	142221.49

期数	月还款额	本金部分	利息部分	本金余额
21	9400.91	8452.77	948.14	133768.72
22	9400.91	8509.12	891.79	125259.60
23	9400.91	8565.85	835.06	116693.76
24	9400.91	8622.96	777.96	108070.81
25	9400.91	8680.44	720.47	99390.37
26	9400.91	8738.31	662.60	90652.06
27	9400.91	8796.57	604.35	81855.50
28	9400.91	8855.21	545.70	73000.29
29	9400.91	8914.25	486.67	64086.05
30	9400.91	8973.67	427.24	55112.38
31	9400.91	9033.50	367.42	46078.89
32	9400.91	9093.72	307.19	36985.17
33	9400.91	9154.35	246.57	27830.83
34	9400.91	9215.38	185.54	18615.46
35	9400.91	9276.81	124.10	9338.65
36	9400.91	9338.66	62.26	0
总计	338432.75	300000	38432.75	—

（2）等额递增还款。

等额递增还款方式是指借款人在申请住房商业贷款业务时，与银行商定还款递增的间隔期和额度，在初始时期按固定额度还款，此后每月根据间隔期和相应递增额度进行还款的操作办法。其中，间隔期最少为 1 个月。这种还款方式把还款年限进行了细化分割，每个分割单位中，还款方式等同于等额本息。区别在于，每个时间分割单位的还款数额是等额增加。等额递增方式适合目前还款能力较弱，但是已经预期到未来收入会逐步增加的人群。

如果王先生选择还款递增的间隔区间为 1 年，即 12 个月，递增额度为 500 元，则根据现值的计算公式可知：

$$300000 = \sum_{t=1}^{12} \frac{FP}{\left(1 + \frac{8\%}{12}\right)^t} + \sum_{t=13}^{24} \frac{FP + 500}{\left(1 + \frac{8\%}{12}\right)^t} + \sum_{t=25}^{36} \frac{FP + 2 \times 500}{\left(1 + \frac{8\%}{12}\right)^t}$$

可以求得：

第 1～12 个月每月还款额为 8927.46 元；

第 13～24 个月每月还款额为 9427.46 元；

第 25~36 个月每月还款额为 9927.46 元。

在等额递增还款的方式下，月还款额、偿还本金、偿还利息和本金余额见表 5-8。

表 5-8　　　　　　　　　　　　　　　等额递增还款情况　　　　　　　　　　单位：元

期数	月还款额	本金部分	利息部分	本金余额
1	8927.46	6927.46	2000.00	293072.54
2	8927.46	6973.64	1953.82	286098.90
3	8927.46	7020.13	1907.33	279078.76
4	8927.46	7066.93	1860.53	272011.83
5	8927.46	7114.05	1813.41	264897.78
6	8927.46	7161.47	1765.99	257736.31
7	8927.46	7209.22	1718.24	250527.09
8	8927.46	7257.28	1670.18	243269.81
9	8927.46	7305.66	1621.80	235964.15
10	8927.46	7354.37	1573.09	228609.78
11	8927.46	7403.39	1524.07	221206.39
12	8927.46	7452.75	1474.71	213753.64
13	9427.46	8002.44	1425.02	205751.20
14	9427.46	8055.79	1371.67	197695.41
15	9427.46	8109.49	1317.97	189585.92
16	9427.46	8163.55	1263.91	181422.37
17	9427.46	8217.98	1209.48	173204.39
18	9427.46	8272.76	1154.70	164931.63
19	9427.46	8327.92	1099.54	156603.71
20	9427.46	8383.44	1044.02	148220.28
21	9427.46	8439.32	988.14	139780.95
22	9427.46	8495.59	931.87	131285.37
23	9427.46	8552.22	875.24	122733.14
24	9427.46	8609.24	818.22	114123.90
25	9927.46	9166.63	760.83	104957.27
26	9927.46	9227.74	699.72	95729.52
27	9927.46	9289.26	638.20	86440.26
28	9927.46	9351.19	576.27	77089.07
29	9927.46	9413.53	513.93	67675.54
30	9927.46	9476.29	451.17	58199.25

期数	月还款额	本金部分	利息部分	本金余额
31	9927.46	9539.47	387.99	48659.78
32	9927.46	9603.06	324.40	39056.72
33	9927.46	9667.08	260.38	29389.64
34	9927.46	9731.53	195.93	19658.11
35	9927.46	9796.41	131.05	9861.70
36	9927.45	9861.70	65.74	0
总计	339388.57	300000	39388.57	—

（3）等额递减还款。

等额递减还款方式是指借款人在申请住房商业贷款业务时，与银行商定还款递减的间隔期和额度，在初始时期按固定额度还款，此后每月根据间隔期和相应递减额度进行还款的操作办法。每个时间分割单位的还款数额等额递减。如果预计到收入将减少，或者目前经济很宽裕，可以选择等额递减的方式还款。

如果王先生选择还款递减的间隔区间为1年，即12个月，递减额度为500元，则根据现值的计算公式可知：

$$300000 = \sum_{t=1}^{12} \frac{FP}{\left(1 + \frac{8\%}{12}\right)^t} + \sum_{t=13}^{24} \frac{FP - 500}{\left(1 + \frac{8\%}{12}\right)^t} + \sum_{t=25}^{36} \frac{FP - 2 \times 500}{\left(1 + \frac{8\%}{12}\right)^t}$$

可以求得：

第1~12个月每月还款额为9874.36元；

第13~24个月每月还款额为9374.36元；

第25~36个月每月还款额为8874.36元。

在等额递减还款的方式下，月还款额、偿还本金、偿还利息和本金余额见表5-9。

表5-9　　　　　　　　　　　　　等额递减还款情况　　　　　　　　　　　单位：元

期数	月还款额	本金部分	利息部分	本金余额
1	9874.36	7874.36	2000.00	292125.64
2	9874.36	7926.86	1947.5	284198.78
3	9874.36	7979.70	1894.66	276219.08
4	9874.36	8032.9	1841.46	268186.18
5	9874.36	8086.45	1787.91	260099.73
6	9874.36	8140.36	1734.00	251959.37
7	9874.36	8194.63	1679.73	243764.74

期数	月还款额	本金部分	利息部分	本金余额
8	9874.36	8249.26	1625.10	235515.48
9	9874.36	8304.26	1570.10	227211.22
10	9874.36	8359.62	1514.74	218851.60
11	9874.36	8415.35	1459.01	210436.25
12	9874.36	8471.45	1402.91	201964.80
13	9374.36	8027.93	1346.43	193936.87
14	9374.36	8081.45	1292.91	185855.43
15	9374.36	8135.32	1239.04	177720.10
16	9374.36	8189.56	1184.80	169530.54
17	9374.36	8244.16	1130.20	161286.39
18	9374.36	8299.12	1075.24	152987.27
19	9374.36	8354.44	1019.92	144632.82
20	9374.36	8410.14	964.22	136222.68
21	9374.36	8466.21	908.15	127756.47
22	9374.36	8522.65	851.71	119233.82
23	9374.36	8579.47	794.89	110654.36
24	9374.36	8636.66	737.70	102017.69
25	8874.36	8194.24	680.12	93823.45
26	8874.36	8248.87	625.49	85574.58
27	8874.36	8303.86	570.50	77270.72
28	8874.36	8359.22	515.14	68911.49
29	8874.36	8414.95	459.41	60496.54
30	8874.36	8471.05	403.31	52025.49
31	8874.36	8527.52	346.84	43497.97
32	8874.36	8584.37	289.99	34913.60
33	8874.36	8641.6	232.76	26271.99
34	8874.36	8699.21	175.15	17572.78
35	8874.36	8757.21	117.15	8815.57
36	8874.34	8815.57	58.77	0
总计	337476.96	300000	37476.96	—

第四节 利用银行理财产品进行理财

本节将辨析银行理财产品与储蓄的区别，介绍银行理财产品的种类，并从投资者角度对银行理财产品进行案例分析。

一、银行理财产品与储蓄的区别

银行理财产品是指商业银行销售的理财计划，通过理财计划将投资者的资金聚集起来进行投资，并按照约定将投资收益和损失在商业银行和投资者之间分配。与商业银行的储蓄存款相比，银行理财产品更加偏向于投资，在流动性、收益性、安全性、办理流程等方面都有很大的不同。

（一）流动性方面的差异

储蓄存款的流动性相对较强，特别是活期存款，储户可以随时提取，流动性最高。对于定期存款，如果需要，客户也可以办理提前支取，但是利息将按照取款日的活期存款利率计息，客户会承担一部分利息损失。银行理财产品则不同。封闭式银行理财产品具有固定期限，流动性相对较差，在未到期时通常无法支取，即使在理财协议中约定可以提前支取，投资者也要承担较大的损失；开放式银行理财产品收益以产品净值的形式定期公布，投资者可以在开放期内进行申购和赎回。

（二）收益性方面的差异

储蓄存款的收益是根据利率计算的利息，是商业银行以中央银行的基准利率为基础自行设定的利率，商业银行以其自身的信用向客户做出保本保息的承诺。银行理财产品的收益来源于所投资项目和资产的收益，根据监管当局规定，银行理财产品需要公布"预期收益率"，"预期收益率"的计算取决于风险、资产种类、权重、经济金融环境等多种因素，并且"预期收益率"并不一定等于"实际收益率"。另外，开放式理财产品以净值计算产品收益率，在开放期内盈亏结果更加透明。

（三）安全性方面的差异

在众多的投资工具中，储蓄存款的安全性较高、风险较小，收益也较低。如果一国存在存款保险制度，那么，居民持有储蓄存款的风险主要为通货膨胀风险，即一般物价水平的持续上升导致货币贬值的风险。银行理财产品则不同，其风险取决于投资标的、投资方式、投资环境、交易对手等多个方面，风险相对较高。

（四）办理流程方面的差异

储蓄存款的办理需要本人持身份证和现金，填写开户申请书，到银行柜台办理开户手续，开立存单、存折或者银行卡。随着互联网技术的发展及智能手机的普及，一些银行可以通过人脸识别系统进行开户，不必到银行柜台办理。但是，在购买银行理财产品特别是首次购买时，需要本人提供身份证件，在银行卡中存入现金，并进行风险测评、签署理财协议等。

二、银行理财产品的分类

（一）根据币种分类

根据币种进行分类，银行理财产品可以分为人民币理财产品、外币理财产品和双币理财产品。人民币理财产品是用人民币计价，并用人民币购买的银行理财产品；外币理财产品是用外币计价，并用外币购买的银行理财产品，如美元理财产品、欧元理财产品、澳元理财产品等；双币理财产品是用人民币计价，用人民币和外币均能购买的银行理财产品。

（二）根据风险分类

根据风险进行分类，银行理财产品可以分为保本浮动收益型理财产品和非保本浮动收益型理财产品。

1. 保本浮动收益型理财产品

保本浮动收益型理财产品是指商业银行保证投资人的本金安全，投资收益则按照银行理财协议在银行和投资人之间进行分配的理财产品，风险由银行承担，投资人的本金是安全的，但收益相对较低。而且，随着我国金融机构资产管理业务的逐步规范，资产管理业务成为金融机构的表外业务，银行理财产品不再承诺保本保收益[①]，保本型理财产品逐步向结构性存款转变。

2. 非保本浮动收益型理财产品

非保本浮动收益型理财产品是指商业银行根据银行理财协议和投资收益的实际情况向投资人支付投资收益，并不保证投资人本金安全的理财产品。风险完全由投资人承担，投资收益按照合同约定在银行和投资人之间进行分配。

（三）根据销售方式分类

根据销售方式进行分类，银行理财产品可以分为自营理财产品和代销理财产品。

---

① 资料来源：中证网：《关于规范金融机构资产管理业务的指导意见（征求意见稿）》，2017 年 11 月 17 日。

自营理财产品是指商业银行销售的是本行发行的理财产品；代销理财产品是指商业银行代销他行的理财产品，收取代销费。

（四）根据期限分类

根据期限进行分类，银行理财产品可以分为超短期理财产品、短期理财产品、中期理财产品、长期理财产品以及开放式理财产品。超短期理财产品的期限为 1 个月以内；短期理财产品的期限为 1~3 个月；中期理财产品的期限为 3 个月~1 年；长期理财产品的期限为 1 年以上；开放式理财产品根据银行理财协议规定申购和赎回，通常每个工作日均可以交易。

（五）根据投资标的分类

根据投资标的进行分类，银行理财产品可以分为货币市场工具理财产品、债券型理财产品、股票型理财产品、信托型理财产品等。

（六）根据设计结构分类

根据设计结构分类，银行理财产品可以分为单一性理财产品和结构性理财产品。单一性理财产品是指投资标的为债券、股票、信托等基础性资产的理财产品；结构性理财产品是指交易结构中嵌入了期权合约等金融衍生产品的理财产品，结构性理财产品的风险相对更高。

三、银行理财产品案例分析

（一）案例介绍

钱先生为某银行优质客户，在该行持有借记卡，其中，活期存款 125602 元，定期存款 300000 元，并且定期存款在下周到期。钱先生想优化其资产配置情况，银行客户经理向其介绍了该行的理财产品，钱先生很感兴趣，想要进行投资。

（二）客户风险评估

该行的理财经理根据监管部门的规定，对钱先生进行了风险测评，并对风险测评的过程进行了同步录音和录像。

××银行理财产品个人投资者风险承受能力评估问卷

以下 10 个问题将根据您的财务状况、投资经验、投资风险、投资目的、风险偏好和风险承受能力等对您进行风险评估，我们将根据评估结果为您更好地配置资产。请

您认真作答，感谢您的配合！（每个问题请选择唯一选项，不可多选）

一、财务情况

问题 1：您的年龄是：

A. 18～30 岁（－2）

B. 31～50 岁（0）

C. 50～60 岁（－4）

D. 60 岁以上（－10）

问题 2：您的家庭收入为（折合人民币）：

A. 5 万元以下（0）

B. 5 万～20 万元（2）

C. 20 万～50 万元（6）

D. 50 万～100 万元（8）

E. 100 万元以上（10）

问题 3：在您每年的家庭收入中，可用于金融投资（储蓄存款除外）的比例为：

A. 小于 10%（2）

B. 10%～25%（4）

C. 25%～50%（8）

D. 大于 50%（10）

二、投资经验（任一项选 A 客户均视为无投资经验的客户）

问题 4：以下哪项最能说明您的投资经验：

A. 除存款、国债外，我几乎不投资其他金融产品（0）

B. 大部分投资于存款、国债等，较少投资于股票、基金等风险产品（2）

C. 资产均衡地分布于存款、国债、银行理财产品、信托产品、股票、基金等（6）

D. 大部分投资于股票、基金、外汇等高风险产品，较少投资于存款、国债（10）

问题 5：您有多少年投资股票、基金、外汇、金融衍生产品等风险投资品的经验：

A. 没有经验（0）

B. 少于 2 年（2）

C. 2～5 年（6）

D. 5～8 年（8）

E. 8 年以上（10）

三、投资风格

问题 6：以下哪项描述最符合您的投资态度：

A. 厌恶风险，不希望本金损失，希望获得稳定回报（0）

B. 保守投资，不希望本金损失，愿意承担一定幅度的收益波动（4）

C. 寻求资金的较高收益和成长性，愿意为此承担有限本金损失（8）

D. 希望赚取高回报，愿意为此承担较大本金损失（10）

问题7：以下情况，您会选择哪一种：

A. 有100%的机会赢取1000元现金（0）

B. 有50%的机会赢取5万元现金（4）

C. 有25%的机会赢取50万元现金（6）

D. 有10%的机会赢取100万现金（10）

四、投资目的

问题8：您计划的投资期限是多久：

A. 1年以下（4）

B. 1～3年（6）

C. 3～5年（8）

D. 5年以上（10）

问题9：您的投资目的是：

A. 资产保值（2）

B. 资产稳定增长（6）

C. 资产迅速增长（10）

问题10：您投资产品的价值出现何种程度的波动时，您会呈现明显的焦虑：

A. 本金无损失，但收益未达到预期（-5）

B. 出现轻微本金损失（5）

C. 本金10%以内的损失（10）

D. 本金20%～50%的损失（15）

E. 本金50%以上的损失（20）

该银行根据风险测评得分区分投资者的风险类型，具体情况见表5-10。

表5-10　　　　　　　　　××银行投资者风险类型区分标准

分值区间	投资者风险类型
0～20	保守型
21～45	稳健型
46～70	平衡型
71～85	成长型
86～100	进取型

经评估，钱先生得分75分，属于成长型投资者，可以在该行购买保守型、稳健型、平衡型和成长型的银行理财产品，不可以购买进取型的理财产品。钱先生在客户确认栏确认信息准确，并签字。

另外，钱先生认为在银行柜台购买理财产品比较麻烦，便开通了手机银行，下载了该行的 App，准备在 App 上进行购买。

（三）封闭式理财产品的选择

1. 理财产品风险揭示书

在该行的 App 上，钱先生根据自己的财富情况和风险偏好，选择了××××非保本浮动收益型理财计划，期限为 60 天。理财产品的风险揭示书阐明该理财产品为稳健型理财产品，而钱先生为成长型投资者，因此，钱先生可以购买。

××银行××××理财计划（代码：××××××）（节选）

风险揭示书

理财非存款，产品有风险，投资需谨慎

尊敬的投资者：

由于理财资金管理运用过程中，可能会面临多种风险因素，因此，根据监管部门相关监管规定的要求，在您选择购买本理财计划前，请仔细阅读以下重要内容：

1. 本金及理财收益风险：本理财计划不保障本金及理财收益。您的本金可能会因市场变动而蒙受重大损失，您应充分认识投资风险，谨慎投资……

2. 管理人风险：因管理人（包括本理财计划的投资管理人、所投资的信托计划/资管计划的受托人（如有）、相关投资顾问（如有）等，下同）受经验、技能等因素的限制，可能导致本理财计划项下的理财资金遭受损失……

3. 政策风险：本理财计划是针对当前的相关法规和政策设计的。如国家宏观政策以及市场相关法规政策发生变化，可能影响理财计划的受理、投资、偿还等的正常进行，甚至导致本理财计划收益降低甚至本金损失。

4. 延期风险：如因理财计划项下资产组合变现等原因造成理财计划不能按时还本付息，理财期限将相应延长。

5. 流动性风险：在本理财计划存续期内，投资者不得赎回。

6. 再投资风险：由于在特定情况下提前终止理财，则本理财计划的实际理财期可能小于预定期限。

7. 信息传递风险：本理财计划存续期内不提供估值，不提供账单，投资者应根据本理财计划说明书所载明的公告方式及时查询本理财计划的相关信息……

8. 理财计划不成立风险：如自本理财计划开始认购至理财计划原定成立日之前，理财计划认购总金额未达到规模下限（如有约定），或国家宏观政策以及市场相关法规政策发生变化，或市场发生剧烈波动，经××银行合理判断难以按照本产品说明书规定向客户提供本理财计划，××银行有权宣布该计划不成立。

9. 不可抗力风险：指由于自然灾害、战争等不可抗力因素的出现，将严重影响金融市场的正常运行, 甚至影响理财计划的受理、投资、偿还等的正常进行, 甚至导致本理财计划收益降低甚至本金损失。

本理财计划产品类型为非保本浮动收益类, 理财计划期限为 60 天, 风险评级为稳健型, 适合购买客户为风险承受能力为稳健型及以上的客户。

在您签署本理财计划的理财产品销售协议书前, 应当仔细阅读本风险揭示书、本理财计划产品说明书和客户权益须知的全部内容, 同时向我行了解本理财计划的其他相关信息, 并自己独立做出是否认购本理财计划的决定。您签署本揭示书、理财产品销售协议书并将资金委托给我行运作是您真实的意思表示, 您已知悉并理解理财计划的全部风险, 并自愿承担由此带来的一切后果。本风险揭示书及相应理财产品销售协议书、理财计划产品说明书、客户权益须知将共同构成贵我双方理财合同的有效组成部分。

风险揭示方: ××银行股份有限公司

客户确认栏:

本人确认购买该理财计划为本人真实的意思表示, 并认为该理财计划完全适合本人的投资目标、投资预期以及风险承受能力, 本人自愿承担由此带来的一切后果。本人确认××银行相关业务人员对于理财产品说明书中限制本人权利、增加本人义务以及有关免除、限制××银行责任或××银行单方面拥有某些权利的条款已向本人予以说明, 本人已完全理解并自愿接受。

本人确认如下:

本人风险承受能力评级为: □保守型 □稳健型 □平衡型 □成长型 □进取型

(客户需全文抄录以下文字以完成确认: 本人已经阅读风险揭示, 愿意承担投资风险。)

_____

确认人 (签字):

日期: 年 月 日

通过理财产品风险揭示书可知:

第一, 理财产品的类型、投资期限和风险评级情况, 为投资者判断该产品是否适合自己的风险偏好和现金流情况提供参考。

第二, 强调在理财资金管理运用过程的多种风险因素, 包括本金及理财收益风险、管理人风险、政策风险、延期风险、流动性风险等。

第三, 强调投资者的知情权, 减少投资者由于对银行理财产品不了解而导致的投资失误。

第四, 强调理财产品的风险性, "本人已经阅读风险揭示, 愿意承担投资风险" 需要投资者全文抄录。

2. 理财产品说明书

理财产品说明书是对理财产品整体情况的系统论述。钱先生对该理财计划的产品说明书进行了仔细阅读。

（1）投资方向和范围。

本理财计划投资于银行间和交易所市场信用级别较高、流动性较好的金融资产和金融工具，包括但不限于债券、资产支持证券、资金拆借、逆回购、银行存款、券商收益凭证等，并可投资信托计划、资产管理计划等其他金融资产（见表5-11）。

表5-11　　　　　　　　　　　　　　投资比例区间

投资品种	配置比例（%）
银行存款	0~50
债券逆回购、资金拆借	0~90
债券资产、资产管理计划和信托计划等	10~100

（2）理财计划要素。

①理财币种：人民币。

②理财期限：60天。

③业绩比较基准：预期收益率4.70%。

④认购起点：1元人民币为1份，认购起点份额为5万份，超过认购起点份额部分，应为1万份的整数倍。

⑤申购/赎回：本理财计划成立后不开放申购与赎回。

⑥认购期：本理财计划认购期自2017年9月30日上午10：00到2017年10月13日下午17：00。

⑦登记日：2017年10月13日为认购登记日，认购资金在认购登记日前按活期利率计算利息，该部分利息不计入认购本金份额。

⑧成立日：2017年10月16日，理财计划自成立日起计算收益（如有，下同）（如遇节假日将顺延至下一工作日）。

⑨到期日：理财计划到期日为2017年12月15日，实际产品到期日受制于银行提前终止条款（如遇节假日将顺延至下一工作日）。

⑩发行规模：规模上限1亿元人民币，本理财计划无规模下限。

⑪本金及理财收益支付：到期一次性支付。

⑫管理人：××银行股份有限公司。

　　托管人：××银行股份有限公司。

⑬托管费率：0.02%/年。

⑭固定管理费率：0.02%/年。

⑮收益计算单位：每 10000 份为 1 个收益计算单位，每单位收益精确到小数点后 2 位。

⑯清算期：认购登记日到成立日期间为认购清算期，到期日（或理财计划实际终止日）到理财资金返还到账日为还本清算期，认购清算期和还本清算期内不计付利息。

⑰单笔认购上限：投资者单笔认购上限为 500 万元和本理财计划规模上限（如有）的较小值。

（四）净值型理财产品的选择

封闭式理财产品虽然有较高的预期收益率，但钱先生觉得，60 天的期限不能完全满足其流动性要求，因此，他希望购买一种预期收益率相对较高、流动性更强的理财产品。客户经理向钱先生推荐了一款他可以购买的稳健型的×××理财计划。钱先生对该理财计划的产品特点和估值问题进行了重点关注。

1. 产品特点

（1）投资及收益币种：人民币。

（2）收益类型：非保本浮动收益型。

（3）产品风险等级：较低风险。

（4）产品类型：净值型。

（5）产品募集期：2015 年 3 月 9 日~2015 年 3 月 16 日。

（6）封闭期：2015 年 3 月 17 日~2015 年 4 月 19 日。

（7）产品成立日：2015 年 3 月 17 日。

（8）产品到期日：2018 年 3 月 19 日。产品到期前，银行有权根据产品运行情况进行展期。

（9）开放日（T 日）：封闭期结束日的下一个工作日起每个工作日为开放日，办理时间均为开放日的 9：30 至 17：00。

（10）托管费率（年）：0.05%。

　　　销售费率（年）：0.35%。

　　　管理费率（年）：0.2%。

（11）估值日：本理财计划存续期内，××银行于每个开放日计算单位份额净值，并于该日后第 1 个工作日内公布。

（12）单位净值：单位净值为提取相关费用后的单位理财计划份额净值，客户按该单位净值进行申购、赎回和终止时的分配。产品募集期单位净值为 1 元。

（13）认申购起点金额：5 万元。

　　　递增金额：1000 元。

（14）赎回起点份额：1000 份。

（15）赎回资金到账日：在赎回确认日将客户赎回金额划转至客户资金账户，如遇特殊情况可能延迟。

2. 资产配置

该理财产品募集的资金投资于现金、存款、回购、拆借、货币基金、国债、央行票据、金融债、较高信用等级的信用债等，其配置资产比例见表 5 - 12，银行可能根据实际情况在已知范围内进行调整。

表 5 - 12　　　　　　　　　　　　资产配置比例

配置资产	占比（%）
现金、存款、回购、货币基金	5
拆借	5
利率债、评级为 AAA 级的企业债、公司债、中期票据、短期融资券、超短期融资券、次级债、非公开定向债务融资工具	10
评级为 AAA 级以下、AA 级以上的企业债、公司债、中期票据、短期融资券、次级债、非公开定向债务融资工具	30
定向计划和信托计划	50
合计	100

3. 估值

（1）估值对象。

理财计划估值的对象为本理财计划所拥有的一切资产，包括但不限于银行存款本息、固定收益类产品、应收账款等。

（2）估值方法。

①债券估值。其一，交易所上市流通的债券以估值日证券交易所挂牌的该证券收盘价估值，该日无交易的，以估值日中证估值计算；其二，在银行间交易市场交易的债券按市价估值，市价是指中央国债登记公司对每个债券的估值结果。

②逆回购交易以成本列示，按商定利率在实际持有期间内逐日计提利息。

③其他固定收益类投资以本金列示，按预期利率逐日计提收益。

④如有确凿证据表明按上述规定不能客观反映理财计划资产公允价值的，或缺乏可参考的市场价格时，管理人可根据具体情况，在综合考虑市场成交价、市场报价、流动性、收益率曲线等多种因素的基础上，按最能反映理财计划资产公允价值的方法建模估值。

⑤理财计划份额净值随投资收益变化，理财计划份额净值可能小于 1 元人民币，计算公式为：

$$理财计划份额净值 = \frac{理财计划总资产 - 理财计划应承担的各项费用}{理财计划总份额}$$

理财计划总资产为理财计划项下所有财产的总价值，理财计划份额净值估值结果精确到 0.0001 元，小数点后第 5 位四舍五入。

⑥估值由本银行负责完成，本银行按以上估值方法的第①～⑤项进行估值时，所造成的误差不作为理财计划单位资产净值错误处理。

（五）案例分析

1. 风险警示

经过××银行的风险测评，钱先生为成长型客户，其选择的两款银行理财产品为稳健型，钱先生有资格购买。在认真阅读了风险揭示书和理财计划产品说明书后，钱先生在该银行的手机 App 中对风险揭示书和理财计划产品说明书进行确认，并购买了120000 元的 60 天封闭型理财产品和 200000 万元的净值型理财产品，其余资产以活期和定期存款的形式配置。

2. 封闭型理财产品分析

（1）相关主体的权利和义务。

①投资者。在本案例中，钱先生为投资者。投资者为银行理财产品的购买者，根据银行理财协议规定，投资者在产品到期时获得收益或者承担相应的损失。

②管理人。在本案例中，管理人为该银行，此产品为该银行自己发行的理财产品，即自营型理财产品，该银行需要对投资组合、期限等进行规划，并收取固定管理费0.02%/年。

③托管人。在本案例中，托管人为该银行，管理人和托管人是同一机构，但是，从发展的角度看，未来管理人和托管人将分离。此产品的托管费率为 0.02%/年。

（2）本金和理财收益。

①钱先生投资的这一款理财产品为非保本浮动收益型理财产品。

②该理财产品收益测算方法。该理财产品收益测算的公式如下：

理财计划到期年化收益率 = 理财计划资产组合收益率 − 托管费率 − 固定管理费率

每收益计算单位理财收益 = 10000 × 理财计划到期年化收益率 × 实际理财天数 ÷ 365

其中，每收益计算单位理财收益及投资者获得的人民币理财收益金额精确到小数点后 2 位。

如果未提前终止本理财计划，则实际理财天数为自本理财计划成立日（含）至到期日（不含）期间的天数。如果提前终止本理财计划，则实际理财天数为自本理财计划成立日（含）至实际终止日（不含）期间的天数。

在本案例中，钱先生理财本金为 120000 元，假设在扣除了托管费率和固定管理费率后的理财计划到期年化收益率为 4.70%，理财期限为 60 天，则：

每收益计算单位理财收益 = 10000 元 × 4.70% × 60 ÷ 365 = 77.26 元

钱先生理财收益 = 120000 元 ÷ 10000 元 × 77.26 元 = 927.12 元

（3）相关日期。

①认购期。该理财产品的认购期为 2017 年 9 月 30 日上午 10：00 到 2017 年 10 月 13 日下午 17：00。认购是指投资者在理财产品发行期间购买理财产品的行为。在认购期内，允许投资者认购撤单。

②申购和赎回。该理财计划成立后不开放申购和赎回。申购是指在理财计划成立后投资者购买理财产品的行为；赎回是指在理财计划未到期前向管理人申请理财产品变现的行为。

③到期日和提前终止。该理财计划到期日为 2017 年 12 月 15 日，在收到足额的资产组合处置收益后 3 个工作日内将投资者本金和理财收益划转至投资者指定账户。但实际到期日受制于银行提前终止条款。

④相关日期对收益的影响。假设钱先生在 2017 年 9 月 30 日购买了该理财产品，理财计划正常运营，在 2017 年 12 月 18 日银行将本金和收益打入钱先生的账户，则相关日期对收益的影响如下（见图 5 - 3）：

2017 年 9 月 30 日~2017 年 10 月 12 日：共计 13 天，按活期存款利率计息，假定利率为 0.3%，则利息收入为 120000 元 × 0.3% ÷ 365 × 13 = 12.82 元。

2017 年 10 月 13 日~2017 年 10 月 15 日：共计 3 天，认购登记日到成立日期间的认购清算期，不计付利息。

2017 年 10 月 16 日~2017 年 12 月 14 日：共计 60 天，成立日到理财产品到期日，根据理财计划实际到期年化收益率计算。

2017 年 12 月 15 日~2017 年 12 月 19 日：共计 5 天，到期日到理财资金返还到账日的还本清算期，不计付利息，其中，12 月 16 日、12 月 17 日为非工作日。

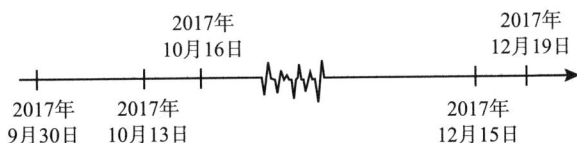

图 5 - 3　钱先生持有该理财产品的时间节点

假设理财计划实际到期年化收益率为 4.70%。

2017 年 9 月 30 日~2017 年 12 月 19 日钱先生获得的收益 R：

R = 12.82 元 + 927.12 元 = 393.94 元

实际上，钱先生的投资期限为 2017 年 9 月 30 日到 2017 年 12 月 19 日，共计 80 天，因此，钱先生投资该银行理财产品的实际年化收益率为：

r = (939.94 ÷ 120000) × 365 ÷ 80 × 100% = 3.57%

3. 净值型理财产品分析

（1）流动性分析。

该理财计划的开放日为在封闭期结束日的下一个工作日起每个工作日，办理时间均为开放日的 9：30~17：00，由于钱先生购买理财产品的时间为 10 月，产品募集期和封闭期已经结束，钱先生可以按照约定时间在每个工作日进行申购和赎回，流动性较强。

（2）理财产品申购和赎回。

由于钱先生购买产品的时间在募集期及封闭期之后，所以，需要根据产品的净值进行申购。在 2017 年 10 月 9 日，钱先生决定购买该理财产品，此时，理财产品的单位净值为 1.1663 元。单位净值是提取相关费用后的单位理财计划份额净值，钱先生按该单位净值进行申购。钱先生欲投资该理财产品 200000 万元，则：

申购份额 = 200000 元/1.1663 元 = 171482.46 份

申购份数保留至 0.01 份理财计划份额，小数点后两位以下四舍五入。

此部分申购在 2017 年 10 月 10 日起息。

在 2017 年 11 月 15 日，钱先生欲赎回 100000 份理财计划，并在当日 10 点提出赎回交易申请，当日理财产品的单位净值为 1.1699 元，则：

赎回资金 = 100000 × 1.1699 元 = 116990 元

根据约定，在 2017 年 11 月 15 日钱先生的赎回金额划转至其资金账户。

2017 年 11 月 22 日，钱先生又将剩余的全部理财份额赎回，当日理财产品单位净值为 1.1701 元，则：

赎回资金 = （171482.46 - 100000）× 1.1701 元 = 83641.63 元

赎回金额保留至小数点后两位，小数点后两位以下四舍五入。

从 2017 年 10 月 9 日到 2017 年 11 月 22 日，钱先生的整个投资期限为 45 天，假设不考虑 11 月 15 日赎回资金的再投资收益，则：

投资年化收益率 = （116990 + 83641.63 - 200000）/200000/45 × 365 = 2.56%

📖 **扩展阅读**

银行理财产品多种多样，购买时需要注意以下问题：

（1）银行理财产品"三不买"。

产品说明书看不懂不买，有些银行理财产品的说明书非常"深奥"，甚至连金融专业人士都无法弄清，对于这种理财产品最好不要购买。

（2）考虑银行理财产品的风险与收益。

在购买理财产品之前，需要弄清这一投资能够在多长时间保证本金安全，其"预期收益率"是多少，其"真实收益率"可能是多少，风险到底有多高。预期收益率不是实际收益率，预期收益率往往是"最理想状态"下的投资收益率，而这种"最理想状态"在投资过程中出现的概率可能只有1%。另外，不要被"小礼品"打动，投资理财产品是为了获取投资收益，不是为了得到一个小礼品。

（3）注意购买的方式。

不要当场购买，而是将理财产品说明书拿回家中，经过认真研究之后，再做出投资的决定；多与销售人员交谈，如果销售人员对理财产品的特点都说不清楚，那么，尽量不要购买；注意看理财产品说明书上的"小字"，理财产品说明书中一些不太醒目的"小字"，如风险提示等，往往是关键所在。[①]

本 章 小 结

储蓄是最原始、最普通的理财方式。目前，银行提供的储蓄产品多种多样，包括活期储蓄、定期储蓄、定活两便储蓄、储蓄一本通等。在进行储蓄时，如果投资者能够科学安排储蓄期限、合理配置储蓄结构，便可以获取较高的利息收入。信用卡可以分为贷记卡和准贷记卡两种。贷记卡是指商业银行发行的，并给予持卡人一定信用额度，持卡人可在信用额度内先消费后还款的银行卡；准贷记卡是指商业银行发行的，持卡人按照约定要求交纳一定数量的备用金，当备用金余额不足时，可以在信用额度内先消费后还款的银行卡。一般而言，通常所说的信用卡指贷记卡。在使用信用卡的过程中，消费日、对账单日和还款日对于持卡人而言至关重要。贷款在居民家庭理财中具有重要作用，与居民家庭相关的贷款主要包括小额消费信贷、汽车信贷、住房抵押贷款等。银行理财产品是指商业银行销售的理财计划，通过理财计划，将投资者的资金聚集起来进行投资，并按照约定将投资收益和损失在商业银行与投资者之间分配。与银行的储蓄存款相比，银行理财产品更加偏向于投资，在流动性、收益性、安全性、办理流程等方面都有很大的不同。

基本概念

住房抵押贷款　银行理财产品

复习思考题

1. 储蓄包括哪些种类？不同类型储蓄的特点是什么？

2. 查询自己的储蓄账户余额，谈一谈哪种储蓄策略适合你，为什么？

3. 信用卡的主要特点是什么？

---

① 刘彦斌：《理财工具箱》，中信出版社2009年版，第129~130页。

4. 结合家庭生命周期理论，谈一谈在家庭生命周期的不同阶段可能会涉及哪些银行贷款，并说明理由。

5. 结合自己家庭的情况，寻找一款银行理财产品，并对其风险揭示书和理财说明书进行分析。

第六章

债券与理财

本章学习目标

- 了解债券的基本要素；
- 理清不同种类债券的特点；
- 掌握债券理论价格的计算方式及到期收益率和回报率的计算；
- 理解国债的净价交易；
- 掌握国债回购的基本流程；
- 理解投资债券需要注意的事项。

本章基本内容

本章将对债券的基本知识进行介绍，明确债券的基本要素，指出不同种类债券的特点，运用货币时间价值理论推导出债券的理论价格，指出理论价格与实际价格之间的关系，并介绍债券市场的基本内容。在此基础上，介绍国债交易的流程、净价交易与全价交易的区别、国债回购等内容。最后，对债券的投资策略进行探讨。

第一节　债券的基本知识

本节将对债券的基本知识进行讲解，主要包括债券的基本要素、债券的种类、债券价格、债券收益率、债券市场等内容。

一、债券的基本要素

债券是资金需求者为筹集资金发行的、承诺按期偿付本金和利息的债权凭证。债券的基本要素包括债券面值、发行主体、偿还期限、票面利率等。

（一）债券面值

债券的面值由债券的票面金额和币种两部分组成。债券的票面金额即单位债券的价值；币种即票面金额的计量单位。债券面值会对债券的发行成本、持有者的分布、发行数量等方面产生影响。一般而言，债券面值越大，越不利于中小投资者购买，但发行数量越少，发行成本越低。

（二）发行主体

债券的发行主体是债券的发行者，即资金需求者，主要包括政府、金融机构和企业三类。债券的发行者要承担履约责任，向债权人按期偿还本金和利息。

（三）债券期限

一般情况下，具有到期日是债券的显著特点之一。期限是指从债券发行日到还清本息日的时间。根据期限不同，期限在 1 年（含 1 年）以下的债券为短期债券；期限在 1 年以上、10 年以下的债券为中期债券；期限在 10 年以上的债券为长期债券。

（四）票面利率

票面利率是债券利息与票面金额之间的比率，以年化利率表示。票面利率是在债券发行前确定好的利率，可以是固定利率，也可以是浮动利率。

二、债券的种类

从上文可知，根据期限不同，债券可以分为短期债券、中期债券和长期债券。根据其他的分类依据，债券也可以分为不同的种类。

（一）根据债券形态进行分类

根据形态不同，债券可以分为实物债券、凭证式债券和记账式债券。

1. 实物债券

实物债券是一种不记名、看得见摸得着的债券，这种债券的券面具有标准的格式，债券的发行与流通由实体债券承担。

2. 凭证式债券

凭证式债券是银行作为承销商向投资者开出收款凭证的债券。这种债券通常由商业银行承销，具有可记名、可挂失的特点，但不能上市流通。如果债券投资者需要变现，可以到购买债券的银行网点办理赎回。

3. 记账式债券

记账式债券是在证券账户中进行登记的债券，投资者可以取得收据或者对账单，具有可记名、可挂失、可上市流通的特点。如果债券投资者需要变现，在债券市场上直接交易即可。

（二）根据募集方式进行分类

根据募集方式不同，债券可以分为公募债券和私募债券。

1. 公募债券

公募债券是指在金融市场上公开发行的债券。公募债券的发行需要主管部门批准，手续较为严格和烦琐，对发行主体的信用等级要求较高。

2. 私募债券

私募债券是指在金融市场上以特定的少数投资者为对象发行的债券。私募债券发行手续简单，不能公开上市交易，但利率相对较高，可以吸引风险偏好较高的机构和个人投资者。

（三）根据利率形式进行分类

根据利率形式不同，债券可以分为固定利率债券和浮动利率债券。

1. 固定利率债券

固定利率债券是指在债券发行时规定利率在整个债券期限内不发生变动的债券。固定利率锁定了债权人的利息收益和债务人的利息成本。但是，在市场利率上升时，固定利率债券不利于债权人；在市场利率下降时，不利于债务人。

2. 浮动利率债券

浮动利率债券是指在债券发行时规定利率随市场利率定期浮动的债券。浮动利率的计算方式是以市场基准利率为基础并加上一定幅度的利差。对于中长期债券而言，浮动利率债券可以有效地保护债务人和债权人的利益。

（四）根据计息方式进行分类

根据计息方式不同，债券可以分为贴现债券和附息债券。

1. 贴现债券

贴现债券也称为折价债券、零息债券，是指不规定票面利率，以低于债券面值的价格发行，到期按面值偿还的债券。债权人投资贴现债券的收益是债券面值与债券发行价格之间的差额。

2. 附息债券

附息债券是指债务人根据约定按照票面利率定期支付利息的债券。利息支付方式一般为每年支付一次或者每六个月支付一次。附息债券是中长期债券的常见形式。

（五）根据发行主体进行分类

根据发行主体不同，债券可以分为政府债券、公司债券和金融债券。

1. 政府债券

政府债券是指一国中央政府和地方政府为筹集财政资金而发行的债券，通常采取公募发行方式。政府作为发行主体，信誉较高，因此，政府债券通常具有风险小、流通性强、收益稳定、利息免税等特点。

2. 公司债券

公司债券是指公司作为发行主体，依照法定程序发行，并承诺在一定期限内还本付息的债券。一般情况下，在公司债券的发行过程中，需要进行债券评级，并通过外部担保的介入进行外部增级。

📖 扩展阅读

公司债与企业债的区别①

在我国，公司债和企业债存在区别。

第一，发行主体存在差异。公司债的发行主体是股份有限公司或者有限责任公司，根据我国《公司法》和《证券法》的规定，非公司制企业不得发行公司债；企业债的发行主体是中央政府部门所属机构、国有独资企业或国有控股企业，发行主体的范围较窄。

第二，发行制度存在差异。公司债采取核准制，由证监会进行审核，可以采取一次核准，多次发行。根据《证券法》的规定，股份有限公司、有限责任公司发债最低额度分别约为1200万元和2400万元，对总体发行规模没有约束；企业债采取审核制，由国家发改委和国务院进行审核，一般要求在通过审批后一年内发行完毕，发债最低额度为10亿元。

第三，审核内容存在差异。在公司债的发行过程中，监管部门主要对相关材料的合法性、债券的信用等级、发债主体的信息披露等方面进行审查，同时重视债券发行后的监管；在企业债的发行过程中，发改委不仅要对发债主体、债券信息等基本资料进行审核，也要求发债企业的债券余额不得超过净资产的40%，而且要求银行予以担保，在债券发行后，审批部门不再进行监管。

第四，发行定价存在差异。公司债的最终定价由发行人和保荐人通过市场询价来确定；而企业债存在利率限制，要求发债利率不高于同期银行存款利率的40%。

———————

① 廖珊：《企业债市场和公司债市场的波动特征及相关性研究》，天津大学硕士学位论文，2009年。

第五，资金用途存在差异。公司债的发债资金可以用于固定资产投资、改善公司资金来源结构、降低公司财务成本等方面，用途较为广泛，由公司根据自身的发展战略决定；企业债的发债资金用于与政府部门的审批项目直接相关的固定资产投资和技术革新改造方面，用途受到严格限制。

第六，信用来源存在差异。公司债的信用来源是发债主体本身的信用以及公司的运营情况；企业债的信用来源是发债主体背后的政府信用，并通过行政强制落实担保机制，在一定程度上，信用级别等同于政府债券。

第七，市场功能存在差异。公司债是公司获得中长期债务性资金的一个主要方式；企业债受到行政机制的严格控制，每年的发行额远低于国债、央行票据和金融债券。

3. 金融债券

金融债券是指由银行和非银行金融机构作为发行主体，依照法定程序发行的债券。目前，我国金融债券的发行主体主要包括国家开发银行、进出口银行等政策性银行以及商业银行。

（六）根据有无担保进行分类

根据有无抵押担保，债券可以分为信用债券和担保债券。

1. 信用债券

信用债券又称为无担保债券，是指仅凭债务人的信用发行的没有抵押品或者第三方提供担保的债券。信用债券对发行主体的信用要求较高，政府债券是信用债券的重要形式之一。

2. 担保债券

担保债券是以土地、房屋等不动产作为抵押品，或者以有价证券等作为质押品，或者以第三方作为担保人而发行的债券。其中，以土地、房屋等不动产作为担保品的债券称为抵押债券；以有价证券作为担保品的债券称为质押债券；以第三方作为担保人的债券称为承保债券。

（七）根据是否可以转换为股票进行分类

根据是否可以转换为股票，债券可以分为不可转换债券和可转换债券。

1. 不可转换债券

不可转换债券是债券的一般形态，它不可以在特定条件下转换为公司的股票。

2. 可转换债券

可转换债券是指债券的持有人可以根据规定和个人意愿在约定时期内将债券转换为该家公司股票的债券。可转换债券具有债权和股权的双重属性，债券持有人既可以选择持有债券到期，获取本金和利息，也可以选择在约定的时间内，按照转股比例和转股价格转换为公司股票，享受股利分配或资本增值。

三、债券的价格

（一）债券的理论价格

债券的理论价格取决于债券未来的现金流、市场利率等因素。我们可以利用货币时间价值的公式，对债券理论价格进行计算。由于债券类型不同，其未来的现金流也存在差异。因此，我们需要对不同类型债券的理论价格进行分析。

1. 贴现债券的理论价格

贴现债券的特点在于不支付利息，到期偿还债券面值。在到期日，面值的偿还是投资者未来唯一的现金流。因此，贴现债券的理论价格为：

$$D_1 = \frac{B_1}{1 + i}$$

其中，D_1 为贴现债券的理论价格，B_1 为债券面值，i 是市场利率水平。

案例分析

假设某 90 天期的债券，不支付任何利息，在到期日偿还面值 100 元，市场年化利率水平为 5%，那么，在不考虑其他因素的条件下，当前该债券的理论价格是多少？

分析过程如下：

该债券期限 90 天，为短期债券，并且不支付任何利息，唯一的现金流是到期日偿还的面值，是一种贴现债券。

由于市场年化利率水平为 5%，所以，90 天期间的利率水平为 $\frac{5\%}{\frac{365}{90}}$。

该债券的理论价格 D_1 为：

$$D_1 = \frac{B_1}{1 + i} = \frac{100}{1 + \frac{5\%}{\frac{365}{90}}} = 98.78 \text{（元）}$$

2. 附息债券的理论价格

附息债券的特点在于按期支付利息，并在债券到期日偿还本金，现金流包括每期的利息支付和到期的面值支付两部分。因此，附息债券的理论价格为：

$$D_2 = \sum_{t=1}^{n} \frac{B_2 \times r}{(1 + i)^t} + \frac{B_2}{(1 + i)^n}$$

其中，D_2 为附息债券的理论价格，B_2 为债券面值，r 为票面利率，i 为市场利率，n 为债券到期时间。

案例分析

假设某债券的面值为100元人民币，票面利率为5%，每年年末付息一次，期限为5年，当前市场利率水平为6%，那么，该债券的理论价格是多少？如果当前市场利率为3%、4%、5%、7%呢？

根据附息债券理论价格的计算公式，如果当前市场利率水平为6%，则：

$$D_2 = \sum_{t=1}^{n} \frac{B_2 \times r}{(1+i)^t} + \frac{B_2}{(1+i)^n} = \sum_{t=1}^{5} \frac{100 \times 5\%}{(1+6\%)^t} + \frac{100}{(1+6\%)^5} = 95.79 \text{（元）}$$

同理，如果当前市场利率为3%、4%、5%、7%时，债券的理论价格分别为109.16元、104.45元、100元、95.79元、91.80元（见表6-1）。可见，市场利率水平与债券理论价格之间呈反向变动关系，如果市场利率上升，那么，债券理论价格下降。

表6-1　　　　　　　　　　市场利率与债券理论价格之间的关系

市场利率（%）	债券价格（元）
3	109.16
4	104.45
5	100.00
6	95.79
7	91.80

附息债券是中长期债券的重要形式。在中长期债券投资的过程中涉及债券转让价格的问题，我们也可以利用货币时间价值的公式计算长期债券的转让理论价格。

$$D_{\text{转让}} = \sum_{t=1}^{m} \frac{B \times r}{(1+i)^t} + \frac{B}{(1+i)^m}$$

其中，$D_{\text{转让}}$为债券转让的理论价格，B为债券的面值，m为债券从转让交易日至到期日的剩余时间（以年为单位），r为票面利率，i为市场利率。

案例分析

某10年期的附息债券面值为100元人民币，票面利率为5%，每年年末支付利息，到期一次性偿还本金。在第7年开始，投资者想要将债券转让，如果市场利率为7%，那么，债券转让的理论价格是多少？

如果投资者选择在第7年初转让债券，那么，该债券的理论价格取决于第7年年末的现金流、第8年年末的现金流、第9年年末的现金流、第10年年末的现金流和市场利率水平（见图6-1）。

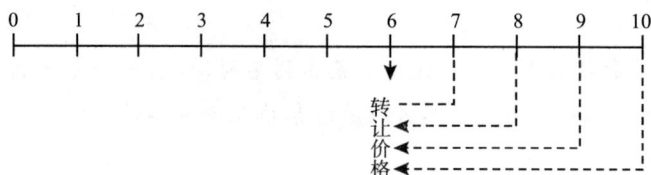

图 6-1 债券转让价格确定的过程

$$D_{转让} = \sum_{t=1}^{m} \frac{B \times r}{(1+i)^t} + \frac{B}{(1+i)^m} = \sum_{t=1}^{10-6} \frac{100 \times 5\%}{(1+7\%)^t} + \frac{100}{(1+7\%)^{10-6}} = 93.22 （元）$$

在第 7 年年初，该债券转让的理论价格为 93.22 元。

3. 统一公债的理论价格

统一公债也称为永续债券，是债券的特例，是一种没有到期日的特殊的定息债券。在 18 世纪拿破仑战争后，英国政府发行了一种没有到期日、向投资者永久支付固定利息的债券，这是最早的统一公债。这种债券的特点是没有债券面值的偿付，只有每期利息的支付。因此，统一公债理论价格的计算公式为：

$$D_3 = \sum_{t=1}^{+\infty} \frac{B_3 \times r}{(1+i)^t} = \frac{B_3 \times r}{i}$$

其中，D_3 为统一公债的理论价格，B_3 为债券面值，r 为票面利率，i 为市场利率。

案例分析

假设某债券的面值为 100 元人民币，票面利率为 5%，永久地每年支付一次利息，不偿付本金，如果市场利率为 6%，那么该债券当前的理论价格是多少？

分析过程如下：

由于该债券不支付本金，永久地每年支付利息，所以是一种永续债券。

$$D_3 = \frac{B_3 \times r}{i} = \frac{100 \times 5\%}{6\%} = 83.33 （元）$$

该债券当前的理论价格为 83.33 元。

（二）债券的实际价格

债券的实际价格是以理论价格为基础的，但受到多种因素的影响，债券的实际价格往往与理论价格不完全一致。

第一，市场利率的变动。在对债券理论价格进行计算的过程中，债券面值、票面利率、期限等要素是已知的，但市场利率水平取决于我们的估计和预测，并往往假定不变。因此，市场利率水平的估计偏差会导致债券的实际价格与理论价格不一致。

第二，市场供求关系变动。当债券市场供过于求时，债券价格下降；反之，债券价格上升。例如，当财政资金紧张时，政府会通过发行政府债券弥补财政赤字，导致金融市场债券供给量的上升，从而致使债券价格下降。

第三，社会经济发展状况。在经济高涨期，债券投资者预测经济发展态势较好，增加对债券的需求，从而导致债券价格上升；反之，在经济低迷期，债券投资者减少对债券的需求，从而导致债券价格下降。

四、债券的收益率

（一）到期收益率

假设某债券的面值为 100 元人民币，票面利率为 5%，每年年末付息一次，期限为5 年，发行价格 95 元人民币。如果投资者购买了该债券，那么，债券的收益率是多少呢？如果发行价格是 90 元、100 元、105 元、110 元人民币，债券的收益率是多少呢？

根据附息债券的计算公式，我们可以得出：

$$95 = \sum_{t=1}^{5} \frac{100 \times 5\%}{(1+i)^t} + \frac{100}{(1+i)^5}$$

i = 6.19%

在学习货币时间价值的时候，我们知道，i 是内含报酬率或者内部报酬率；在学习债券理论价格时，我们假设 i 是市场利率水平；在分析债券收益率时，我们将 i 定义为债券的到期收益率。

到期收益率是对利率最为精确的度量，在金融理论分析的过程中，如果使用利率一词，那么通常指的就是到期收益率。到期收益率是使债券所有未来现金流的现值与其今天的价值相等的利率。其实，只有投资的收益率覆盖了市场利率，该投资产品才能在市场上顺利发行，因此，可以将市场利率看成一种机会成本。

债券的到期收益率是对投资者持有债券到期收益的一种衡量。它不一定等于债券的票面利率。当到期收益率高于票面利率时，债券价格低于债券面值；当到期收益率等于票面利率时，债券价格等于债券面值；当到期收益率低于票面利率时，债券价格高于债券面值。

根据附息债券的计算公式，我们可以计算出发行价格是 90 元、100 元、105 元、110 元人民币时债券的到期收益率（见表 6 - 2）。可见，随着债券价格的上升，到期收益率下降。

表 6 - 2 债券价格与到期收益率之间的关系

债券价格（元）	债券面值（元）	票面利率（%）	到期收益率（%）
90	100	5	7.47
95	100	5	6.19

续表

债券价格（元）	债券面值（元）	票面利率（%）	到期收益率（%）
100	100	5	5.00
105	100	5	3.88
110	100	5	2.83

（二）回报率

1. 债券回报率的计算公式

回报率是债券持有人的利息收入与债券价值变动的总和与购买价格的比率。假定某债券的面值为 100 元人民币，票面利率为 5%，购买价格为 100 元人民币，持有一年后以 105 元人民币的价格出售，那么，持有该债券 1 年的回报率 R 为：

$$R = \frac{100 \times 5\% + (105 - 100)}{100} = 10\%$$

债券的回报率不一定等于债券的到期收益率。债券回报率的计算公式可以表示为：

$$R = \frac{B \times r + P_{t+1} - P_t}{P_t} = \frac{B \times r}{P_t} + \frac{P_{t+1} - P_t}{P_t}$$

其中，R 为债券的回报率，B 为债券的面值，r 为票面利率，P_t 为 t 时刻的债券价格，P_{t+1} 为 t+1 时刻的债券价格，$B \times r$ 为利息支付。

第一项为债券的当期收益率 i_{cy}，是利息支付与购买价格的比率，即：

$$i_{cy} = \frac{B \times r}{P_t}$$

第二项为资本利得率 g，是买卖差价与购买价格的比率，即：

$$g = \frac{P_{t+1} - P_t}{P_t}$$

因此，债券的回报率也可以表示为：

$$R = i_{cy} + g$$

案例分析

某投资者于 2014 年 12 月 20 日以 110 元的价格购买了票面利率为 10%、每年 12 月 20 日付息一次的 2010 年 12 月 20 日发行的 10 年期国债，并持有到 2017 年 12 月 20 日以 120 元的价格卖出，则该投资者的年化回报率是多少？

分析过程如下：

该投资者在 2014 年 12 月 20 日买入，在 2017 年 12 月 20 日卖出，持有三年时间，获得了三次利息支付：

三次利息支付 = 100 × 10% × 3 = 30（元）

资本利得收益 $= 120 - 110 = 10$（元）

$$投资回报率 = \frac{100 \times 10\% \times 3 + (120 - 110)}{110}$$

由于投资时间为三年，所以，年化回报率为：

$$R = \frac{100 \times 10\% \times 3 + (120 - 110)}{110} \div 3 = 12.12\%$$

2. 债券持有期与收益

假定某种债券面值为 100 元人民币，票面利率为 5%，投资者按照面值购买，债券的总期限包括 1 年、2 年、5 年、10 年、20 年、30 年，那么，当市场利率由 5% 上升至 10% 时，投资者持有债券 1 年的回报率是多少？

（1）总期限为 1 年。

对于总期限为 1 年的债券，面值为 100 元人民币，票面利率为 5%，投资者按照面值 100 元购买。由于投资者持有该债券到期，在 1 年后不涉及债券的转让，所以没有任何资本利得收益和损失。在这种情况下：

$$100 = \frac{100 \times 5\%}{(1 + i)} + \frac{100}{(1 + i)}$$

$i = 5\%$

$$当期收益率\ i_{cy} = \frac{100 \times 5\%}{100} = 5\%$$

即：票面利率 = 当期收益率 = 到期收益率 = 回报率 = 5%

（2）总期限为 2 年。

对于总期限为 2 年的债券，投资者没有持有债券到期，可以按照债券的转让价格进行计算。由于市场利率水平由 5% 上升至 10%，所以：

$$D = \sum_{t=1}^{m} \frac{B \times r}{(1+i)^t} + \frac{B}{(1+i)^m} = \sum_{t=1}^{2-1} \frac{100 \times 5\%}{(1+10\%)^t} + \frac{100}{(1+10\%)^{2-1}} = 95.45\ (元)$$

$$资本利得率\ g = \frac{P_{t+1} - P_t}{P_t} = \frac{95.45 - 100}{100} = -4.55\%$$

$$当期收益率\ i_{cy} = \frac{100 \times 5\%}{100} = 5\%$$

回报率 $R = i_{cy} + g = 5\% + (-4.55\%) = 0.45\%$

同样，可以计算出当债券总期限为 5 年、10 年、20 年、30 年时，投资者持有 1 年的回报率分别为 -10.85%、-25.72%、-37.57%、-42.13%。可以发现，伴随着市场利率的上升，对于中长期债券的持有者而言，债券价格下降，回报率也随之降低，甚至为负（见表 6 - 3）。

表 6 – 3   债券持有期与收益

购买时债券的 总期限	初始的当期 收益率（%）	初始价格 （元）	下一年的 价格（元）	资本 利得率（%）	回报率 （%）
1 年	5	100	100.00	0.00	5.00
2 年	5	100	95.45	- 4.55	0.45
5 年	5	100	84.15	- 15.85	- 10.85
10 年	5	100	69.28	- 30.72	- 25.72
20 年	5	100	57.43	- 42.57	- 37.57
30 年	5	100	52.87	- 47.13	- 42.13

知识要点

只有持有期与债券总期限一致的债券，回报率才与初始的到期收益率相等。

如果债券总期限长于持有期，市场利率上升导致债券价格下降，进而导致投资者资本损失。

债券转让日距离债券到期日的时间越长，市场利率变动导致债券价格变动的幅度越大。

债券转让日距离债券到期日的时间越长，市场利率上升导致债券的回报率越低。

即使某一债券的初始利率很高，当市场利率上升时，其回报率也可能变成负数。①

五、债券市场

（一）债券市场的类型

1. 发行市场与流通市场

（1）债券发行市场。

债券发行市场又称为一级市场，是债券从发行主体首次流入投资者的市场。通过债券发行市场，政府、金融机构以及工商企业等资金需求者向投资者发售债券，筹集资金。

（2）债券流通市场。

债券流通市场又称二级市场，是指已发行的债券买卖转让的市场。通过债券流通市场，投资者可以将债券进行转让，获取即时可用的资金。

根据交易品种不同，债券流通市场可以划分为国债流通市场、企业债流通市场、可转换债券流通市场等。在我国，国债在债券流通市场占据绝对优势，而金融债、公

---

① 弗雷德里克·米什金著，郑艳文等译：《货币金融学（第十一版）》，中国人民大学出版社 2016 年版，第81 页。

司债规模则相对较少。

2. 柜台市场、银行间市场和交易所市场

（1）柜台债券市场。

商业银行与债券发行人签订承销协议后，通过银行柜台，以公开挂牌报价方式向投资者发售债券。柜台交易为债券的零售市场，是一个以个人投资者和企事业单位为主要投资者的市场。

（2）银行间债券市场。

银行间债券市场是债券的批发市场，参与者均为商业银行、证券公司、保险公司、基金等机构投资者，个人投资者不能进入，交易方式为询价方式（买卖双方自行报价），交易金额较大。

（3）交易所债券市场。

投资者可以通过交易所买卖记账式国债、上市公司债券等债券品种。在交易所债券市场，债券成交方式与股票类似，实行竞价原则。

（二）债券的发行价格与发行方式

1. 债券发行价格类型

由于债券的面值、期限、票面利率等因素在债券发行之前已经确定，如果市场利率发生变动，那么会引起票面利率与市场利率不一致，这会影响债券的收益率。为了适应市场利率的变化，债券的发行价格可能与票面金额不一致，分为平价发行、溢价发行和折价发行。

第一，平价发行是指债券的发行价格和债券面值相等。当债券票面利率与市场利率相同时采用这种方式。

第二，溢价发行是指债券的发行价格高于债券面值。当票面利率高于市场利率水平时采用这种方式。

第三，折价发行是指债券的发行价格低于债券面值。当票面利率低于市场利率水平时采用这种方式。

2. 债券的发行方式

（1）直接发行。

直接发行是指发行主体直接向社会发行中长期债券，可以分为招标发行和私募发行。招标发行是指发行者通过公开招标方式来决定长期债券的投资者和债券的发行条件；私募发行是指仅向特定的少数投资者发行债券。

（2）间接发行。

间接发行是指发行主体通过中间商间接发行债券，可以分为集团认购和债券承销。集团认购是指由若干家银行、证券公司或养老保险基金等组成承销团，包销全部长期债券；债券承销是指债券发行人与债券承销商或投资银行直接协商发行条件，从而满足发行人和市场状况的需要。

(三) 中长期债券的偿还

1. 定期偿还

定期偿还是指债券发行一段时间后，每过半年或一年偿还一定金额的本金，到期时还清余额。这种偿还方式一般适用于发行数量巨大、偿还期限长的债券。一般采取两种方式：一种是以抽签方式确定债权人并按票面价格偿还；另一种是从二级市场上以市场价格购回债券。

2. 任意偿还

任意偿还是指债券发行一段时间后，发行人可以任意偿还一部分债券或全部债券。一般采取两种方式：一种是根据提前赎回条款或以新偿旧条款进行操作；另一种是在二级市场上以市场价格进行回购。

案例分析

我们可以在证监会的网站上查到许多债券的信息，下面以广汇能源股份有限公司公开发行的公司债券为例进行说明。

广汇能源股份有限公司2017年公开发行公司债券（第二期）
在上海证券交易所上市的公告（节选）

根据上海证券交易所债券上市的有关规定，广汇能源股份有限公司发行的广汇能源股份有限公司2017年公开发行公司债券（第二期）符合上海证券交易所债券上市条件，将于2017年10月11日起在上海证券交易所交易市场集中竞价系统和固定收益证券综合电子平台上市，并面向合格投资者中的机构投资者交易。债券相关要素见表6-4。

表6-4 广汇能源股份有限公司2017年公开发行公司债券（第二期）

债券名称	广汇能源股份有限公司2017年公开发行公司债券（第二期）
债券简称	17广汇02
债券代码	143290
信用评级	AA+
评级机构	中诚信证券评估有限公司
发行总额（亿元）	4
债券期限	5年
票面年利率（%）	7.5
利息种类	固定利率
付息频率	每年付息一次

续表

债券名称	广汇能源股份有限公司 2017 年公开发行公司债券（第二期）
发行日	2017 年 9 月 7 日
起息日	2017 年 9 月 7 日
上市日	2017 年 10 月 11 日
到期日	2022 年 9 月 7 日
发行价格（面值）	100 元

从表 6-4 可以看出：

第一，该债券的基本要素：面值为 100 元，发行主体为广汇能源股份有限公司，债券期限为 5 年的中期债券，票面利率是固定利率，年利率 7.5%，每年付息一次。

第二，该债券在 2017 年 9 月 7 日发行，在 2017 年 10 月 11 日在上海证券交易所交易市场集中竞价系统和固定收益证券综合电子平台上市，便利了债券的流通。

第三，该债券为公司债，由中诚信证券评估有限公司进行评级，级别为 AA +。

第四，该债券的交易对象受到限制，只面向合格投资者中的机构投资者交易。

第二节　国债交易

对于居民投资者而言，国债是常见的投资工具。本节将对国债交易进行介绍，指出国债净价交易和全价交易的区别，并针对居民如何投资国债逆回购问题进行探讨。

一、国债交易的概述

国债市场一般由一级发行市场、二级交易市场和相应的风险管理市场组成。

在一级发行市场上，债券可以通过以下三种方式发行：公开招标发行、簿记建档发行、商业银行柜台发行。其中，记账式国债、政策性金融债主要通过招标发行，信用债主要通过簿记建档方式发行，储蓄式国债则通过商业银行柜台发行。以记账式国债为例，其发行方式是面向国债承销团成员公开招标，承销团成员包括从事国债承销业务的商业银行、证券公司、保险公司和信托投资公司等金融机构。根据财政部 2014 年底发布的公告，2015～2017 年记账式国债承销团成员为 50 家，主要包括中资商业银行、证券公司、外资银行等机构。

根据交易场所不同，国债二级交易市场可分为场外市场和场内市场。当前，我国国债场内市场包括上海证券交易所和深圳证券交易所，场外市场主要是指银行间债券市场。从交易主体看，国债场内市场的参与者主要为证券公司、证券投资基金和保险公司等非银行金融机构，已在证券交易所上市的商业银行，企业与个人投资者等。场外市场的参与者主要包括商业银行、保险公司、证券公司、证券投资基金等金融机构及其他非金融机构投资者。从交易方式看，交易所债券市场和银行间债券市场采用不同的交易机制。交易所债券市场采用"竞价交易、撮合成交"方式进行交易，也可通过交易所的固定收益平台进行交易。银行间债券市场采用了报价驱动的交易方式，是指交易者以自主报价、一对一谈判的方式进行交易。报价驱动机制又可以分为询价交易制度和做市商制度，机构投资者之间的大宗交易多采用询价交易，而中小机构投资者多采用做市商制度进行交易。

二、国债净价交易与全价交易

国债交易存在着国债净价交易和全价交易的区分。在我国，国债的成交价格与国债的应计利息是分开的，即实行国债净价交易。

（一）基本概念

净价交易是指在国债进行现券买卖时将成交价格与国债的应计利息分开的交易方式，国债的价格只反映债券本身价值的变化。

全价交易是指把应计利息包含在债券报价中的债券交易，其中应计利息是指从上次付息日到购买日债券发生的利息。

（二）计算方式

国债净价的计算方式如下：

$$净价 = 全价 - 应计利息$$
$$应计利息 = 面值 \times 票面利率 \div 365 \times 已计息天数$$

在应计利息的计算方面，零息国债是指发行起息日至成交日所含利息金额，附息国债是指本付息期起息日至成交日所含利息金额。

在票面利率方面，固定利率国债是指发行时的票面利率，浮动利率国债是指本付息期的计息利率。

在已计息天数方面，是指起息日至成交当日实际日历天数，1 年按 365 天计算，闰年 2 月 29 日不计算利息。

例如，某国债面值为 100 元，票面利率为 5%，起息日是 2017 年 8 月 5 日，交易日是 2017 年 12 月 18 日，则交易日挂牌显示的应计利息额为：

$$100 \times 5\% \div 365 \times 135 = 1.85 （元）$$

（三）国债净价交易的意义

第一，在净价交易制度下，由于交易价格不含有应计利息，能够更加准确地体现国债的内在价值。而且，对于以国债为基础的金融衍生产品而言，净价交易下的国债价格围绕面值波动，反映了市场利率变动对国债价格的影响，便于金融衍生品市场的定价和交易。

第二，我国对国债利息收入给予免税优惠，但全价交易方式在计税时往往难以区分差价收入和利息收入，而净价交易将净价和应计利息分开计算，方便了计税。

第三，净价交易符合国际惯例，特别是对于附息国债而言，实行净价交易是国际上的通行做法，便于将我国国债纳入国际资产组合，也便于将我国国债与其他国家的国债进行比较。

（四）交易规则

第一，实行"净价申报"和"净价撮合"成交，以成交价格和应计利息额之和作为结算价格；换句话说，在债券现券买卖中，买卖双方以净价进行报价，而实际买卖价格和结算交割价格为全价。

第二，国债净价交易以每百元国债价格进行报价，应计利息额也按每百元国债所含利息额列示。

第三，报价系统和行情发布系统同时显示国债净价价格和应计利息额。

（五）案例分析

钱先生在对其资产进行配置的过程中，将国债作为流动性强、安全性高的资产纳入其资产组合。为了便于交易，钱先生对记账式国债更感兴趣。

1. 开户及交易规则

（1）开户。

由于记账式国债的交易类似于股票，需要开立账户，可以开立"证券账户""国债专户"等，并指定某证券商办理买卖手续。钱先生选择光大证券办理开户手续，并委托光大证券办理买卖。

（2）交易规则。

①记账式国债实行无纸化交易方式，投资者买卖成交后债权的增减均记录在其相应的账户内。

②国债交易在开盘时实行"集合竞价"，开盘后实行"连续竞价"交易。

③国债交易单位为 1 手 = 1000 元面额，最小 1 手，最大 10000 手。

④价格变动单位：0.01 元。

⑤申报价格限制：买入不得高于即时揭示价 10%，卖出不得低于揭示价 10%。

⑥国债现货交易实行"T + 0"回转交易制度、"T + 1"资金交收方式，投资者与所指定的证券商在成交后的第二个工作日办理交割手续。

（3）托管、兑付及付息。

①中央国债登记结算有限责任公司为全国国债市场法定国债托管人并建立相应的国债集中托管制度。

②国债现货到期兑付及付息时，登记公司届时通过清算系统自动向证券商划付兑付款及利息并自动转入投资者资金账户。投资者可根据国债到期兑付及付息公告，到其所指定的证券商处直接办理。

（4）交易费用。

在买入时，投资者支付证券公司的佣金不超过总成交金额的 0.1%，佣金不足 5 元的按 5 元起点收取。同时，交易所国债持有到期兑付不收取交易费用，如果中途卖出，佣金与买入相同。由于国债交易的佣金费用较低，为了简化分析，下文中不考虑佣金因素。

2. 国债实例分析

钱先生购买了 2016 年记账式附息（十九期）国债，该记账式国债的基本信息见表6 - 5。

表 6 - 5   2016 年记账式附息（十九期）国债基本信息

债券代码	019547	债券简称	16 国债 19
发行人	中华人民共和国财政部		
发行方式	利率招标、价格招标		
国债性质	实名制记账式	发行量	374.10 亿元
发行日期	2016 - 08 - 19	上市日期	2016 - 08 - 24
起息日期	2016 - 08 - 22	到期日期	2046 - 08 - 22
交易市场	上海证券交易所	发行价格	100.00 元
每张面值	100.00 元	交易单位	手
付息方式	半年付息一次	期限（年）	30
计息方式	固定利率	票面利率（%）	3.27
兑付方式	一次还本	付息日期	02 - 22，08 - 22

（1）现金流分析。

该债券共支付利息 60 次，每次每张国债派息 1.64 元，在 2046 年偿付本金 100 元。

（2）购买债券和利息支付。

钱先生在该债券发行时购买，购买价格每张 100 元人民币，购买了 100 手。

$100 \times 1000 \div 100 = 1000$（张）

在 2017 年 2 月 22 日，钱先生获得利息 = $1.64 \times 1000 = 1640$（元）

在 2017 年 8 月 22 日，钱先生获得利息 = $1.64 \times 1000 = 1640$（元）

（3）出售国债。

由于市场利率上升，该国债的价格处于下降阶段。钱先生认为国债投资收益较低，准备将持有的所有国债抛售。

在 2017 年 9 月 29 日，钱先生将持有的国债全部抛售，净价为 84.55 元，应计利息 0.35 元，结算价全价为 84.90 元。

钱先生出售债券所获收入总额 = 84.90 × 1000 = 84900（元）

在不考虑佣金、清算日期等因素的条件下：

钱先生投资该国债的回报率 $= \dfrac{1.64 \times 2 + (84.90 - 100)}{100} \div \dfrac{406}{365} = -10.62\%$

可见，由于市场利率上升，国债价格大幅下降，钱先生遭受了损失。

（4）交割。

国债交易采取"T + 1"资金交割方式，2017 年 9 月 30 日为星期六（休市），2017 年 10 月 1 日至 2017 年 10 月 8 日为国庆节和中秋节放假（休市），因此，在 2017 年 10 月 9 日办理交割手续。在此案例中，节假日对交割方式的影响再一次降低了钱先生的收益率，增加了损失。

三、国债回购与逆回购

（一）回购的基础知识

1. 证券回购的含义

证券回购是指证券的出售方和购买方签订合约，规定出售方在出售证券的同时承诺在一定期限后按照合约价格购回所出售的证券。通过回购的形式，证券出售者获得了短期可用资金，证券购买者获得了一定数量的收益。换句话说，证券回购是一种以证券为质押品的贷款，证券购买是证券购买者将资金贷给证券出售者的过程，重新购回所出售的证券是证券出售者归还借款的过程。证券回购一般是一种短期行为，回购协议的期限从 1 日至数月不等。

2. 证券回购的分类

根据证券流向和资金流向不同，证券回购可以分为正回购和逆回购（见图 6 - 2）。

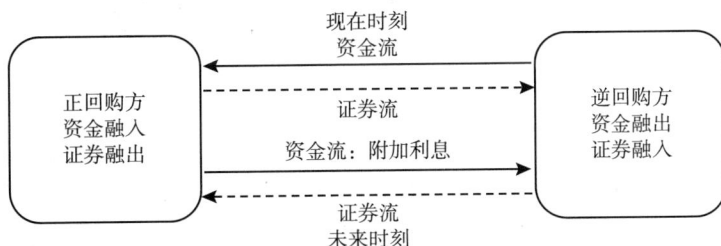

图 6 - 2　证券回购

（1）正回购。

正回购是指出售方卖出证券、从证券购买方那里获得资金，同时，约定在未来一定时期后出售方再以约定的价格从购买方手中购回这些证券。在当期出售证券、未来购回证券的一方，被称为正回购方。

（2）逆回购。

逆回购是回购协议的逆运行，是指购买方买入证券、向证券出售方支付资金，同时，约定在未来一定时期后购买方再以约定的价格将该证券出售给初始的证券出售方。在当期购买证券提供资金、未来出售证券获得资金的一方，被称为逆回购方。

3. 回购市场的运行

回购市场的参与者主要是商业银行、非银行金融机构、企业、回购协议交易商以及政府部门，其中，商业银行和交易商是主要的证券出售者。对于商业银行而言，利用回购协议融通资金具有两方面的优势：一方面，银行持有大量的政府证券和政府机构证券，这些证券是回购协议下的合格抵押品；另一方面，银行利用回购协议所取得的资金不属于存款负债，不需要缴纳存款准备金。此外，对于中央银行来说，回购是进行公开市场操作的重要方式。

回购市场没有集中的有形市场，交易通常以电讯方式进行。大多数交易由资金供给方和资金需求方直接进行，但是，也有少数交易通过市场专营商间接进行，市场专营商一方面与资金需求方签订回购协议，另一方面与资金供给方签订逆回购协议，充当证券回购的中间人。

回购协议中的证券交付一般不采用实物交付的方式，特别是对于期限较短的回购协议。但是，为了防范资金需求者在回购协议期间将证券卖出或与第三方进行回购而导致的风险，一般要求其将抵押证券存在贷款人清算银行的保管账户中，或存在借款人专用的证券保管账户中以备随时查询。

（二）国债回购的规则

国债回购是证券回购的重要表现形式，是指国债持有者在卖出一笔国债的同时（或以国债抵押），与购买方签订协议，约定到期日再以事先商定的价格将该笔国债购回的交易方式。一次完整的国债回购交易包括一来一去两次买卖，只不过第二次买卖的时间、价格在第一次买卖时就已经约定好了。

1. 品种表示

在我国，上海证券交易所和深圳证券交易所均提供国债回购的交易。其中，上海证券交易所的国债回购有9个品种，用"GC"表示回购标识，"×××"代表回购天数，回购天数有1天、2天、3天、4天、7天、14天、28天、91天、182天（见表6-6）；深圳证券交易所的国债回购也有9个品种，用"R"表示回购业务标识，"×××"代表回购天数，回购天数也有1天、2天、3天、4天、7天、14天、28天、91天、182天

（见表6-7）。

表6-6　　　　　　　　　上海证券交易所的国债回购品种：10万元起

代码	名称	说明
204001	GC001	1 天国债回购
204002	GC002	2 天国债回购
204003	GC003	3 天国债回购
204004	GC004	4 天国债回购
204007	GC007	7 天国债回购
204014	GC014	14 天国债回购
204028	GC028	28 天国债回购
204091	GC091	91 天国债回购
204182	GC182	182 天国债回购

表6-7　　　　　　　　　深圳证券交易所国债回购品种：1000元起

代码	名称	说明
131810	R-001	1 天国债回购
131811	R-002	2 天国债回购
131800	R-003	3 天国债回购
131809	R-004	4 天国债回购
131801	R-007	7 天国债回购
131802	R-014	14 天国债回购
131803	R-028	28 天国债回购
131805	R-091	91 天国债回购
131806	R-182	182 天国债回购

2. 交易方向

交易方向以到期时国债的交付方向为准。例如，资金需求者开始时刻卖出国债得到资金，在到期时偿还本息购回国债，是正回购方，那么，交易方向是买进；从投资者的角度看，在开始时刻买入国债贷出资金，在到期时出售国债获得本息，是逆回购方，交易方向是卖出。因此，从投资者的角度看，国债回购交易也常常被称为国债逆回购交易。

3. 申报数量和报价方式

在上海证券交易所，国债回购申报数量同国债现券一样为"手"，1手为1000元面值的国债，以 100 手标准券国债即 10 万元为最小单位；报价方式采取每百元资金的年收益率，精确到小数点后 3 位，报价时省略百分号，最小报价变动单位是 0.005 个百分点。

在深圳证券交易所，国债回购的申报数量是 1 手的整数倍，以 1 手即 1000 元为最小单位；报价方式也采取每百元资金的年收益率，最小报价变动单位为 0.001 个百分点。

4. 佣金水平

在上海证券交易所和深圳证券交易所，国债回购的佣金是一致的，都与回购期限相关（见表 6 - 8）。而且，国债回购的交易佣金是单向收取的，在交易发生时一次付清，到期回购时不再付任何费用。

表 6 - 8 国债回购的佣金水平

交易品种	佣金费用
1 天国债回购	成交金额的 0.001%
2 天国债回购	成交金额的 0.002%
3 天国债回购	成交金额的 0.003%
4 天国债回购	成交金额的 0.004%
7 天国债回购	成交金额的 0.005%
14 天国债回购	成交金额的 0.01%
28 天国债回购	成交金额的 0.02%
91 天国债回购	成交金额的 0.03%
182 天国债回购	成交金额的 0.03%

（三）国债回购的收益

在国债回购交易中，交易双方实行"一次交易，两次清算"，即在成交日对双方进行融资、融券的成本清算，在到期购回时二次清算。我们将两次清算分别称为首次清算和到期清算，首次清算包括首次清算日和首次交收日，到期清算包括到期清算日和到期交收日。各日期之间的关系为：

（1）首次清算日与成交日为同一日。

（2）首次交收日为首次清算日的下一交易日。

（3）到期清算日为首次清算日加上回购品种的名义天数，如遇到清算日为非交易日，则顺延至下一交易日清算。

（4）到期交收日为到期清算日的下一交易日。

在二次清算时，由证券交易所根据成交时的收益率计算出购回价。

购回价的计算公式为：①

$$购回价 = 100 \times (1 + 年化收益率 \times 实际占款天数/365 天)$$

其中，实际占款天数是指当次回购交易的首次交收日（含）至到期交收日（不含）的实际日历天数，可能与回购时间相同，也可能不同。

案例分析

钱先生在 2017 年 10 月 10 日进行了 14 天的国债回购操作，他以 6.0% 的价格（年化收益率）卖出 100 手的 GC014，投入本金 10 万元。

分析过程如下：

在 2017 年 10 月 10 日，钱先生投入的资金为本金 10 万元和佣金 10 元，共计 100010 元。

那么，在 14 天后，即 2017 年 10 月 24 日：

购回价格 = $100 \times (1 + 6.0\% \times 14/365) = 100.23$（元）

钱先生获得 100230 元。

钱先生在 14 天内的实际投资回报率为：

$$\frac{100233 - 100010}{100010} \times 365 \div 14 = 5.81\%$$

（四）节假日对国债回购操作的影响

由于节假日的影响，国债回购的回购天数很可能与资金实际占用天数不同，这会对投资者的收益产生影响。在 2017 年，国庆节与中秋节巧遇，休市日期从 9 月 30 日（星期六）至 10 月 8 日（星期日），10 月 9 日重新开市，不同期限国债回购的实际资金占用天数存在很大差异。

1. 国债回购时间的选择

假设投资者在 2017 年 9 月 29 日（星期五）进行 1 天期的国债回购，其资金首次交收日在 10 月 9 日，到期交收日在 10 月 10 日，其资金的实际占用天数为 1 天（见表 6-9）。假设年收益率为 6%，那么：

购回价格 = $100 \times (1 + 6.0\% \times 1/360) = 100.02$（元）

在 2017 年 9 月 29 日，假设投资者投资了本金 10 万元，1 天期国债回购的佣金为 $0.001\% \times 100000 = 1$（元）。

但是，从投资者的角度看，从 9 月 29 日到 10 月 10 日，投资时间为 10 天，则：

投资者的实际年回报率 = $\dfrac{100020 - 100001}{100001} \times 365 \div 10 = 0.52\%$

---

① 2017 年 5 月 22 日，上海证券交易所对购回价的计算公式进行了调整，本书以调整后的公式为准。

表6-9 节假日国债回购实际占用天数

品种	首次成交日 首次清算日	首次交收日	到期清算日	到期交收日	实际占用天数
1 天国债回购	9 月 29 日	10 月 9 日	10 月 9 日	10 月 10 日	1
2 天国债回购	9 月 29 日	10 月 9 日	10 月 9 日	10 月 10 日	1
3 天国债回购	9 月 29 日	10 月 9 日	10 月 9 日	10 月 10 日	1
4 天国债回购	9 月 29 日	10 月 9 日	10 月 9 日	10 月 10 日	1
7 天国债回购	9 月 29 日	10 月 9 日	10 月 9 日	10 月 10 日	1
14 天国债回购	9 月 29 日	10 月 9 日	10 月 13 日	10 月 16 日	7

同样，假设投资者在 2017 年 9 月 29 日（星期五）进行 2 天期、3 天期、4 天期、7 天期的国债回购，其首次清算日均为 9 月 29 日，首次交收日均为 10 月 9 日，到期清算日均为 10 月 9 日，到期交收日均为 10 月 10 日，其资金的实际占用天数均为 1 天（见表 6-9）。假设年收益率为 6%，那么购回价格均为 100.02 元。

另一种情况，假设投资者在 2017 年 9 月 28 日（星期四）进行 1 天期的国债回购。在这种情况下，首次交收日在 9 月 29 日，到期清算日在 9 月 29 日，到期交收日为 10 月 9 日，其资金的实际占用天数为 10 天（见表 6-10）。同样假设年收益率为 6%，那么：

购回价格 = 100 × (1 + 6.0% × 10/365) = 100.16（元）

在 2017 年 9 月 28 日，假设投资者投资了本金 10 万元，1 天期国债回购的佣金为 0.001% × 100000 = 1（元）。

但是，从投资者的角度看，资金的占用期限为 10 天，则：

$$投资者的实际年回报率 = \frac{100160 - 100001}{100001} × 365 ÷ 10 = 5.80\%$$

可见，同样是 1 天期的国债回购操作，由于资金的实际占用天数不同，年化后的回报率存在很大差异。

表6-10 节假日国债回购实际占用天数

品种	首次成交日 首次清算日	首次交收日	到期清算日	到期交收日	实际占用天数
1 天国债回购	9 月 28 日	9 月 29 日	9 月 29 日	10 月 9 日	10
2 天国债回购	9 月 28 日	9 月 29 日	10 月 9 日	10 月 10 日	11
3 天国债回购	9 月 28 日	9 月 29 日	10 月 9 日	10 月 10 日	11
4 天国债回购	9 月 28 日	9 月 29 日	10 月 9 日	10 月 10 日	11
7 天国债回购	9 月 28 日	9 月 29 日	10 月 9 日	10 月 10 日	11
14 天国债回购	9 月 28 日	9 月 29 日	10 月 12 日	10 月 13 日	14

2. 国债回购利率的变动

通过上面的分析，我们可以知道，如果资金实际占用天数小于回购天数，那么，投资者往往获得较低的回报。值得注意的是，之前分析我们假定利率不发生变动，都是 6%。但是，实际上，如果投资期间包括了节假日，用于计算购回价格的实际占款天数较少，那么，国债回购的利率会较高。从表 6 - 11 可以看出，2017 年 9 月 29 日沪市国债逆回购 1 天期至 7 天期的价格均较高。

表 6 - 11　　　　　　2017 年 9 月 29 日沪市（10 万起）国债逆回购的情况

代码	名称	品种	收盘价（元）	最高盘价（元）	最低盘价（元）
204001	GC001	1 天国债回购	16. 630	23. 045	6. 355
204002	GC002	2 天国债回购	14. 485	22. 000	5. 000
204003	GC003	3 天国债回购	14. 380	20. 400	3. 010
204004	GC004	4 天国债回购	12. 220	21. 000	5. 500
204007	GC007	7 天国债回购	14. 650	21. 000	5. 230
204014	GC014	14 天国债回购	6. 520	7. 770	3. 600

第三节　债券投资策略

本节将对债券投资策略进行分析，对柜台记账式国债、可转换债券的投资策略进行探讨，并对投资债券需要注意的问题进行阐述。

一、柜台记账式国债投资策略

柜台记账式国债交易是指通过中央国债登记结算有限公司（简称中央结算公司）的一级托管中心、总行二级托管中心、各分行处理系统和营业网点之间交易信息的传递，按照公开报价，通过营业网点与投资人进行债券买卖，并办理托管与结算的行为。投资柜台记账式国债应注意以下几点：

第一，选择适合的期限。柜台记账式国债属于中长期债券，由商业银行进行销售。在购买过程中，可以与商业银行销售的凭证式国债相比较，选择期限更为合适、收益更高的国债。

第二，选择适合的银行。同一种记账式国债会在不同的银行销售，不同代销银行的买入报价、卖出报价不尽相同。卖出报价越低，投资者的投资成本越低；买入报价越高，投资者变现的成本越低，因此，对于投资者而言，应该选择买入报价高、卖出报价低的银行。

第三，选择适合的票面利率。虽然票面利率与实际利率存在差异，但是，从实践上看，票面利率较高的国债交易更加活跃，流动性更好，收益性更高，因此，投资者应该选择票面利率更高的国债进行投资。

二、可转换债券投资策略

可转换债券（简称"可转债"）是指债券持有人根据合约规定在一定时间以一定比例可以将债券转换成公司股票的债券，因此，可转换债券兼具股票和债券的双重属性，并经常溢价发行和出售。对于不同价位的可转换债券，应该采取不同的投资策略。

第一，对于溢价在30%以上的高价位可转换债券而言，其股票属性较强。因此，对于此种可转债的投资，转换成股票的可能性非常大，对基础股票的分析十分重要。如果基础股票的成长性非常好，在转换为股票后，收入可以完全弥补溢价带来的投资成本增加，那么，此类可转债值得投资。

第二，对于溢价在15%~30%的中价位可转换债券而言，其股票性质和债券性质适中。一方面，溢价水平并不高，从而降低了投资成木；另一方面，如果基础股票波动性较强，在转股时期股价处于高位，那么，投资可以获得丰厚回报。

第三，对于溢价在15%以下的低价位可转换债券而言，其债券性质较强。一方面，从可转债本身的价格来看，由于溢价水平很低，所以，价格下跌幅度较小，一般不会有太大的损失；另一方面，较低的溢价为投资者带来了在基础股票价格上升时的获利机会。

三、债券投资应该注意的问题

在进行债券投资的过程中，投资者应该注意把握宏观经济政策变化，注意相关金融市场变化，尊重债券投资规则。

（一）把握宏观经济政策

注意关心宏观经济发展趋势，尤其是国家货币政策和财政政策的变化。

1. 货币政策的影响

货币政策是指中央银行或货币当局为实现一定的经济目标而采取的各种控制和调节货币供应量与信用量的方针和措施的总和。准备金政策、再贴现政策、公开市场操作是中央银行最基本的货币政策工具。中央银行的货币政策会改变社会的货币供给量和利率水平，进而对债券的价格产生影响。当中央银行实行扩张的货币政策（包括降低准备金率、降低再贴现率、公开市场购买等）时，货币供给量增加，利率下降，根据债券的定价公式，利率下降导致债券价格上升；反之，当中央银行实行紧缩的货币政策（包括提高准备金率、提高再贴现率、公开市场出售等）时，货币供给量减少，利率上升，根据债券的定价公式，利率上升导致债券价格下降。

2. 财政政策的影响

财政政策也会对债券市场产生影响。财政政策是指国家根据一定时期政治、经济、社会发展的任务而制定的财政工作的指导原则，通过财政支出与税收政策的变动来影响和调节总需求进而影响就业和国民收入的政策，包括税率调整、政府支出政策等。一方面，扩张的财政政策，如降低税率、增加政府支付等，会导致总需求的增加，从而导致对资金需求的增加，利率上升，债券价格下降；另一方面，如果政府欲实行扩张的财政政策，发行债券是其重要的筹资渠道，债券发行的增加，也会导致债券的供给增加，债券价格下降。

（二）注意金融市场变化

债券是金融投资的品种之一，因此，债券市场的变动与股票市场、基金市场、黄金市场等具有一定替代性市场的情况密切相关。当其他市场的价格走高时，如当股票市场价格上涨时，股票对投资者的吸引力更大，更多的资金流入股票市场，从而导致对债券市场需求减少，进而导致债券价格下降。

（三）尊重债券投资的规则

第一，注意了解游戏规则，根据自己的具体情况选择债券的种类、投资数额和持有期限，并进行分散投资。

第二，债券适合中长期投资，不适合频繁交易，但需要在市场出现变化时，根据自己的投资目标、风险偏好以及债券特点进行调整。

案例分析

债券利差是分析债券风险以及未来价格波动的重要工具。不同的债券风险不同，收益率也不同。一般而言，国债被认为是无信用风险债券，而公司债是有信用风险的，那么，以国债为基准，公司债和国债收益率之间的差额即为利差，表明市场对投资者承担了额外的信用风险而给予的回报。如果利差相比历史水平处于高位，则表明公司债处于投资价值较为明显的阶段，利差很可能下降，从而导致债券价格上升；反之，如果利差相比历史水平处于低位，则表明公司债处于投资价值较低的阶段，利差很可能上升，从而导致债券价格下降。利差的变动用基点（basis point，BP）表示，一个基点指万分之一。

证券研究报告：行业利差跟踪（2017 年 9 月 11 日～2017 年 9 月 24 日）

该研究报告以国开债收益率曲线作为基准，用个券的中债估值收益率减去基准收益率曲线上对应的收益率作为该个券的信用利差，选择样本券数量大于 7 的行业构造信用利差平均数，得出以下结论：

从总体上看，化工、轻工制造、纺织服装等产能过剩行业利差仍居前列；本期行业利差收窄的行业数目较多，房屋建设、有色金属、建筑材料等行业利差大幅收窄。

从 AAA 级债券看，房地产、煤炭开采、钢铁等强周期行业利差仍最大；所有行业利差均收窄，钢铁行业利差走阔幅度最大，煤炭开采、商业贸易等行业利差收窄较多。钢铁行业利差收窄主要是因为河钢集团 13 只债券利差大幅收窄，利差变动约 −20.3BP；煤炭开采行业利差收窄主要是因为阳煤集团 5 只债券利差收窄幅度较大，利差变动约 −32.16BP。

从 AA + 级债券看，煤炭开采、有色金属、电力行业利差最大；所有行业利差均收窄，其中有色金属、农林牧渔行业利差收窄幅度最大。有色金属行业收窄主要是因为山东宏桥集团 7 只债券利差收窄较多，利差下降 43.73BP。农林牧渔行业利差收窄，主要是因为 15 林业 MTN002 利差收窄，变化约 −18.79BP。

从 AA 级债券看，化工、商业贸易、食品饮料利差最大；所有行业利差均收窄，高速公路行业收窄幅度最大，主要是因为样本券中对应行业债券利差普遍收窄，15 只债券的利差下降幅度为 −16.33 ~ −14.41BP。[1]

该分析报告是对行业利差的分析，它以国开债收益率曲线作为基准，利差为行业收益率的平均数与国家开发银行的金融债收益率之间的差额。化工、轻工制造、纺织服装等产能过剩行业利差仍居前列，这些行业的债券可以关注，债券价格上升的可能性较大。在 AAA 级债券中，房地产、煤炭开采、钢铁等行业的债券更加值得关注；在 AA + 级债券中，煤炭开采、有色金属、电力等行业的债券更加值得关注；在 AA 级债券中，化工、商业贸易、食品饮料等行业的债券更加值得关注。此外，对于利差收窄的行业，其债券的价格已经上升，是否有进一步上升的可能，需要关注利差进一步下降的空间。

本 章 小 结

债券是资金需求者为筹集资金发行的、承诺按期偿付本金和利息的债权凭证。债券的基本要素包括债券面值、发行主体、偿还期限、债券利率等。根据不同的分类依据，债券可以分为不同的种类。债券的理论价格取决于债券未来的现金流、市场利率等因素。我们可以利用货币时间价值的公式，对债券理论价格进行计算。到期收益率是对利率最为精确的度量，是使债券所有未来现金流的现值与其今天的价值相等的利

---

[1] 中信建投证券：《债券研究》。

率。回报率是债券持有人的利息收入与债券价值变动的总和占购买价格的比率。只有持有期与债券总期限一致的债券，回报率才与初始的到期收益率相等。根据发行价格与债券面值的关系，债券发行可以分为平价发行、溢价发行和折价发行。净价交易是指在国债现券买卖时将成交价格与国债的应计利息分开的交易方式，国债的价格只反映债券本身价值的变化。国债回购交易是指国债持有者在卖出一笔国债的同时（或以国债抵押），与购买方签订协议，约定到期日再以事先商定的价格将该笔国债购回的交易方式。在进行债券投资的过程中，需要把握宏观经济发展趋势，尤其是国家货币政策和财政政策的变化，注意金融市场的变化，尊重债券投资的特点和规则。

基本概念

债券 到期收益率 回报率 平价发行 溢价发行 折价发行 净价交易 可转换债券

复习思考题

1. 债券的类型有哪些？
2. 在计算债券理论价格的过程中，贴现债券与附息债券存在哪些区别？为什么？
3. 债券持有期限与到期收益率、回报率之间存在怎样的关系？请举例说明。
4. 请从投资者的角度阐述国债回购的基本流程。

第七章

股票与理财

本章学习目标

- 掌握股票的种类，理解股票与债券的区别；
- 理解股票价格的影响因素；
- 掌握股票基本分析的主要内容；
- 掌握 K 线图的基本含义；
- 了解股票交易的程序及规则。

本章基本内容

本章将对股票的基本知识进行讲解，分析不同类型股票的特点，从权利性质、偿还期限、持有人权益、剩余财产分配顺序等方面指出股票与债券的区别，探讨影响股票价格的因素，阐述股票市场的职能和特点。在此基础上，从宏观经济分析、行业分析、公司层面分析三方面介绍股票的基本分析法，并探讨技术分析法的基本要素，对 K 线分析法、切线分析法、形态分析法、波浪分析法进行介绍。最后，对我国股票交易的规则和程序进行阐述。

第一节　股票的基本知识

本节将对股票的基本知识进行介绍，主要包括股票的种类、股票与债券的区别、股票价格的确定、股票市场等内容。

一、股票的种类

股票是股份公司为筹集资金而发给投资者的所有权凭证。股票的投资者是股份公司的股东，股东持有股票以证明其对公司的所有权。依据不同的标准，股票可以分为多种类型。

（一）记名股票和不记名股票

根据是否记名，股票可以分为记名股票和不记名股票。

记名股票是指在股票上和公司股东名册上都记有股东姓名的股票，这种股票在转让时需要到公司办理过户手续。一般而言，上市公司的发起人、大股东、机构投资者持有的股票为记名股票，其转让受到一定限制。

不记名股票是指在股票上不记载股东姓名的股票，持有股票的人享有股东权利。一般而言，在市场上自由流通的股票为不记名股票。

（二）有面值股票和无面值股票

根据股票上是否载明面值，股票可以分为有面值股票和无面值股票。

有面值股票是指在股票票面上载明股数和金额，显示票面价值的股票。

无面值股票又称比例股，是指票面上不载明股票的面值但载明所占公司资产比例的股票。因此，股票的价值随着公司资产的增减而增减。20 世纪早期，美国纽约州最先通过法律，允许发行无面值股票，之后，美国其他州和一些国家也相继效仿。但目前世界上很多国家（包括中国）的《公司法》规定不允许发行这种股票。

（三）优先股票和普通股票

根据分配顺序不同，股票可以分为普通股票和优先股票。

普通股票简称普通股，是指一般意义上的股票，是股票中最普遍和最主要的形式。普通股的股东拥有如下权利：第一，普通股的股东具有选举权、被选举权、发言权和表决权，有权对公司的重要决策进行投票，间接参与经营管理；第二，普通股的股东具有剩余财产的分配权，在公司支付完工人的工资、所欠债务及利息、公积金和优先股股息后，普通股股东基于公司利润获得股息和红利收入；第三，普通股的股东具有优先认购股票的权利，在公司增发股票时，为了维持普通股股东的持股比例，普通股股东可以优先购买公司新发行的股票。

优先股票简称优先股，又称特别股票，是指在剩余财产分配时顺序在普通股之前的股票。优先股的优先权主要表现在以下两个方面：第一，优先股股东优先取得优先股利息；第二，在公司破产时，优先股股东优先获得财产清偿。但是，优先股股东的权利也受到限制，具体表现在：第一，优先股股东对公司重大决策等事项没有投票表决权；第二，一般情况下，不参加股东大会，只有在讨论的问题直接关系到优先股股东利益时，才会参加股东大会，并行使表决权。

（四）国有股、法人股和社会公众股

根据投资主体不同，股票可以分为国有股、法人股和社会公众股。

国有股是指代表国家进行投资的有关部门或机构，以国有资产向公司投资所形成的股份。

法人股是指企业法人或者具有法人资格的事业单位和社会团体，以本单位依法经营的资产向公司的非上市流通股权部分投资形成的股份。

社会公众股是指我国境内的个人和机构，以自己的合法财产对上市公司的流通股权进行投资形成的股份。

（五）A 股、B 股、H 股、N 股、S 股

根据股票上市的地点和投资主体的地域不同，股票可以分为 A 股、B 股、H 股、N 股、S 股等等。

A 股即人民币普通股，是指该公司在中国大陆注册、在上海或深圳证券交易所上市的、供境内机构和个人以人民币进行交易的普通股。

B 股即人民币特种股票，是指在中国大陆注册、在上海或深圳证券交易所上市的、以人民币载明面值、以外币进行交易的外资股。

H 股是指该公司在中国内地注册、在香港上市的外资股。

N 股是指在中国大陆注册、在美国纽约证券交易所上市的外资股。

S 股是指在中国大陆注册并进行主要的生产经营活动、在新加坡证券交易所上市的股票。

二、股票与债券的区别

股票与债券是公司直接融资的主要手段，但两者存在以下区别：

（一）权利性质不同

股票是所有权凭证或者股权凭证，表明股票持有人对公司财产的所有权；债券是债权凭证，表明债券持有人和债券发行人之间的债权债务关系。

（二）偿还期限不同

股票没有偿还期限，投资人投资股票不能要求股票发行人偿还本金，但可以在股票二级市场进行转让；债券一般有偿还期限，在到期时债务人需要按照约定偿还本金和利息，永续债券除外。

（三）持有人权益不同

股票持有人基于公司的经营情况获得股息和红利，收益不固定，而且，普通股股东通过参加股东大会对公司的发展和经营战略具有投票表决权；债券持有人则拥有按照约定获得本金和利息的权利，但是，对公司的经营管理没有投票表决权，并且，对于固定利率债券而言，其利息支付水平和时间是固定的。

（四）剩余财产分配顺序不同

在公司破产清算时，剩余财产的分配顺序是先偿还债权人，之后为优先股股东，最后为普通股股东。

（五）发行主体不同

股票的发行主体只能是股份有限公司；债券的发行主体更加多样，包括公司（企业）、政府、金融机构等。

（六）会计入账不同

当公司通过发行股票筹集资金时，所有者权益增加，公司资本上升；当公司通过发行债券筹集资金时，债务增加，杠杆比率上升。

（七）税收处理不同

股票的股息和红利需要在缴纳企业所得税后支付；债券的利息具有税盾的作用，可以列入利息成本支出，在缴纳企业所得税前支付。

（八）风险程度不同

一般而言，股票价格波动较大，风险也相对较大；债券的到期收益率固定，价格变动较小，风险相对较小。

▶ 知识链接 ◀

股息（dividend）就是股票的利息，是指股份公司从提取了公积金、公益金的税后利润中按照股息率派发给股东的收益。红利是上市公司分派股息之后按持股比例向股东分配的剩余利润，也是公司分配给股东的回报。红利与股息的区别在于：股息的利率是固定的（特别是对优先股而言），而红利数额通常是不确定的，它随着公司每年可分配盈余的多少而上下浮动。因此，有人把普通股的收益称为红利，而股息则专指优先股的收益。获取股息和红利是股民投资股票的基本目的，也是股民的基本经济权利。股息与红利合起来称为股利。

三、股票价格影响因素

(一) 股票的理论价格

本书主要介绍利用股利贴现模型和市盈率模型分析普通股的理论价格。

1. 股利贴现模型

股利贴现模型是最基本的股票价值决定模型之一。假定股利是投资股票的唯一现金流收入。依据货币时间价值的计算公式，普通股的理论价格为：

$$D = \frac{G_1}{(1+r)} + \frac{G_2}{(1+r)^2} + \frac{G_3}{(1+r)^3} + \cdots = \sum_{t=1}^{\infty} \frac{G_t}{(1+r)^t}$$

其中，D 为普通股的理论价格，G_t 为普通股第 t 期支付的股利即股息和红利之和，r 是贴现率，通常为市场利率水平。

但是，在现实中，大多数投资者并非在投资之后永久性地持有所投资的股票，而是在买进一段时间后抛出该股票。因此，根据货币时间价值的计算公式，卖出股票的现金流收入也应该纳入股票理论价格的计算。

假定投资者在第四期期末卖出所有股票，出售股票的价格为 V_4，那么，该股票的理论价格为：

$$D = \frac{G_1}{(1+r)} + \frac{G_2}{(1+r)^2} + \frac{G_3}{(1+r)^3} + \frac{G_4}{(1+r)^4} + \frac{V_4}{(1+r)^4} \qquad (7-1)$$

其中，
$$V_4 = \frac{G_5}{(1+r)} + \frac{G_6}{(1+r)^2} + \frac{G_7}{(1+r)^3} + \cdots = \sum_{t=1}^{\infty} \frac{G_{t+4}}{(1+r)^t} \qquad (7-2)$$

将式 (7-2) 代入式 (7-1)：

$$D = \frac{G_1}{(1+r)} + \frac{G_2}{(1+r)^2} + \frac{G_3}{(1+r)^3} + \frac{G_4}{(1+r)^4} + \frac{\dfrac{G_5}{(1+r)} + \dfrac{G_6}{(1+r)^2} + \dfrac{G_7}{(1+r)^3} + \cdots}{(1+r)^4}$$

$$D = \frac{G_1}{(1+r)} + \frac{G_2}{(1+r)^2} + \frac{G_3}{(1+r)^3} + \frac{G_4}{(1+r)^4} + \frac{G_5}{(1+r)^5} + \frac{G_6}{(1+r)^6} + \frac{G_7}{(1+r)^7} + \cdots$$

$$= \sum_{t=1}^{\infty} \frac{G_t}{(1+r)^t}$$

通过上面的推导可以发现，在股利贴现模型中，将股利作为股票唯一现金流的假定并没有忽略卖出股票对投资者收入的影响，因此，如果能够比较准确地预测出股票的股利，可以通过该模型计算出股票的理论价格。

此外，如果股利按照不变的比率增长，那么，我们可以将股利贴现模型进行简化。假定 G_1 为最近一次所支付的股利，g 为不变的股利增长率，则：

$$D = \frac{G_1}{(1+r)} + \frac{G_1 \times (1+g)}{(1+r)^2} + \frac{G_1 \times (1+g)^2}{(1+r)^3} + \cdots = \frac{G_1}{r-g}$$

这就是著名的戈登增长模型。该模型假定股利按照不变的比率增长，并且股利增长率低于投资者要求的回报率。对于第一个假定，只要股利在较长的时间按照不变的比率增长，该模型就是合理的，因为时间越长，现金流贴现的价值越小，差异越小；对于第二个假定，戈登认为，如果股利增长率高于投资者要求的回报率（即市场利率），那么，在长期内该公司会变得非常庞大，这是不可能的。

2. 市盈率模型

与股利贴现模型相比，市盈率模型的历史更为悠久。市盈率是股票价格与每股收益的比率，表明在当前盈利水平下，投资者收回投资成本需要的年数。在不考虑红利的条件下，股利与股息相等。

根据戈登增长模型，我们知道：

$$D = \frac{G_1}{(1+r)} + \frac{G_1 \times (1+g)}{(1+r)^2} + \frac{G_1 \times (1+g)^2}{(1+r)^3} + \cdots = \frac{G_1}{r-g}$$

其中，G_1 代表第 1 期支付的股息，r 为贴现率，g 为股息增长率，D 为股票的理论价格。

同时，股票的市场价格 P 可能高于或低于其理论价格 D，但是，当市场均衡时，股票价格应该等于其理论价格。因此，可以将上式改写为：

$$P = D = \frac{G_1}{r-g}$$

另外，每期的股息 = 当期的每股收益（E）× 派息比率（b）

即

$$G = E \times b$$

则

$$P = \frac{E_1 \times b_1}{r-g}$$

省略相关变量的下标，从而推导出不变股息增长率下的市盈率模型：

$$\frac{P}{E} = \frac{b}{r-g}$$

即市盈率等于派息比率除以贴现率与股息增长率的差额。

市盈率把股票价格和每股收益联系起来，反映了企业的近期表现。如果股价上升，但利润没有变化，甚至下降，则市盈率将会上升。

市盈率模型具有以下几个方面的优点：第一，由于市盈率是股票价格与每股收益的比率，即单位收益的价格，所以，市盈率模型可以直接应用于不同收益水平的股票价格之间的比较；第二，对于那些在一段时间没有支付股息的股票，市盈率模型同样适用；第三，虽然市盈率模型同样需要对有关变量进行预测，但所涉及的变量预测比股利贴现模型更加简单。市盈率模型也存在一些缺点：第一，市盈率模型的理论基础比较薄弱，而股利贴现模型的逻辑性更为严密；第二，在进行股票之间的比较时，市盈率模型只能决定不同股票市盈率的相对大小，但不能决定股票的绝对市盈率水平。

此外，投资者应该以动态的眼光看待市盈率。市盈率是每股价格与每股收益的比率，其中，价格为存量，是每一个时点上股票的价格；收益为流量，是一段时间的收益。市盈率指标忽略了对公司未来盈利能力的预测，以上一期的盈利水平为基础，因此，对于收益变动较大的公司而言容易产生判断偏差，对业绩稳定的公司判断较好。

（二）股票价格的影响因素

在股票理论价格的基础上，股票价格受到发行主体、市场环境、政策因素的影响。

1. 发行主体

发行主体是股票的发行者，是资金的原始需求方，是影响股票价格特别是发行价格的重要因素。主要包括发行主体的市场地位、发展战略、品牌实力、主营业务的盈利能力、产品的市场前景、管理团队及管理效率、投资项目的盈利预期等。

2. 市场环境

股票市场的环境是影响股票价格的重要因素。当股票市场是牛市时，股票价格上涨，新发行股票的价格也较高；当股票市场是熊市时，股票价格下降，新发行股票的价格也较低。

3. 政策因素

一方面，产业政策、税收政策会影响到发行主体。受到产业政策支持、享受税收优惠的企业盈利能力更强，更能受到投资者的关注，其价格也相对较高。另一方面，货币政策会直接影响到市场利率水平。根据股利贴现模型可以知道，市场利率水平上升，会导致投资者所要求的回报率上升，进而导致股票价格下降；反之，市场利率水平下降，会导致投资者所要求的回报率下降，进而导致股票价格上升。

四、股票市场

股票市场包括股票的发行市场和流通市场。

（一）股票发行市场

股票发行市场也称为一级市场、初级市场，是资金需求者通过发行股票这种所有权凭证筹集资金的市场。投资者对股票进行认购，促进了资本的流通和闲置资金向企业资本的转换，提高了全社会的投资水平。

1. 股票发行市场的参加主体

股票发行市场的参与主体主要包括股票发行主体、股票承销主体和股票投资主体。股票发行主体即股票发行者，是资金的原始需求者和股票的供给者，是发行股票筹集资金的股份有限公司；股票承销主体即股票承销商，是为了确保股票顺利发行，连接发行者和投资者的中介力量；股票投资主体即股票投资者，是股票的需求者和资金的供给者，是投资股票的机构和个人。此外，股票发行还涉及审计、会计、担保、广告等机构。

2. 股票发行方式

基于不同的标准，股票发行方式可以划分为多种类型。

（1）公开发行与不公开发行。

根据发行对象不同，股票发行方式可以划分为公开发行与不公开发行。其中，公开发行又称为公募，是向广大投资者公开销售股票的方式，没有特定对象的限制，由于投资者的范围较广、人数众多，所以公开发行方式受到的监管更加严格。不公开发行又称为私募，是向特定对象的投资者销售股票的方式，在股东配股、私募股权时采用。

（2）直接发行和间接发行。

根据销售方式不同，股票发行方式可以划分为直接发行与间接发行。

直接发行是指发行主体直接向投资者出售股票，不委托中介机构进行。在这种方式下，发行主体自己处理股票发行的相关事务，自己承担股票发行中的相关风险，因此，要求发行主体熟悉股票发行的流程、手续和注意事项，比较适合发行手续简单、发行对象明确的股票。此外，由于没有中介机构的参与，所以发行费用和成本较低。

间接发行是指发行主体委托中介机构向投资者出售股票。这些中介机构帮助发行主体办理股票的发行事务，并收取相应的费用。主要包括以下三种形式：

①代销。代销是指股票代销商作为中介机构按照发行主体的要求销售股票，不承担股票发行风险，如果在销售期满后仍有未售股票，则退还给发行主体。在代销的形式下，发行主体承担股票发行的风险和责任，代销商只负责股票的销售，代销手续费相对较低。

②承销。承销又称承购或者余额包销，是指股票承销商与发行主体签订销售合同，按照约定销售股票，但是，如果在销售期满后仍有未售股票，则由承销商购买。在承销的形式下，承销商承担股票发行的风险，发行主体的股票发行压力较小，承销手续费高于代销的手续费。

③包销。包销是指股票包销商作为中介机构对公开发行的股票全部认购，然后根据市场行情进行出售，从中赚取资本利得收益。在包销的形式下，发行主体可以快速地获得资金，包销商承担发行风险和股票价格波动风险，包销手续费高于承销的手续费。

（3）首次公开发行和增发新股。

根据发行次数不同，股票发行可以分为首次公开发行和增发新股。

首次公开发行（initial public offering，IPO）是指发行主体第一次向投资者发行股票的过程；增发新股是指上市公司为了进一步满足融资需求而再次向投资者发行股票的行为。

（二）股票流通市场

股票流通市场又称二级市场，是已发行的股票按市场行情进行转让、买卖和流通的市场。通过股票的流通市场，股票的流动性和吸引力增强，有助于金融市场价格发现功能的实现。目前股票的流通市场可分为有组织的证券交易所、场外市场、第三市场以及第四市场。

1. 证券交易所

证券交易所是由证券管理部门批准的、为证券的集中交易提供固定场所和有关设施，并制定各项规则以形成公正合理的价格和规范秩序的正式组织。证券交易所作为进行证券交易的场所，本身并不持有证券，也不进行证券买卖，主要作用是为交易双方成交创造或提供条件，并对双方的交易行为进行监督。

2. 场外市场

广义的场外市场是指证券交易所之外的所有市场，狭义的场外市场指柜台交易市场（over the counter，OTC），因为交易最初是在证券商的柜台上进行的。场外市场没有固定的交易场所，价格是通过买卖双方协议达成的，具有管制少、灵活方便等特点。

3. 第三市场

第三市场是指在证券交易所上市的证券在场外交易所形成的市场，其产生与固定佣金制密切相关。在美国，证券交易所曾经长期实行固定佣金制，对于大宗交易也没有折扣佣金，从而导致大宗交易的机构投资者和个人投资者在场外市场交易，以降低其费用，第三市场随之出现。但在1975年以后，美国证券交易委员会取消了固定佣金制，第三市场也逐渐萎缩。

4. 第四市场

第四市场是指机构投资者不经过经纪人或自营商，直接利用电脑网络进行大宗证券交易所形成的市场，这种交易方式以互联网为基础，最大限度地降低了交易费用，主要在信用较好的机构投资者之间进行。

📖 扩展阅读

我国证券市场的发展历程[①]

1984年10月，中共十二届三中全会通过了《关于经济体制改革的决定》，确立了"社会主义经济是以公有制为基础的有计划的商品经济"这样的政治共识，并阐明了以城市为重点的整个经济体制改革的必要性，股份制也由此开始进入了正式试点阶段。1986年后，随着国家政策的进一步放开，越来越多的企业，包括一些大型国有企业，纷纷进行股份制试点，半公开或公开发行股票，股票的一级市场开始出现。1981年7月国务院决定恢复发行国债，开启了改革开放后中国债券市场的发展进程。从1982年

---

① 根据人民网《我国证券市场发展30年》以及上海证券交易所、深圳证券交易所资料整理。

开始，少量企业开始自发地向社会或企业内部集资并支付利息，到 1986 年底，这种没有法规约束的企业债总量达 100 多亿元。

随着证券发行的增多和投资者队伍的逐步扩大，证券流通的需求日益强烈，股票和债券的柜台交易陆续在全国各地区出现。1986 年 8 月，沈阳市信托投资公司率先开办了代客买卖股票和债券及企业债券质押业务。同年 9 月，中国工商银行上海市信托投资公司静安业务部率先对其代理发行的飞乐音响公司和延中实业公司的股票开展柜台挂牌交易，标志着股票二级市场的初步形成。

从 1988 年 4 月起，沈阳等 7 城市开始开展个人持有的国库券的转让业务，同年 6 月，这种转让市场扩大到全国 28 个省市区 54 个大中城市，1991 年初国库券转让市场在全国范围内出现。这些采用柜台交易方式的国库券转让市场是债券二级市场的雏形。

在以上背景下，1990 年 12 月，上海证券交易所、深圳证券交易所相继成立。1991 年，上海证交所共有 8 只上市股票，25 家会员；深圳证交所共有 6 只上市股票，15 家会员。1992 年，中共十四大确立了"建立社会主义市场经济体制"的改革目标，股份制成为国有企业改革的方向，更多的国有企业实行股份制改革并试图在证券市场融资。同年，中国证监会的成立，标志着中国证券市场开始逐步纳入全国统一监管框架，全国性市场由此开始发展。中国证券市场在监管部门的推动下，建立了一系列的规章制度，初步形成了证券市场的法规体系。1999 年 7 月《证券法》实施，以法律形式确认了证券市场的地位。

1998 年 4 月，国务院证券委撤销，其全部职能及中国人民银行对证券经营机构的监管职能同时划归中国证监会。中国证监会成为全国证券期货市场的监管部门，并在全国设立了 36 个派出机构，建立起了集中统一的证券期货市场监管体制。中国证监会成立后，股票发行试点走向全国。

2005 年 11 月，修订后的《证券法》发布。随着国企改革的深入，国有和非国有股份公司不断进入证券市场，成为证券市场新的组成部分，中国股票市场得到较快发展，上市公司数量快速增长。截至 2017 年 11 月 30 日，上海市场上市公司 1389 家，市价总值 330215.13 亿元，流通市值 280099.93 亿元。其中，A 股上市公司 1382 家，市价总值 329219.1 亿元，流通市值 279103.91 亿元；B 股上市公司 51 家，市价总值 996.03 亿元，流通市值 996.03 亿元。深圳市场上市公司 2074 家，上市证券数 5552 种，市价总值 233801.28 亿元，流通市值 165642.51 亿元。其中，深市主板上市公司 476 家，市价总值 78742.16 亿元，流通市值 65164.53 亿元；深市中小企业板上市公司 894 家，市价总值 103442.71 亿元，流通市值 70060.61 亿元；深市创业板上市公司 704 家，市价总值 51616.41 亿元，流通市值 30417.37 亿元。

（三）股票上市、退市和 ST 制度

1. 股票上市

股票上市是指已经发行的股票经证券交易所批准后，在交易所公开挂牌的法律行为，股票上市是连接股票发行和股票交易的"桥梁"。在我国，股票公开发行后即获得上市资格。股票上市流通具有以下好处：第一，可以获得广告效应，增加企业的知名度；第二，可以增强股票的流动性，从而增加股票的吸引力；第三，可以使公司获得股东以及社会监督，从而推动企业改善经营管理；第四，可以通过配股和增发股票等方式再次筹集资金。

2. 暂停上市和终止上市

当公司无法满足上市条件时，将暂停上市。我国规定，当出现以下情况时，将暂停公司股票上市：（1）公司股本总额、股权分布等发生变化从而不再具备上市条件；（2）公司不按规定公开其财务状况，或者对财务会计报告做虚假记载；（3）公司有重大违法行为；（4）公司最近三年连续亏损。

终止上市也称"退市"或"摘牌"。当上市公司股本总额、股权分布等发生变化，在限期内未能消除；或公司不按规定公开其财务状况，或者对财务会计报告做虚假记载；或公司有重大违法行为，经查实后果严重的，交易所根据中国证监会的规定终止其股票上市。另外，当上市公司出现未能在法定期限内披露其暂停上市后第一个半年度报告等行为时，由交易所终止其上市。

3. ST 制度

ST 是英文"special treatment"的缩写，意思是"特别处理"。自 1998 年 4 月 22 日起，当上市公司出现财务状况或者其他状况异常时，其股票前冠以"ST"。ST 是指公司经营连续两年亏损，特别处理。＊ST 是指公司经营连续三年亏损，退市预警。S 是指还没有完成股改。SST 是指公司经营连续两年亏损，特别处理，还没有完成股改。S＊ST 是指公司经营连续三年亏损，退市预警，还没有完成股改。

📖 扩展阅读

平安银行股票基本信息[①]

下面，我们以平安银行股票为例，带领大家认识股票。

公司名称：平安银行股份有限公司

证券简称：平安银行

证券代码：000001.SZ

证券类型：深圳证券交易所 A 股

上市日期：1991 年 4 月 3 日

当前行业：货币金融服务

---

① 根据大智慧软件资料整理。

地域：深圳

董事长：谢永林

法人代表：谢永林

行长：胡跃飞

注册资本（万元）：1717041.1366

上市初总股本（万股）：4850.0171

最新流通股本（万股）：1691798.9651

上市初流通股本（万股）：2650

最新流通 A 股（万股）：1691798.9651

主营业务：产权管理、资本运作及投融资业务

公司控股股东：中国平安保险（集团）股份有限公司，所占比例50.20%

发行方式：自由认购

发行总额（万元）：67.5

发行价格：40 元

发行总值（万元）：1400

面值：20 元

募集资金净额（万元）：1400

2017 年 6 月 23 日~2017 年 11 月 23 日平安银行股票走势见图 7-1。

图 7-1 2017 年 6 月 23 日~2017 年 11 月 23 日平安银行股票走势

第二节 股票分析

股票分析是选择股票的重要依据，本节将对基本分析法和技术分析法进行讲解。

一、基本分析法

基本分析法主要是对股票的长期发展趋势进行分析，侧重于经济环境、行业动态、公司的盈利能力等方面，可以分为宏观经济分析、行业分析和公司层面分析三个层次。

（一）宏观经济分析

宏观经济分析是基本分析中重要的分析层面，通常结合经济周期、物价指数、消费者信心指数、经济政策等指标分析宏观经济的发展情况。

1. 经济周期

股票市场是经济发展的晴雨表。一般情况下，在经济周期的繁荣阶段，股票价格高涨；在经济周期的萧条阶段，股票价格低迷。股票市场价格的波动往往先行于经济周期的波动。但是，不同行业对经济周期的反应不尽相同。对于公共事业等对经济变动敏感性较低的行业，经济周期的影响较小；对于钢铁、能源、房地产等对经济变动敏感性较高的行业，经济周期的影响较大。此外，通常利用国内生产总值对经济周期进行衡量，既包括国内生产总值的绝对值，也包括国内生产总值的增长率。

2. 价格指数

价格指数主要包括消费者价格指数、生产者价格指数、国内生产总值折算数、采购经理人指数等。价格指数对股票价格走势的影响比较复杂。一方面，在温和通货膨胀的状态下，扩张总需求的政策会导致产出增加，经济增长，推动股票市场的活跃；另一方面，在恶性通货膨胀下，价格秩序混乱，经济预期不明会导致投资下降，资金需求降低，投资者也会退出股票市场。

📖 **扩展阅读**

消费者价格指数（consumer price index，CPI）是反映居民家庭所购买的消费商品和服务价格水平变动情况的宏观经济指标。消费者价格指数主要选择与居民生活密切相关的商品和服务的最终价格。在我国，消费者价格指数涵盖全国城乡居民生活消费的食品、烟酒及用品、衣着、家庭设备用品及维修服务、医疗保健和个人用品、交通和通信、娱乐教育文化用品及服务、居住8大类、262个基本分类的商品与服务价格。

生产者价格指数（producer price index，PPI）是反映工业企业产品出厂价格变动趋势和变动程度的指数。与 CPI 不同，生产者价格指数是衡量企业购买的一篮子物品和劳务的总费用。由于企业的生产在产品销售之前，所以，生产者价格指数往往具有前瞻性。

国内生产总值折算数（gross domestic product deflator）是名义国内生产总值与基期国内生产总值之比。国内生产总值反映的是一个国家或地区在一定时期内生产的最终产品和服务的市场价值总和，所包含的产品和服务的范围最广，但数据庞杂，有较长的时滞性。

采购经理人指数（purchase managers' index，PMI）是一个国家制造业的"体检表"，是衡量制造业在生产、新订单、商品价格、存货、雇员、订单交货、新出口订单和进口等八个方面状况的指数。该指数简单、及时，可以有效地反映制造业、就业、物价、出口以及汇率的变动。[①]

3. 经济政策

货币政策、财政政策、产业政策等都会对股票市场产生影响。扩张的货币政策增加了货币供给量，为市场提供了充足的资金，一方面通过社会总需求的增加提高了企业的收入，另一方面通过增加投资者的流动性而直接增加了对股票的需求。同时，扩张的财政政策也可以通过增加总需求从而推动股票价格的上升。产业政策对不同行业股票的影响更为直接，与利好产业政策相关的行业特别是龙头企业更可能获益。

4. 消费者信心指数

心理预期对股票价格的影响非常重要。从消费者信心指数方面看，在宏观经济趋好、物价稳定时，消费者信心指数会上升，人们购买股票的积极性也会增强，而股票价格上扬也会强化消费者对经济周期的良好预期；反之，当宏观经济情况恶化时，消费者信心指数会下降，进而抛出股票，导致股票价格下跌。

（二）行业分析

行业的情况也会影响到股票价格的波动。行业分析可以帮助投资者了解该行业的特点、所选公司在行业中的地位等，主要包括行业生命周期分析、行业敏感性分析和行业竞争结构分析。

1. 行业生命周期分析

我们常常听到某个行业是夕阳行业或是朝阳行业，这指的就是该行业处于行业生命周期的哪个阶段。行业生命周期是指行业从产生、发展、成熟到消失的全过程，包括初始阶段、成长阶段、成熟阶段和衰退阶段，其中，处于初始阶段的行业即为朝阳

---

① 根据国家统计局网站的信息和统计百科整理。

行业，处于衰退阶段的行业即为夕阳行业。在生命周期的不同阶段，风险和收益呈现不同的特征。在初始阶段，产品刚刚研发出来，人们对产品的认知度不高，风险较高，但是，股票价格井喷式上升的可能性也较大；在成长阶段，产品逐渐被客户认识，企业的生产运营逐步规范，收入和利润逐步增长，风险大幅度降低；在成熟阶段，企业收入和利润的增长率放缓，市场竞争更为激烈，股票价格大幅上升的可能性降低；在衰退阶段，生产规模萎缩，企业收入和利润减少，股票价格下降，但要关注这类企业的转型和被收购的问题。

2. 行业敏感性分析

不同行业对经济周期的敏感性不尽相同。对于建筑业、房地产业、百货业、旅游业等对经济周期较为敏感的行业而言，在经济衰退时，这类行业的股票价格受到的冲击较强，而在经济复苏时，这类行业的股票价格往往更早上涨；对于公共事业、电话通信业等对经济周期较不敏感的行业而言，经济波动对其股票价格波动的影响较弱。

3. 行业竞争结构分析

行业的竞争结构是影响一个企业定价能力和利润构成的重要因素。如果一个行业为垄断结构，那么，处于垄断地位的企业的议价能力较强，可以获得垄断利润；如果一个行业竞争较为充分，那么，行业内企业的议价能力较弱，利润被摊薄。

案例分析

我们以平安银行为例进行简化的行业分析。平安银行于 1987 年在深圳成立，是原深圳发展银行以吸收合并原平安银行的方式完成两行整合后的银行，并已正式更名为平安银行，于 1991 年在深圳证券交易所上市。平安银行是一家全国性的股份制银行。在经济飞速发展和金融深化改革的背景下，我国的银行业已经处于行业生命周期的成熟阶段。但随着互联网对金融业的冲击不断加剧，银行业竞争更加激烈和充分，金融网络化不断增强，银行传统的利差收入被大幅度压缩，其利润增长空间取决于平安银行未来的网络化转型。此外，银行业属于亲周期行业，在经济下行时，银行的不良贷款将增加。

（三）公司层面分析

公司层面分析主要包括财务比率分析和现金流分析，强调公司的盈利能力和成长能力。

1. 财务比率分析

比率分析将财务数据与企业经营情况联系起来，从而反映公司的盈利能力和整体情况，主要包括偿债能力比率、盈利能力比率和经营效率比率。其中，偿债能力比率包括短期偿债能力比率和长期偿债能力比率，短期偿债能力比率用流动比率、速动比率、应收账款周转率等指标表示；长期偿债能力比率用负债比率、负债对所有者权益比率等指标表示。盈利能力比率主要包括资产收益率、资本收益率、利润率等指标。

经营效率比率主要包括资产周转率、存货比率、应付账款周转率等。

2. 现金流分析

流动性问题是制约公司发展的重要问题，现实中有很多公司由于流动性不足而陷入困境甚至破产。通过对现金流进行分析，可以对企业获取现金的能力、企业偿债能力、收入和利润的质量、投融资的效率进行评价。根据产生现金流的活动不同，现金流可以分为经营活动的现金流、投资活动的现金流和筹资活动的现金流。

经营活动的现金流是指企业生产产品、销售而产生的收入和支出的现金流。如购买原料、货物运输而产生的现金支出，以及销售产品产生的现金流入等。

投资活动的现金流是指厂房建设等实物资产投资和债券、贷款等金融资产投资而产生的现金流。

筹资活动的现金流是指投资者入股、银行贷款、企业债的发行与还款等活动产生的现金流。

案例分析

我们仍以平安银行为例对其财务指标进行简化分析（见表7－1）。银行是一种特殊的企业，其主要的经营活动为筹融资，其经营对象为资金。

表7－1　　　　　　　　　　　　平安银行财务情况

财务比率分析		2016－12－31	2017－03－31	2017－06－31
盈利能力（%）	净利润率	20.98	22.42	23.22
	总资产收益率	0.83	0.22	0.42
	净资产收益率	11.18	2.99	6.10
	营业利润率	27.65	29.69	30.46
	销售净利率	20.98	22.42	23.22
偿债能力	产权比率	13.61	13.47	13.62
	资产负债率	0.93	0.93	0.93
成长能力（%）	营业收入增长率	12.01	0.65	－1.27
	营业利润增长率	3.06	2.67	1.93
	总资产增长率	17.80	12.12	10.39
	固定资产增长率	73.68	74.60	49.92
	股东权益增长率	25.18	10.75	10.30
	净利润增长率	3.36	2.10	2.13
经营能力	总资产周转率	0.0395	0.0093	0.0179
资本构成	股东权益比率	6.84	6.91	6.83
	固定资产比率	0.28	0.27	0.26

（1）相关指标解释。

①盈利能力方面：

$$净利润率 = （净利润/主营业务收入）\times 100\%$$

$$总资产收益率（ROTA）= （净利润/平均资产总额）\times 100\%$$

其中，

$$平均资产总额 = （期初资产总额 + 期末资产总额）/2$$

$$净资产收益率（ROE）^① = 税后利润/所有者权益 \times 100\%$$

$$营业利润率 = 营业利润/全部业务收入 \times 100\%$$

$$销售净利率 = 净利润/销售收入 \times 100\%$$

②偿债能力方面：

$$产权比率 = 负债总额/股东权益$$

$$资产负债率 = 总负债/总资产$$

③成长能力方面：

$$营业收入增长率 = 营业收入增长额/上年营业收入总额 \times 100\%$$

$$营业利润增长率 = 本年营业利润增长额/上年营业利润总额 \times 100\%$$

$$总资产增长率 = 本年总资产增长额/年初资产总额 \times 100\%$$

$$固定资产增长率 = 本期净增固定资产原值/期初固定资产原值 \times 100\%$$

$$股东权益增长率 = 本期股东权益增长额/期初股东权益 \times 100\%$$

$$净利润增长率 = （当期净利润 - 上期净利润）/上期净利润 \times 100\%$$

其中，

$$净利润 = 利润总额 - 所得税$$

④经营能力方面：

$$总资产周转率（次）= 营业收入净额/平均资产总额$$

$$总资产周转天数 = 360 \div 总资产周转率（次）$$

⑤资本构成方面

$$股东权益比率 = 股东权益总额/资产总额$$

$$股东权益比率与资产负债率之和等于 1$$

$$固定资产比率 = 固定资产/总资产 \times 100\%$$

（2）财务分析。

盈利能力方面，2017 年，平安银行的净利润率出现了稳步增长，总资产收益率放缓[②]，净资产增长率出现了增长，平安银行自有资本的使用效率提高，营业利润率和销售利润率也平稳增长，说明平安银行的盈利能力较强。

偿债能力方面，平安银行较低的产权比率和较高的资产负债率体现了其银行的特

---

① 又称股东权益报酬率、净值报酬率、权益报酬率、权益利润率、净资产利润率。

② 由于净利润是流量，资产额是存量，所以，2017 年 3 月 31 日的总资产收益率和 2016 年 12 月 31 日的总资产收益率不能直接比较。换句话说，2017 年 3 月 31 日的净利润是 1～3 月的净利润，而 2016 年 12 月 31 日的净利润是 2016 年 1～12 月的净利润。

殊性。按照巴塞尔协议要求以及我国的相关规定,商业银行核心一级资本充足率不得低于5%,一级资本充足率不得低于6%,资本充足率不得低于8%。根据平安银行2017年的半年报,其核心一级资本充足率8.13%,一级资本充足率9.05%,资本充足率11.23%,资本质量较好。

成长能力方面,平安银行2017年上半年的营业收入增长率、营业利润增长率、总资产增长率、固定资产增长率、股东权益增长率出现下降,说明平安银行收入和营业利润的增长放缓,没有进一步的扩张。但是,净利润增长率的小幅增加表明平安银行在成本控制、其他收入等方面取得了收益。

经营能力方面,平安银行较低的总资产周转率再次体现了其商业银行的特性。对于平安银行而言,贷款是其主要的资产业务,短期贷款的期限为一年,还有中长期贷款,因此,其总资产周转率较低。

资本构成方面,平安银行的股东权益比率和固定资产比率较为稳定,较低的固定资产比率一方面反映了商业银行的特性,另一方面反映了平安银行轻物理网点、重网络电话营销的特点。

二、技术分析法

技术分析是透过图表或技术指标的记录,研究市场过去以及现在的行为反应,以推测股票在短期内价格的变动趋势。

(一)技术分析的基本要素

技术分析是在市场行为涵盖一切信息、股票价格沿着趋势变动、历史会重演的前提假设下进行的。价格与交易量是市场行为最基本的表现,是技术分析的两大基本要素。某一时间的价格和交易量反映的是供求双方对股票表现和未来预期的判断。市场交易双方对当前股票价格的认同程度通过股票交易量的大小表现出来。

1. 股票价格与交易量的基本关系

第一,股票价格的上涨伴随着交易量的增加,量增价涨推动股票价格进一步上升。

第二,在上涨行情下,如果股票价格突破了上一轮的高位,但交易量却低于上一轮高位的交易量水平,股票价格有可能会反转。

第三,股票价格在谷底回升,但是交易量并没有随之增加,则股票价格可能因缺乏支撑力量而下跌。

第四,在下跌行情中,如果股票价格向下突破移动平均线或者形态趋势线,并且交易量增加,股票价格会进一步下跌。

第五,股票价格上涨,交易量增加,推动股票价格进一步上升;但随着交易量的增长放缓,股票价格上涨吃力,在高位大幅震荡后,下跌盘整。

第六，股票交易量是交易价格的先行指标，当交易量上升时，股价会随之上升，如果股价上涨而交易量没有增加，则股价不能长期处于高位。

▶知识链接◀

股票常用术语

开盘价：开盘是指某种证券在证券交易所每个营业日的第一笔交易，第一笔交易的成交价即为当日开盘价。上海证券交易所规定，如开市后半小时内某证券无成交，则以前一天的收盘价为当日开盘价。

收盘价：是指某种证券在证券交易所一天交易活动结束前最后一笔交易的成交价格。如当日没有成交，则采用最近一次的成交价格作为收盘价。因为收盘价是当日行情的标准，又是下一个交易日开盘价的依据，可据以预测未来证券市场行情，所以，当对行情进行分析时，一般采用收盘价作为计算依据。

最高盘价：最高盘价也称高值，是指某种证券当日交易中的最高成交价格。

最低盘价：最低盘价也称低值，是指某种证券当日交易中的最低成交价格。

高开：今日开盘价在昨日收盘价之上。

平开：今日开盘价与昨日收盘价持平。

低开：今日开盘价在昨日收盘价之下。

套牢：是指进行股票交易时所遭遇的交易风险。例如，投资者预计股价将上涨，但在买进后股价却一直呈下跌趋势，这种现象称为多头套牢。相反，投资者预计股价将下跌，将所借股票做空卖出，但股价却一直上涨，这种现象称为空头套牢。

盘整：股价在有限幅度内波动。

压力点（线）：股价在上涨过程中，碰到某一高点（或线）后停止上涨而回落，此点（或线）称为压力点（或线）。

支撑点（线）：股市受利空信息的影响，股价跌至某一价位时，空头方认为有利可图，大量买进股票，使股价不再下跌，甚至出现回升趋势。股价下跌时的关卡称为支撑点（线）。

阻力点（线）：股市受利多信息的影响，股价上涨至某一价格时，多头方认为有利可图，便大量卖出，使股价至此停止上升，甚至出现回跌。股价上升时的关卡称为阻力线。

突破：股价冲过关卡或上升趋势线。

跌破：股价跌到关卡或趋势线以下。

反转：股价朝原来趋势的相反方向移动，分为向上反转和向下反转。

回挡：在股市上，股价呈不断上涨趋势，终因股价上涨速度过快而反转回跌到某一价位，这一调整现象称为回挡。

探底：寻找股价最低点过程，探底成功后股价由最低点开始翻升。

牛市：股票市场上买入者多于卖出者，股市行情看涨，称为牛市。

熊市：股票市场上卖出者多于买入者，股市行情看跌，称为熊市。

抢帽子：抢帽子是股市上的一种投机性行为。在股市上，投机者当天先低价购进预计股价要上涨的股票，然后待股价上涨到某一价位时，当天再卖出所买进的股票，以获取差额利润。或者在当天先卖出手中持有的预计要下跌的股票，然后待股价下跌至某一价位时，再以低价买进所卖出的股票，从而获取差额利润。

坐轿子：坐轿子是股市上一种哄抬操纵股价的投机交易行为。投机者预计将有利多或利空的信息公布，股价会随之大涨大落，于是投机者立即买进或卖出股票。等到信息公布，人们大量抢买或抢卖，使股价呈大涨大落的局面，这时投机者再卖出或买进股票，以获取厚利。先买后卖称为坐多头轿子，先卖后买称为坐空头轿子。

抬轿子：抬轿子是指利多或利空信息公布后，预计股价将会大起大落，立刻抢买或抢卖股票的行为。

洗盘：投机者先把股价大幅度杀低，使大批小额股票投资者（散户）产生恐慌而抛售股票，然后再把股价抬高，以便乘机渔利。

2. 股票交易术语

在股票交易中，还涉及委比、量比、外盘和内盘等交易术语。

（1）委比。

委比是指股票委托买卖过程中委买委卖手数之差与之和的比值。委比旁边的数值为委买手数与委卖手数之差。如果委比为正值，那么委买手数大于委卖手数，表示股票多头的力量较强，股票价格上涨的可能性较大；如果委比为负值，那么委买手数小于委卖手数，表示股票空头的力量较强，股票价格下跌的可能性较大。从实践上看，委买手数通常是"买一"至"买五"这五档手数之和，委卖手数通常是"卖一"至"卖五"这五档手数之和。

委比 =（委买手数 - 委卖手数）/（委买手数 + 委卖手数）×100%

（2）量比。

量比是当日总成交手数与近期平均成交手数的比值。如果量比大于 1，则表示当天的成交量与最近 5 个交易日相比已经放大，交易更活跃；如果量比小于 1，则表示当天的成交量与最近 5 个交易日相比已经缩小，交易较不活跃。

量比 = 当天成交手数/（最近 5 日平均每分钟成交手数 × 当天即时为止的交易分钟）

（3）外盘与内盘。

外盘是指当天以卖出价成交的手数总和。内盘是指当天以买入价成交的手数总和。如果外盘大于内盘，则意味着股票的多头实力较强，争相买进股票，愿意以卖方出价成交；如果外盘小于内盘，则意味着股票的空头实力较强，争相抛售股票，愿意以买方出价成交；如果外盘和内盘手数相当，则说明多头方和空头方力量相当。

（二）技术分析的主要方法

根据分析的侧重点不同，技术分析方法主要可以分为 K 线分析法、切线分析法、形态分析法、波浪分析法以及指标分析法等。技术分析法的前提较为苛刻，不同的分析方法在实际应用过程中都存在盲区，甚至会发出错误的信号，因此，需要结合股票的具体情况，结合多种分析方法，综合地加以考虑，不能简单地依赖某种分析方法做出买卖的决定。

1. K 线分析法

（1） K 线的基本要素。

K 线分析法主要是借助于 K 线图，推测股票市场多空双方力量的对比，进而判断股票市场多空双方谁占优势，这种优势是暂时的还是决定性的。

K 线是一条柱状的线条，由实体和影线两个部分组成，中间的方块叫实体，在实体上方的影线为上影线，在实体下方的影线为下影线。实体分阳线和阴线，在我国的股票交易软件中，通常阳线为红色，阴线为绿色（见图 7-2，白色实体为阳线，黑色实体为阴线）。

如果实体为阳线，则表明当日股价上涨，开盘价在下，收盘价在上，收盘价高于开盘价的部分决定了股价的上涨幅度。最高盘价决定了上影线的位置，最低盘价决定了下影线的位置。

如果实体为阴线，则表明当日股价下跌，开盘价在上，收盘价在下，开盘价高于收盘价的部分决定了股价的下跌幅度。最高盘价决定了上影线的位置，最低盘价决定了下影线的位置。

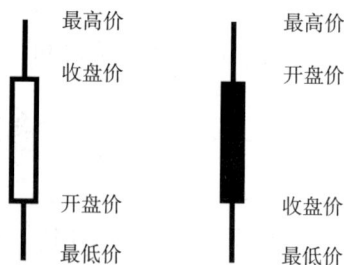

图 7-2　K 线图的形状及要素

（2）单独一根 K 线的含义。

①实体较长的 K 线。实体较长的 K 线，表明当天股价出现了大幅上涨或者大幅下跌。如果是阳线，长实体是长阳线；如果是阴线，长实体是长阴线。

②实体较短的 K 线。实体较短的 K 线表明当天股价变动的区域较小，多空双方斗争不激烈。

③光头光脚的 K 线。光头光脚的 K 线是指只有实体部分、没有影线部分的 K 线。如果是阳线，表示上涨支撑力量极强，通常是牛市的继续或者熊市的反转；如果是阴线，表示下跌力量较强，通常是熊市的继续或者牛市的反转。

④没有下影线的 K 线。没有下影线的 K 线也称为光脚 K 线。如果是阳线，没有下影线意味着开盘价与最低盘价相同，价格走势较强。如果是阴线，没有下影线意味着收盘价与最低盘价相同，价格走势较弱。

⑤没有上影线的 K 线。没有上影线的 K 线也称为光头 K 线。如果是阳线，没有上影线意味着收盘价与最高盘价相同，价格下跌后大幅反弹。如果是阴线，没有上影线意味着开盘价与最高盘价相同，价格呈下跌反弹态势。

⑥纺轴形的 K 线。纺轴形的 K 线是指实体、上影线和下影线均有的 K 线，并且影线比实体长，意味着多空双方势力博弈，力量对比并不明确。

⑦"十"字形的 K 线。"十"字形的 K 线是指没有实体，只有上影线和下影线的 K 线，此时开盘价与收盘价相同，意味着多空双方势力对比的不确定性和不稳定性。

⑧"T"字形和倒"T"字形 K 线。T"字形的 K 线是指没有实体，只有下影线的 K 线，意味着开盘价、收盘价与最高盘价相同，通常出现在市场的转折点。倒"T"字形的 K 线是指没有实体、只有上影线的 K 线，意味着开盘价、收盘价和最低盘价相同，通常表明股价反弹失败。

⑨"一"字形的 K 线。"一"字形的 K 线表明开盘价、收盘价、最低盘价和最高盘价均相同，通常出现在股价涨停和跌停的时候。

（3）K 线的组合形态。

①反转形态。反转形态主要表现为锤子线和上吊线。在股价下跌趋势下，出现下影线较长、实体较小，并且实体接近顶端位置的 K 线，那么，这是下跌趋势即将结束的信号，这种 K 线形态被称为锤子线。在股票上涨趋势下，出现下影线较长、实体较小，并且实体接近顶端位置的 K 线，那么，这是上涨趋势即将结束的信号，这种 K 线形态被称为上吊线。在反转形态下，需要注意：第一，实体是阴线还是阳线并不重要，但是实体部分要处于价格区间的顶端；第二，下影线的长度至少达到实体长度的2倍；第三，在反转形态中，通常没有上影线，如果有上影线，其长度也非常短（见图7-3）。

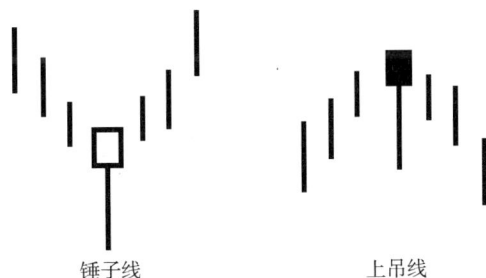

锤子线　　　　　上吊线

图 7-3　锤子线和上吊线

②鲸吞形态。鲸吞形态分为看涨鲸吞形态和看跌鲸吞形态。看涨鲸吞形态是指：市场处于熊市，但后来出现了一根坚挺的阳线实体，将其前面的阴线实体吞没，从而构成了触底反弹的信号。看跌鲸吞形态是指：市场处于牛市，但后来出现了一根坚挺的阴线实体，将其前面的阳线实体吞没，从而构成了顶部反转的信号（见图7-4）。

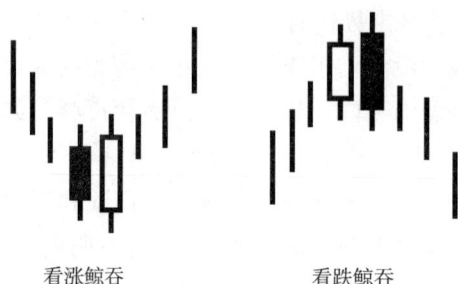

看涨鲸吞　　　　　看跌鲸吞

图7-4　鲸吞形态

判别K线组合是否为鲸吞形态需要注意：第一，在鲸吞形态之前，股价处在明确的上升趋势或下降趋势中；第二，股价处于下降趋势中，出现阳包阴现象，即第二根阳线的实体完全覆盖第一根阴线的实体；第三，股价处于上涨趋势中，出现阴包阳现象，即第二根阴线的实体完全覆盖第一根阳线的实体。

③刺透形态和乌云盖顶形态。刺透形态是指：股价处于下跌趋势中，出现较长的阳线实体，开盘价低于上一交易日的最低价，但是市场力量将股价急剧推高，收盘价超过上一交易日K线实体的中点，这构成了底部反转的信号。乌云盖顶形态是指：股价处于上涨趋势中，出现较长的阴线实体，开盘价高于上一交易日的最高价，但是市场力量促使股价大幅下跌，收盘价低于上一交易日K线实体的中点，这构成了顶部反转的信号（见图7-5）。

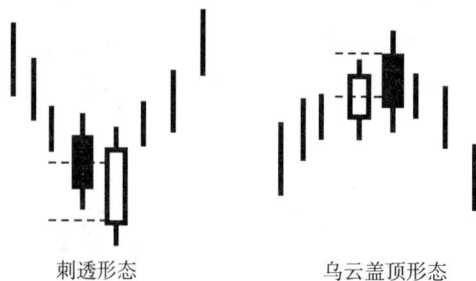

刺透形态　　　　　乌云盖顶形态

图7-5　刺透形态和乌云盖顶形态

④启明之星和黄昏之星。

启明之星形态主要由三根关键K线构成。股价处于下跌趋势中，出现了第一根较长的阴线实体，之后，第二根 K 线的实体在前一根阴线实体之下，即开盘价和收盘价均低于上一交易日的收盘价，第三根 K 线出现了明显的阳线实体，并且此阳线实体在第一根阴线实体的内部。这是底部反转的信号。

　　黄昏之星形态也主要由三根关键 K 线构成。股价处于上涨趋势中，出现了第一根较长的阳线实体，之后，第二根 K 线的实体在第一根阳线实体之上，即开盘价和收盘价均高于上一交易日的收盘价，第三根 K 线出现了明显的阴线实体，并且此阴线实体在第一根阳线实体的内部。这是顶部反转的信号（见图 7－6）。

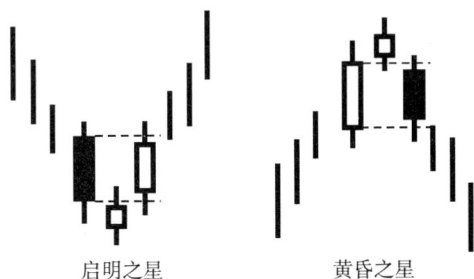

启明之星　　　　　　黄昏之星

图 7－6　启明之星和黄昏之星

　　⑤十字启明星和十字黄昏星。

　　在股价下降趋势中，在阴线实体之后，出现了"十"字形 K 线，并且，此"十"字形 K 线与上一交易日的阴线实体形成了价格向下跳空，接下来出现了较长的阳线实体，这种形态被称为十字启明星形态，是股价反转的信号。

　　在股价上涨趋势中，在阳线实体之后，出现了"十"字形 K 线，并且，此"十"字形 K 线与上一交易日的阳线实体形成了价格向上跳空，接下来出现了较长的阴线实体，这种形态被称为十字黄昏星形态，也是股价反转的信号（见图 7－7）。

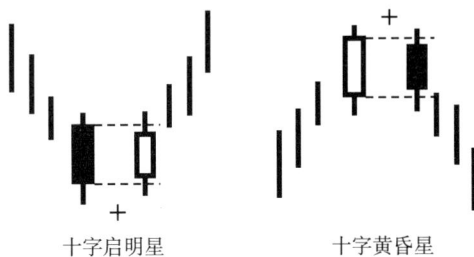

十字启明星　　　　　　十字黄昏星

图 7－7　十字启明星和十字黄昏星

　　2. 切线分析法

　　股票价格变动的趋势主要有三种：上升趋势、下降趋势和水平趋势。切线分析法是利用切线的绘制进而判断股票价格未来趋势的方法。

（1）支撑线和压力线。

支撑线是指对股票价格下降有阻止作用或者对股票价格上升有支持作用的线。例如，当股票价格下降到某一位置，多头方的买入阻止了股价的下跌，甚至造成回升，这就形成了股价下跌趋势中的支撑线。

压力线是指对股票价格上升有阻止作用或者对股票价格下降有推动作用的线。例如，当股票价格上升到某一位置，空头方的卖出阻止了股价的上升，甚至出现回落，这就形成了股价上升趋势中的压力线。

每一条支撑线和压力线的确认都具有人为主观性，主要从以下三个方面考虑支撑线或者压力线对股票价格的影响。第一，股票价格在这个区域停留的时间长短。股价停留的时间越长，对当前股票价格的影响越大，反之，对当前股票价格的影响越小。第二，股票价格在这个区域相应成交量的大小。相应成交量越大，对当前股票价格的影响越大，反之，对当前股票价格的影响越小。第三，支撑区域或者压力区域的时间距离当前时间的远近。距离当前时间越近，对当前股票价格的影响越大，反之，对当前股票价格的影响越小。

（2）趋势线和轨道线。

趋势线是表示股票价格波动趋势的直线。在股价上升趋势中，连接两个上升低点的直线为上升趋势线，对股价起支撑作用；在股价下降趋势中，连接两个下降高点的直线为下降趋势线，对股价起压力作用。趋势线的突破导致原有的支撑线和压力线出现反转，支撑线变为压力线，压力线变为支撑线。需要注意的是，需要从频率和时间上来验证一条趋势线的有效性。从频率上看，趋势线至少被触及三次或者三次以上，才能说明这条趋势线是有效的；从时间上看，延伸的时间越长，这条趋势线越有效；从斜率上看，趋势线越平缓，越难以被突破，越有效。

轨道线又称通道线，是在趋势线的基础上画出的。在画出了上升趋势线之后，通过第一个峰的高点做出这条趋势线的平行线，这两条线组成了上升通道；在画出了下降趋势线之后，通过第一个谷的低点做出这条趋势线的平行线，这两条线组成了下降通道。

（3）黄金分割线和百分比线。

这种趋势线主要针对"水平方向"的股价波动。

①黄金分割线。

第一，需要记住特殊的黄金数字：0.236、0.382、0.500、0.618、0.809、1.618、2.000、2.618、4.236、6.854，其中，0.382、0.500、0.618、1.618、2.000、2.618更加重要。

第二，在对股票价格波动趋势进行判断的基础上，找到上涨行情中的最高点或者是下降行情中的最低点。

第三，计算出黄金分割线的位置。在股价下降的趋势中，最高点价位乘以上述比1

小的特殊黄金数字，这些价格对股票价格下降提供了支撑；在股价上涨的趋势中，最低点价位乘以上述比 1 大的特殊黄金数字，这些价格对股票价格上涨造成了压力。

②百分比线。百分比线是将上一次股价行情中重要的最高点和最低点之间的涨跌幅度分成 8 份，进而生成百分比线，从而使涨跌过程更为直观地显现，包括 1/8、2/8、1/3、3/8、4/8、5/8、2/3、6/8、7/8、8/8 共 10 条百分比线，其中，1/3、3/8、4/8、5/8、2/3 这 5 条线与黄金分割线的位置更为接近、更加重要。百分比线针对的是在趋势中出现回调的情况，而不是趋势的反转。

3. 形态分析法

K 线的形态分析只适合较短时间的投资操作，不适合中长期的分析，为了弥补上述分析的不足，可以将 K 线数目扩大，这就形成了形态分析法。

（1）双重顶和双重底。

当股价上升至某一价位后，伴随着较大的成交量，随后，股价下跌，成交量下降，之后股价再次上升至上一个高价位，成交量却没有相应股价高位的成交量大，随之股价出现了二次下跌，这便形成了双重顶，像字母 M 一样，是股价反转的信号。需要注意的是，在第一个顶点之后的股价下跌，必须突破颈线，双重顶形态才算顺利完成。形成双重顶的主要原因在于主力资金被套，需要将股价再次拉高以撤回资金。

当股价下跌至某一价位后，现有投资者出现惜售行为，新进投资者由于较低的股价而进入，股价随之回升，上升至某一价位，此时，短线投机者出售持有股票获利，股价再次下跌。但是，之前的股价波动引起了投资者的兴趣，此次股价下跌吸引投资者买入，成交量增加，随之股票价格上升，这便形成了双重底，像字母 W 一样，是股价反转的信号。需要注意的是，第二个底的形成往往是由于多头资金实力有限并且时间较短，并且，空头方的压力较大。

（2）头肩顶和头肩底。

在头肩顶形态中，股价的涨跌出现三个局部的高价位，其中，中间的高价位高于两端的高价位，则中间的高价位称为头，左右两端的高价位称为肩。头肩顶通常在牛市的尽头出现，是股价下跌的信号，投资者需要进行关注，适时减仓。如果股价的周 K 线图、月 K 线图头肩顶的形态已经明显，则说明股价会经历长时期的下跌过程。

在头肩底形态中，股价的涨跌出现三个局部的低价位，其中，中间的低价位低于两端的低价位，则中间的低价位称为头，左右两端的低价位称为肩。头肩底通常在熊市的尽头出现，是股价上涨的信号，头肩底形成的时间越长，股价反转的可能性越大。对于投资者而言，基本面较好、右肩高于左肩并伴随较大成交量的股票更值得购买。

（3）圆弧形态。

圆弧形态又称碟形、圆形、弧形、碗形等，包括圆弧顶和圆弧底。

圆弧顶是呈现为圆弧形的顶部形态。在圆弧顶的形成过程中，成交量较大而且波动性较强，通常在股价上升时成交量增加，但在股价上升至顶部时成交量减少，在股价下跌时，成交量再次增加。需要注意的是，在圆弧顶形成后，很多情况下股价并不会立刻下跌，而是横向盘整，此时称为碗柄，在碗柄被突破之后，股价才会进一步下跌。

圆弧底是呈现为圆弧形的底部形态，这种形态较为少见，主要出现在优质股票上。在圆弧底的形成过程中，股价下跌趋势从急至缓至平，经过一段时间后开始缓慢上涨，进而加速，上涨至初始下跌的位置。成交量在股价下降时逐步减少，在股价上升时逐步增加，也同样呈现出圆弧形。

4. 波浪分析法

波浪分析法认为，股票市场的价格波动遵循着一种五波上升、三波下降的趋势，其中，五个上升趋势可以分为三个推动波，即第一波、第三波和第五波，以及两个修正波，即第二波和第四波。这八个波动构成了股票价格波动的完整周期，从而形成了各种大小波浪，其中每一个大浪都包含了小浪，每一个小浪都被更大的浪所包括，因此也被称为"八浪循环"。

在使用波浪分析法时需要注意：第一，一个完整的价格波动循环包括八个波浪，五上三落；第二，波浪可合并为较高一级的大浪，也可以分割为较低一级的小浪；第三，第一、三、五波的三个波浪中，第三浪不可以是最短的一个波浪；第四，第四浪的底不可以低于第一浪的顶。

5. 指标分析法

指标分析法是指按固定的方法对原始数据进行处理，计算相应的指标值，来对股票市场进行分析。目前使用的指标达 1000 多种，本书对 MA 指标、MACD 指标、RSI 指标和动向指标进行介绍。

（1）MA 指标。

MA 指标是移动平均线指标，是 moving average 的简写。它是 K 线的移动平均线，能够较为平稳地呈现价格的趋势。一方面，MA 存在时滞效应，存在股价下跌但 MA 依旧上扬的情况，因此，可以考察不同时间的 MA，从而考察股价波动的整体趋势；另一方面，MA 具有涨时助涨、跌时助跌的特点。

MA 指标分析需要注意：第一，当 MA 从下降逐渐转为平缓时，股价从下方突破MA，则为买入信号；第二，当股价跌破 MA，但是又回升至 MA 之上，并且 MA 仍保持上扬态势，则为买入信号；第三，MA 从上扬转为盘整或者下跌，并且股价向下突破MA，则为卖出信号；第四，当股价在 MA 之下，股价上升但未突破 MA，并且迅速下跌，则为卖出信号。

（2）MACD 指标。

MACD 指标是指数平滑移动平均线指标。它利用股票收盘价的短期指数平均线EMA12（通常为 12 日的指数平均线）与长期指数平均线 EMA26（通常为 26 日的指数平均线）之间的关系，对股价进行判断，进而选择股票的买入和卖出时机。

MACD 指标通过以下方式计算出来：第一，计算离差值 DIF，离差值 DIF 是短期指数平均值与长期指数平均值之差。在股价上涨趋势中，短期指数平均值在长期指数平均值之上，正离差值也越来越大；在股价下跌趋势中，离差值很可能为负数。第二，设定 DIF 的参数，以 9 日为例，可以根据离差值计算出 9 日的离差平均值，称之为 DEA 或 DEM。第三，计算（DIF－DEA）×2，得到了 MACD 的柱状图。

利用 MACD 指标进行分析需要注意：第一，当 DIF 和 MACD 均为正，并且向上移动时，表示股票处于上涨趋势中，是买入信号；第二，当 DIF 和 MACD 均为负，并且向下移动时，表示股票处于下跌趋势中，是卖出信号；第三，当 DIF 和 MACD 均为正，但向下移动时，表示股票处于下跌趋势中，是卖出信号；第四，当 DIF 和 MACD 均为负，但向上移动时，表示股票处于上涨趋势中，是买入信号。

（3）RSI 指标。

RSI 指标是相对强弱指标，是英文 relative strength index 的缩写。该指标认为，股票市场的涨跌在 0～100 之间变动，其中，30～70 之间为正常状态，超过 70 被认为市场处于超买状态，价格会回落，低于 30 被认为市场处于超卖状态，价格会回升。

利用 RSI 指标进行分析需要注意：第一，如果 RSI 曲线在高位（50 以上）形成了头肩顶形态，是股价下跌的标识，传递了卖出的信号；第二，如果 RSI 曲线在低位（50 以下）形成了头肩底形态，意味着股价下跌的力量逐步衰减，底部逐渐构筑，传递了买入的信号；第三，RSI 曲线顶部反转形态对股票价格走势的判断更加准确；第四，当出现 RSI 顶背离时，即当 RSI 指标的曲线逐步走低，但 K 线图中的股价不断走高时，传递了股价即将下跌的信息，是卖出的信号；第五，当出现 RSI 底背离时，即在低位区 RSI 指标的曲线逐步走高，但 K 线图中的股价不断走低时，传递了股价即将上涨的信息，是买入的信号。

📖 扩展阅读

股票交易有很多种方法。一些交易者完全依赖技术分析。每天晚上，他们筛选数百个价格图形，寻找技术指标和价格走势结合最优的股票。他们运行事先设计好的技术筛选软件，分离出那些回撤的、突破的、止跌反弹的和盘整的股票。他们查看列表中观测股的 K 线形态、移动平均线交叉和价格背离指标。他们滚动屏幕，上到周线下到小时线，以确保宏观图形和微观图形都不会妨碍他们的技术评估。另外一些交易者完全依赖基本面分析。他们花费大量时间详细研究大量的公司具体财务数据，比较价格乘数与增长率指标，查看公司相对于行业和竞争对手标准的财务排名状况，研究处于动态增长的公司。他们阅读金融分析师和研究服务机构的报告。他们收听电话会议，与投资者相关人员交流。他们从新闻界获取宏观经济变化信息——商品价格变化、汇率变化、新的税收法律变化等，这些变化可能会影响所跟踪公司的利润率，因而影响其净收益。技术分析和基本面分析长期以来被认为是两个独立的纪律准则，而将它们整合到同一交易系统中时，它们的有效性相互得到补充。①

📖 扩展阅读

三棵树（沪股通）（603737. SH）研究报告（节选）
乘三四线城市春风，品牌及渠道铸就护城河

公司简介：三棵树以墙面涂料为核心产品，品牌知名度高。在三四线城市市场树立起了高端健康家装漆品牌形象，与竞争对手形成了错位竞争格局。

品牌涂料市场仍是蓝海：我国有品牌知名度的涂料企业并不多，三棵树处于民族品牌第一梯队。目前品牌涂料市场仍是蓝海，相关企业产品与经销商利润率均较高。随着产品标准提高及消费升级，市场将向品牌企业集中。目前我国 CR8 占比仅为13%，而世界范围 CR10 占比高达30%。

小镇家庭的消费升级：消费者对室内空气质量越发重视，由于涂料占装修成本比重较小，消费者未来会更倾向于采购更健康的品牌涂料。小镇家庭消费升级对公司的影响有：（1）现有目标客户群体所采购产品档次有所提升；（2）消费者将更倾向于采购有品牌知名度的涂料产品。前者将优化公司产品销售结构，后者则将提升三棵树产品综合销量。

渠道为其护城河，涂料界"OPPO"或将诞生：统计显示公司约有4500家门店，其中约有80%位于三四线城市。扁平化的管理体系使其经销商有足够的利润空间在当地进行市场推广。现有经销商对三棵树品牌认可度高、黏性强，正自发扩大经销覆盖区域。经销商在当地编织的分销网络（如装修公司等）为三棵树的护城河。渠道下沉、经销商护城河叠加三四线地产销售复苏与小镇家庭消费升级，三棵树或上演"OPPO"式逆袭。

墙面漆业务高增长可期：工程墙面漆贡献收入规模、利润弹性来自家装墙面漆。工程墙面漆通过绑定地产开发商快速做大规模，家装墙面漆通过加大经销商发展力度以开拓市场。近年公司产品销量复合增速快于销售人员增速，表明其扩张卓有成效。随着三棵树经销商渠道体系逐步成熟、三四线地产销售景气，家装墙面漆销量将迎来快速增长，假设公司2016~2018年墙面漆销量约为28万吨、35万吨和42万吨，小镇消费升级带来公司产品结构优化，家装墙面漆2016~2018年均价分别为7.3元/公斤、7.4元/公斤和7.6元/公斤。届时，公司销售人员人均销量将大幅提升，销售费用率也将降低。

盈利预测与投资建议：品牌涂料市场仍是蓝海，随着产品标准提高以及消费升级，

---

① 托马斯·卡尔著，郑三江、许宁、赵学雷译：《市场中性交易》，山西人民出版社2017年版，第6页。

市场将向优势品牌集中。三棵树在品牌以及线下渠道有优势，将借助三四线城市地产去库存的东风，迎来快速发展黄金期。预计 2017 ~ 2018 年规模净利润为 1.9 亿元及 2.7 亿元，预计 2017 ~ 2019 年复合增速约 43%。给予 2017 年动态市盈率 47 倍，目标价 90 元。首次覆盖，买入评级。

风险提示：销售渠道布局不及预期：销售渠道布局不及预期将导致三棵树家装系列产品销量放缓，进而降低其利润弹性。

三四线地产销售快速下滑：三四线地产销售快速下滑意味着公司销售人员人均销量将有所下滑，进而使公司的销售费用维持在较高水平，降低综合盈利能力。

估值和目标价格：品牌涂料市场仍是蓝海，随着产品标准提高以及消费升级，市场将向优势品牌集中。三棵树在品牌以及线下渠道有优势，将借助三四线城市地产去库存的东风，迎来快速发展黄金期。预计 2017 ~ 2018 年规模净利润为 1.9 亿元及 2.7 亿元，预计 2017 ~ 2019 年复合增速约 43%（见表 7 – 2）。

表 7 – 2 业绩预测和估值指标

指标	2014 年	2015 年	2016 年	2017 年 E	2018 年 E
营业收入（百万元）	1262	1519	1931	2457	3006
营业收入增长率（%）	28.53	20.34	27.17	27.21	22.34
净利润（百万元）	103	116	122	190	270
净利润增长率（%）	2.63	12.51	5.71	55.82	42.00
EPS（元）	1.03	1.16	1.22	1.9	2.7
ROE（归属母公司）（摊薄）（%）	22.20	21.08	11.43	15.26	18.04
P/E	70	62	59	38	27
P/B	16	13	7	6	5

注：E 表示预期。

考虑到公司未来数年较高的利润增速，给予其 2017 年动态市盈率 47 倍，对应目标价 90 元。首次覆盖，买入评级。①

第三节 我国股票市场的交易规则和程序

本节将对我国股票市场的交易规则和程序进行讲解，从而为投资者参与股票市场奠定基础。

---

① 光大证券陈浩武、孙伟风、师克克（2017 年 9 月 10 日）。

一、股票交易程序

股票交易包括开立股票交易账户、委托买卖、股票成交、清算与交割、股票过户等内容。

（一）开立股票交易账户

开立股票账户是进行交易的前提，股票账户相当于一个"银行户头"，投资者只有开立了股票账户才可进行证券买卖。如要买卖在上海、深圳两地上市的股票，投资者需分别开设上海证券交易所股票账户和深证证券交易所股票账户。另外，投资者需要在托管银行开设一个资金账户，用于股票的资金支付以及卖出股票的资金流入。

（二）委托买卖

委托形式包括当面委托、电话委托、电传委托、传真委托、信函委托等，我国深圳、上海目前主要是当面委托。当面委托一般要委托人加以确认，受托证券商才予办理委托手续。

委托人可以随市委托，在委托证券商代理买卖股票的价格条件中，明确其买卖可随行就市；也可以限价委托，在委托证券商代理股票买卖过程中，确定买入股票的最高价和卖出股票的最低价，并由证券商在买入股票的限定价格以下买进，在卖出股票的限定价格以上卖出。

（三）股票成交

证券经营机构受理投资者的买卖委托后，立即将信息按时间先后顺序传送到交易所主机，公开申报竞价。股票申报竞价时，可依有关规定采用集合竞价或连续竞价方式进行，交易所的撮合机将按"价格优先，时间优先"的原则自动撮合成交。

（四）清算与交割

清算是将买卖股票的数量和金额分别予以抵消，然后通过证券交易所交割净差额股票或价款的一种程序。清算工作由证券交易所组织，各证券商统一将证券交易所视为中介人来进行清算，而不是各证券商相互间进行轧抵清算。交易所作为清算的中介人，在价款清算时，向股票卖出者付款，向股票买入者收款；在股票清算时，向股票卖出者收进股票，向股票买入者付出股票。股票清算后，即办理交割手续。所谓交割就是卖方向买方交付股票而买方向卖方支付价款，包括当日交割、次日交割、第二日交割等多种交割方式。T + 1 为次日交割。

（五）股票过户

随着交易的完成，当股票从卖方转给（卖给）买方时，就表示原有股东拥有权利的转让，新的股票持有者则成为公司的新股东，老股东（原来的股东，即卖方）丧失了他们卖出的那部分股票所代表的权利，新股东则获得了他所买进的那部分股票所代表的权利。然而，由于原有股东的姓名及持股情况均记录于股东名簿上，因而必须变更股东名簿上相应的内容，这就是通常所说的过户手续。对于记名股票而言，股票过户是必不可少的程序。

二、股票交易规则

（一）价格优先

第一，市价申报优先于限价申报。

第二，对于买进申报，价格较高的优先于较低的。

第三，对于卖出申报，价格较低的优先于较高的。

第四，在相同价位上的申报，先申报者优先满足。

（二）时间优先

第一，在口头唱报竞价时，按中介经纪人听到的顺序排列。

第二，在专柜书面申报竞价时，按照中介经纪人接到书面申报竞价单证的顺序排列。

第三，在计算机终端输入申报竞价时，按计算机主机接受的时间顺序排列。

第四，在无法区分先后时，由中介经纪人组织抽签决定。

第五，如果证券商更改买卖申报内容，其原申报的时间顺序自然撤销，依照更改后报出的时间顺序排列。

（三）交易品种

A 股、B 股的委托买卖单位为"股"，但为了提高交易系统的效率，必须以 100 股（沪市 B 股为 1000 股）即 1 手或其整数倍进行委托买卖。如有低于 100 股（或 B 股 1000 股）的零股需要交易，必须一次性委托卖出。同时，也不能委托买进零股。

（四）报价单位

A 股、B 股以股为报价单位，在价格变化单位方面，深市 A 股为 0.01 元，深市 B 股为 0.01 港元，沪市 A 股为 0.01 元，B 股为 0.002 美元。

（五）交易价格波动

证券首日上市，一般以其上市前公开发行价作为前收盘价和计算涨跌幅度的基准，但是不受价格涨跌幅限制。

上海证券交易所对上市交易的证券成交价格，通常实行随行就市，自由竞价。在认为必要时，可对全部证券或某类证券采取价格涨跌幅度限制。目前，上海证券交易所对所有的 A 股和 B 股实行幅度 10% 的涨跌幅限制，对特别处理股票实行幅度 5% 的涨跌幅限制。

（六）交易时间

交易申报时间：每周一至周五，法定公众假期除外。

1. 上海证券交易所

9：15 ~ 9：25：开盘集合竞价时间；

9：20 ~ 9：25：不可撤单时间；

9：30 ~ 11：30：前市，连续竞价时间；

13：00 ~ 14：57：后市，连续竞价时间；

14：57 ~ 15：00：收盘集合竞价时间，不可撤单。

2. 深证证券交易所

9：15 ~ 9：25：集合竞价时间；

9：20 ~ 9：25：不可撤单时间；

9：30 ~ 11：30：前市，连续竞价时间；

13：00 ~ 14：57：后市，连续竞价时间；

14：57 ~ 15：00：收盘集合竞价时间，不可撤单。

3. 集合竞价与连续竞价

集合竞价是指由投资者按照自己所能接受的心理价格自由地进行买卖申报，电脑交易主机系统对全部有效委托进行一次集中撮合处理的过程。在集合竞价时间内的有效委托报单未成交，则自动进入 9：30 开始的连续竞价。

连续竞价是指对申报的每一笔买卖委托，由电脑交易系统按照以下两种情况产生成交价：最高买进申报与最低卖出申报相同，则该价格即为成交价格；买入申报高于卖出申报时，或卖出申报低于买入申报时，申报在先的价格即为成交价格。

（七）股票托管

股票托管是证券无纸化交易的必要条件，它是指上海、深圳证券交易所及各地证券登记机构和证券商为方便证券上市交易，简化交割手续，而对股票进行代保管。投资者只要拥有证券账户卡即可进行股票的买卖而不必接受股票实物。

上海和深圳两个证券交易所在股票托管方式上有所区别。上海证券交易所托管方式为指定券商和中央登记公司进行分级管理，即由登记公司控制券商某一股票的总量，而由券商控制每个账户的股票余额，投资者在券商处办理指定交易后，中央登记公司先增加券商的股票总量，同时将该账户的股票余额传至券商处，将控制权交给券商，以后随着该账户买卖股票，券商也相应及时调整该账户的股票余额，保证其余额的正确性。深圳证券交易所实行中央结算与分布式登记相结合的模式，即深圳证券登记有限公司为全国性市场的一级清算中心，各证券营业部对投资者的股票买卖进行控制，股票实际是托管在各券商处，这样，投资者在某个券商处买入的深圳股票就只能在该券商处卖出。

📖 扩展阅读

（1）创业板。

创业板又称二板市场（second-board market），即第二股票交易市场，是与主板市场（main-board market）不同的一类证券市场，专为暂时无法在主板上市的创业型企业、中小企业和高科技产业企业等需要进行融资和发展的企业提供融资途径和成长空间的证券交易市场，是对主板市场的重要补充，在资本市场占据着重要的位置。在中国，创业板市场代码是以 300 开头的。创业板市场最大的特点就是低门槛进入，严要求运作，有助于有潜力的中小企业获得融资机会。

（2）中小板。

中小板块即中小企业板，是指流通盘大约 1 亿股以下的创业板块，是相对于主板市场而言的，有些企业的条件达不到主板市场的要求，所以只能在中小板市场上市。中小板市场是创业板的一种过渡，在中国，中小板的市场代码是以 002 开头的。2004年 5 月，经国务院批准，中国证监会批复同意深圳证券交易所在主板市场内设立中小企业板块。

（3）沪港通。

沪港通是指上海证券交易所和香港联合交易所允许两地投资者通过当地证券公司（或经纪商）买卖规定范围内的对方交易所上市的股票，是沪港股票市场交易互联互通机制。沪港通包括沪股通和港股通两部分：沪股通是指投资者委托香港经纪商，经由香港联合交易所设立的证券交易服务公司，向上海证券交易所进行申报（买卖盘传递），买卖规定范围内的在上海证券交易所上市的股票；港股通是指投资者委托内地证券公司，经由上海证券交易所设立的证券交易服务公司，向香港联合交易所进行申报（买卖盘传递），买卖规定范围内的在香港联合交易所上市的股票。2014 年 4 月 10 日，中国证监会与香港证监会联合公告，正式开展互联互通机制试点，沪港通总额度为5500 亿元人民币，参与港股通个人投资者资金账户余额应不低于人民币 50 万元。证监会及港交所联合公告对沪港两市每日沪港通交易分别设定了 130 亿元及 105 亿元的上限。该"上限"并非指每日流入总额上限，而是每日买卖之差不能超过的上限。

（4）深港通。

深港通是深港股票市场交易互联互通机制的简称，指深圳证券交易所和香港联合交易所有限公司建立技术连接，使内地和香港投资者可以通过当地证券公司或经纪商买卖规定范围内的在对方交易所上市的股票。深港通在 2016 年 8 月 16 日获批后，2016 年 12 月 5 日正式开通。根据中国证监会与香港证监会共同签署的深港通《联合公告》，深港通下的港股通的股票范围是恒生综合大型股指数的成分股、恒生综合中型股指数的成分股、市值 50 亿元港币及以上的恒生综合小型股指数的成分股，以及香港联合交易所上市的 A + H 股公司股票。深股通的股票范围是市值 60 亿元人民币及以上的深证成分指数和深证中小创新指数的成分股，以及深圳证券交易所上市的 A + H 股公司股票。

本 章 小 结

股票是股份公司为筹集资金而发给投资者的所有权凭证。股票的投资者是股份公司的股东，股东持有股票以证明其对公司的所有权。债券与股票是公司直接融资的主要手段，但是两者在权利性质、偿还期限、持有人权益、剩余财产分配顺序、发行主体、会计入账、税收处理、风险程度等方面存在区别。假定股利是投资股票的唯一现金流收入，那么，可以利用贴现模型计算股票的理论价格。市盈率是股票价格与每股收益的比率，表明在当前盈利水平下，投资者收回投资成本需要的年数。股票市场包括股票的发行市场和流通市场。股票发行市场也称为一级市场、初级市场，是资金需求者通过发行股票这种所有权凭证筹集资金的市场。股票流通市场又称为二级市场，是已发行的股票按市场行情进行转让、买卖和流通的市场。股票分析包括基本分析法和技术分析法。基本分析法主要是对股票的长期发展趋势进行分析，侧重于经济环境、行业动态、公司盈利能力等方面，可以分为宏观经济分析、行业分析和公司层面分析三个层次。技术分析法是透过图表或技术指标的记录，研究市场过去以及现在的行为反应，以推测股票在短期内价格的变动趋势。价格与交易量是市场行为最基本的表现，是技术分析的两大基本要素。在我国，股票交易包括开立股票交易账户、委托买卖、股票成交、清算交割、股票过户等内容，按照价格优先、时间优先的原则进行。

基本概念

股票　优先股　市盈率　首次公开发行

复习思考题

1. 股票与债券存在哪些区别?

2. 戈登增长模型的主要内容是什么? 其前提假设是什么?

3. 股票基本分析法的主要内容是什么?

4. 如何利用技术分析法判断股票买入和卖出的时机? 请举例说明。

第八章

基金与理财

本章学习目标

- 掌握基金的基本类型；
- 了解基金交易的基本规则和相关费用；
- 理解投资基金的方法和策略。

本章基本内容

本章将对基金的基本知识进行介绍，阐述证券投资基金的含义及基本类型，梳理基金的参与主体及运作流程。在此基础上，介绍购买和赎回基金的基本程序，探讨基金的费用及计算方式，分析基金分红的方式和原则。最后，从购买前的准备、基金选择、基金出售三方面探讨基金投资的策略。

第一节　基金的基本知识

本节将介绍基金的基本知识，主要包括基金的类型、基金的参与主体、基金的运作流程等内容。

一、基金的类型

证券投资基金起源于英国，由英国政府于 1868 年建立的投资公司——海外和殖民地政府信托组织被认为是世界上最早的基金机构。通过发行基金单位，由基金托管人托管，基金管理人将集中的资金进行组合投资。证券投资基金具有集合投资、风险分散、专家理财、流动性强等特点。

（一）基本类型

根据不同的分类方式，证券投资基金可以分为多种类型，不同类型的基金具有不同的特点。

1. 开放式基金和封闭式基金

根据基金单位是否可以随时申购和赎回，基金可以分为开放式基金和封闭式基金。

开放式基金是指可以随时申购和赎回的基金，即投资者可以根据基金净值随时向基金管理人申购；基金持有人可以根据基金净值随时向基金管理人赎回。封闭式基金是指在整个基金存续期限内不可以申购和赎回的基金，即投资者不可以向基金管理人申购，只能在二级市场买入；基金持有人不可以向基金管理人赎回，只能在二级市场卖出。

开放式基金和封闭式基金主要存在以下区别：

第一，存续期限不同。开放式基金没有固定的存续期限，在基金成立后，投资者可以随时向基金管理人申购和赎回基金单位；封闭式基金有固定的存续期限，如5年、10年、15年等，会在基金的招募说明书中说明。

第二，规模约束不同。开放式基金没有规模限制，投资者申购的数额越多，基金的规模越大，投资者赎回的数额越多，基金的规模越小；封闭式基金有规模限制，在基金的招募说明书中列明基金规模，在基金成立后一般不可以改变规模，除非经过法定程序认可。

第三，投资策略不同。对于开放式基金而言，基金管理人需要保留一部分流动性强的资产以保证基金可以赎回，所筹集的资金不能全部用于长期投资；封闭式基金的规模是稳定不变的，基金的交易只能影响基金持有人的分布和构成，不能影响基金的整体规模，因此，基金管理人可以将全部的资金用于长期投资。

第四，交易方式不同。在募集期结束后，开放式基金的管理人随时接受投资者的申购和赎回，交易方式灵活，一般不上市交易；封闭式基金在成立后，新的投资者只能在已购投资者处买入基金，已购投资者只能寻求新的投资者实现基金变现，一般在证券交易所进行。

第五，交易价格确定标准不同。开放式基金与封闭式基金在首次发行时都按照面值加上销售费用确定交易价格。在首次发行结束后，开放式基金的价格以基金净值为基础，申购价格是基金净值加上申购费，赎回价格是基金净值减去赎回费。封闭式基金的价格受到市场供求关系的影响较大，交易价格常常会偏离基金的净值，当需求大于供给时，出现溢价现象；当供给大于需求时，出现折价现象。

第六，交易费用缴纳方式不同。开放式基金一般不上市交易，相关费用一般包含在基金价格中；封闭式基金在证券交易所进行交易，需要交纳交易税和手续费，费用相对较高。

案例分析

博时沪港深价值优选灵活配置混合型证券投资基金（节选）

基金类型：开放式混合型基金。

基金管理人：博时基金管理有限公司。

基金托管人：中信银行股份有限公司。

基金直销机构：博时基金管理有限公司总公司。

基金存续期限：不定期。

募集对象：符合法律法规规定的可投资于证券投资基金的个人投资者、机构投资者、合格境外机构投资者以及法律法规或中国证监会允许购买证券投资基金的其他投资者。

募集期：自基金份额发售之日起不超过 3 个月。

份额分类：本基金分为 A 类基金份额和 C 类基金份额。在投资者认购、申购时收取认购、申购费用，不从本类别基金资产中计提销售服务费的基金份额，称为 A 类基金份额；在投资者认购、申购时不收取认购、申购费用，但从本类别基金资产中计提销售服务费的基金份额，称为 C 类基金份额。

初始面值：人民币 1.00 元。

投资目标：本基金采用价值投资策略对沪港深市场进行投资，把握港股通开放政策带来的投资机会，在控制组合净值波动率的前提下，获取基金资产的长期稳健增值。

投资范围：本基金的投资范围为具有良好流动性的金融工具，包括国内依法发行上市的股票（含主板、中小板、创业板及其他经中国证监会核准上市的股票等）、内地与香港股票市场交易互联互通机制下允许投资的香港联合交易所上市的股票（以下简称"港股通标的股票"）、权证、股指期货、债券（含国债、央行票据、金融债券、企业债券、公司债券、中期票据、短期融资券、超短期融资券、次级债券、政府支持机构债、政府支持债券、地方政府债、可转换债券、可交换债券、中小企业私募债券等）、货币市场工具、资产支持证券、债券回购、银行存款（包括协议存款、定期存款及其他银行存款）、现金以及法律法规或中国证监会允许基金投资的其他金融工具（但须符合中国证监会相关规定）。

基金投资组合：股票投资比例为基金资产的 0% ~95%，其中投资于国内依法发行上市的股票的比例占基金资产的 0% ~95%，港股通标的股票的投资比例为基金资产的 0% ~95%；基金持有全部权证的市值不得超过基金资产净值的 3%，本基金每个交易日日终在扣除股指期货合约需缴纳的交易保证金后，保持现金或者到期日在一年以内的政府债券不低于基金资产净值的 5%。本基金预期风险和预期收益高于货币市场基金、债券型基金，低于股票型基金，属于证券投资基金中的中高风险/收益品种。

业绩比较基准：中债综合财富（总值）指数收益率×40% + 沪深 300 指数收益

率×20% +恒生国企指数收益率×40% 。

博时沪港深价值优选 A 类基金份额 2017 年 1 ~9 月的净值走势情况见图 8 –1。

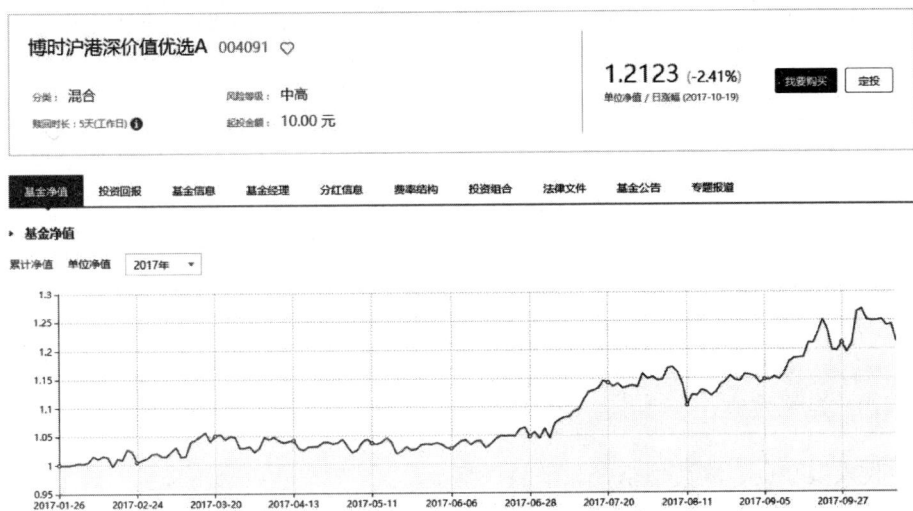

图 8 –1 博时沪港深价值优选 A 类的价格走势情况

通过上述内容可知：

博时沪港深价值优选灵活配置混合型证券投资基金为开放式混合型基金，包含了 A 类基金份额和 C 类基金份额，我们主要对其 A 类基金份额进行分析。

第一，从存续期限看，基金的存续期限为不定期。

第二，从规模约束看，起投金额为 10 元，整个基金没有规模限制。

第三，从投资策略看，为了应对基金持有人的赎回，需要持有一部分流动性强的资产，例如，该基金每个交易日日终在扣除股指期货合约需缴纳的交易保证金后，保持现金或者到期日在一年以内的政府债券不低于基金资产净值的 5% 。

第四，从交易方式上看，在募集期 3 个月结束后，基金管理人随时接受投资者的申购与赎回，体现了开放式基金的特点。

2. 契约型基金和公司型基金

根据组织形式不同，基金可以分为契约型基金和公司型基金。

契约型基金也称信托型基金，是指通过签订契约的形式设立的基金，投资者将资金委托给基金管理人进行管理，基金管理人根据法律法规、基金契约进行基金管理，投资者享有基金投资收益、承担基金损失，目前我国的证券投资基金均为契约型基金。公司型基金是指以股份制的投资公司为组织形式的基金，具有法人资格，基金公司通过发行股票筹集资金，投资者通过购买股票成为基金公司的股东，享有基金投资收益、承担基金损失。

契约型基金和公司型基金主要存在以下区别：

第一，所筹集资金的性质不同。契约型基金中所筹集的资金是信托资产，是投资者委托基金管理人进行管理的资金，投资者与基金管理人之间形成委托代理关系，是受人之托、代人理财；公司型基金中所筹集的资金是基金公司的资本，投资者出资购买股票，成为基金公司的股东，这种基金在美国最为常见。

第二，投资者的权责不同。契约型基金的投资者根据基金契约享有基金投资的收益，是基金的受益人，对基金投资的相关事宜没有发言权；公司型基金的投资者是基金公司的股东，享有选举董事会、对公司重大决策进行投票等权利。

第三，运营依据和法律约束不同。契约型基金依据基金契约进行投资和运营；公司型基金依据基金公司章程运营资金。

（二）其他类型

1. 收入型基金、成长型基金和平衡型基金

根据投资目标不同，证券投资基金可以划分为收入型基金、成长型基金和平衡型基金。收入型基金是以获取最大的当期收入为目标的投资基金，主要投资于可带来现金收入的有价证券；成长型基金是以追求资本的长期增值为目标；平衡型基金具有双重投资目标，谋求收入和成长的平衡，以保证资金的安全性和盈利性。

2. 国内基金、区域基金和国际基金

根据地域不同，证券投资基金可以划分为国内基金、区域基金和国际基金。国内基金是指投资区域为本国金融市场、投资者为本国居民的基金；区域基金是指投资范围为某一地区金融市场的基金；国际基金是指将全球的主要金融市场均纳入投资范围的基金。

3. 股票基金、债券基金、货币市场基金等

根据投资对象不同，证券投资基金可以划分为股票基金、债券基金、货币市场基金、期权基金、指数基金、认股权证基金等。股票基金是指以股票为投资对象的基金；债券基金是指以债券为投资对象的基金；货币市场基金是指以国库券、大额可转让存单、商业票据等货币市场工具为投资对象的基金；指数基金是指以某种证券市场的价格指数为投资对象的基金；认股权证基金是指以认股权证为投资对象的基金。从实际上看，证券投资基金很少投资于某一种固定的投资对象，投资于股票、债券、货币市场金融工具的混合型基金也较为常见。

4. 伞型基金和基金中基金

伞型基金是指在母基金下设立多个子基金，子基金独立进行投资，具有不同的投资对象、投资范围和投资策略，为投资者提供多样化的选择。

基金中基金（fund of fund, FOF）是指以其他证券投资基金为投资对象的基金，这

种基金再一次实现投资分散化，但是层级较多，信息不对称问题突出，也增加了投资者的成本。

案例分析

嘉实领航资产配置混合型基金中基金（节选）

基金管理人：嘉实基金管理有限公司。

基金托管人：中国建设银行股份有限公司。

运作方式：契约型开放式。

投资目标：本基金以风险为核心进行分散化资产配置，通过风险模型定量调整各类资产比例，审慎甄选基金，综合利用市场结构、投资者行为、资产风险收益特征等研究成果优化基金组合，力争创造优秀稳定的投资回报。

投资范围：本基金投资于经中国证监会依法核准或注册的公开募集基金（以下简称"公募基金"），依法发行上市的股票、债券等金融工具及法律法规或中国证监会允许基金投资的其他金融工具。具体包括：公募基金（包括股票型基金、混合型基金、债券型基金、货币市场基金、保本基金、QDII基金、ETF基金、LOF基金、商品期货基金及其他经中国证监会核准或注册的公开募集证券投资基金）、股票（包含中小板、创业板及其他经中国证监会核准上市的股票）、权证、债券［国债、金融债、企业债、公司债、次级债、可转换债券（含分离交易可转债）、可交换公司债券、央行票据、短期融资券、超短期融资券、中期票据、中小企业私募债等］、资产支持证券、债券回购、银行存款、同业存单等资产和现金，以及法律法规或中国证监会允许基金投资的其他金融工具（但须符合中国证监会的相关规定）。如法律法规或监管机构以后允许基金投资其他品种，基金管理人在履行适当程序后，可以将其纳入投资范围。

投资组合比例：投资于经中国证监会依法核准或注册的公开募集基金份额的比例不少于基金资产的80%，投资于股票型基金的比例不高于基金资产净值的30%，基金保留的现金或者到期日在一年以内的政府债券不低于基金资产净值的5%。如法律法规或中国证监会允许，基金管理人在履行适当程序后，可以调整上述投资品种的投资比例。

业绩比较基准：中证800股票指数收益率×20% + 中债综合财富指数收益率×70% + Wind商品综合指数收益率×10%。

通过上述内容可知：

第一，该基金为基金中基金，投资的标的为基金等金融资产，并且，投资于经中国证监会依法核准或注册的公开募集基金份额的比例不少于基金资产的80%。

第二，该基金为开放式基金，需要保持一定的流动性，基金保留的现金或者到期日在一年以内的政府债券不低于基金资产净值的5%。

（三）基金的变形

1. 交易型开放式指数基金

交易型开放式指数基金又被称为"交易所交易基金"（exchange traded fund，ETF），是一种在证券交易所上市的开放式基金。

ETF 具有特殊性：一方面，它是一种开放式基金，具有开放式基金的特征，可以按照基金净值随时向基金管理人申购和赎回；另一方面，它在证券交易所上市，可以在二级市场买卖 ETF 份额，类似于封闭式基金的操作。对于这种基金来说，申购是指以一揽子股票交换 ETF 份额的过程，赎回是指以 ETF 基金份额交换一揽子股票的过程。由于存在两个市场，投资者可以在两个市场进行套利，有效地避免了封闭式基金价格偏离净值的问题。此外，它是一种指数型基金，以某种证券市场指数为投资对象，不是以具体的金融工具为投资对象，资产组合的比例按照指数进行配置。

2. 上市型开放式基金

上市型开放式基金（listed open-ended fund，LOF）是一种开放式基金，在基金募集期结束后，投资者可以在指定机构随时向基金管理人申购与赎回基金，基金总额不固定。同时，它是一种上市型基金，投资者可以在证券交易所对 LOF 基金进行买卖。LOF 结合了代销机构与证券交易所交易网络的优势，使基金更便于投资者进行交易。但是，在指定机构申购的基金，如果投资者想要在证券交易所对该基金进行出售，那么需要办理转托管手续，同样，在证券交易所买入的基金，如果投资者想要在指定机构赎回，也需要办理转托管手续。

LOF 与 ETF 存在以下区别：

第一，基金类型不同。LOF 的投资对象更加多样，可以是主动型基金，也可以是被动型基金；ETF 的投资对象是证券市场的某种价格指数，是一种被动型基金。

第二，申购和赎回的标的不同。LOF 的申购与赎回是现金与基金份额的交易，即在申购时，投资者支付现金，获得基金份额，在赎回时，投资者支付基金份额，获得现金；ETF 申购与赎回是一揽子股票与基金份额的交易，即在申购时，投资者支付一揽子股票，获得基金份额，在赎回时，投资者支付基金份额，获得一揽子股票。

第三，参与主体不同。LOF 中现金与基金份额的交易方式，使个人投资者较为容易参与，LOF 的参与主体更加多样；ETF 的投资者一般是机构投资者和投资规模较大的个人投资者。

第四，报价时间间隔不同。LOF 的报价时间间隔是 1 天，交易需要两个交易日，是 T+1 交易，时间成本较高；ETF 的报价时间间隔为 15 秒，可以实现 T+0 交易，时间成本较低。

第五，套利方式不同。LOF 的套利只涉及相同基金的不同市场；ETF 的套利涉及基金的不同市场和股票市场。

3. 分级基金

分级基金又称"结构型基金"，是指在同一投资组合的基础上，通过对基金净资产及收益的分解，形成风险和收益存在差异的不同级别的基金。分级基金各个子基金的净值与份额占比的乘积之和等于母基金的净值。

$$拆分成两类份额的母基金净值 = A 类子基金净值 \times A 份额占比\%$$
$$+ B 类子基金净值 \times B 份额占比\%$$

📖 扩展阅读

长城久兆中小板300指数分级证券投资基金（节选）[①]

基金管理人：长城基金管理有限公司。

基金托管人：中国建设银行股份有限公司。

基金合同于 2012 年 1 月 30 日生效。

基金份额结构：本基金的基金份额包括长城久兆中小板 300 指数分级证券投资基金之基础份额（简称"久兆 300 份额"）、"中小 300A 份额"与"中小 300B 份额"。其中，中小 300A 份额和中小 300B 份额的基金份额比例始终保持在 4:6 不变[②]。本基金四份中小 300A 份额与六份中小 300B 份额的参考净值之和将等于 10 份久兆 300 份额的净值。

基金发售：通过场外、场内两种方式公开发售。基金发售结束后，场外认购的全部份额确认为久兆 300 份额；场内认购的全部份额按照 4:6 的比例确认为中小 300A 份额与中小 300B 份额。

申购和赎回：久兆 300 份额接受场外与场内申购和赎回；中小 300A 份额、中小 300B 份额只上市交易，不接受申购和赎回。

中小 300A 份额的参考净值计算：中小 300A 份额的约定年收益率为 5.8%。中小 300A 份额的约定年收益率除以 365 得到中小 300A 份额的约定日简单收益率。中小 300A 份额的基金份额参考净值以基金合同生效日或前一份额折算日经折算后的份额净值为基准采用中小 300A 份额的约定日简单收益率单利进行计算。中小 300A 份额在估值日应计收益的天数为自基金合同生效日或前一份额折算日（定期份额折算日或不定期份额折算日）次日起至估值日的实际天数。

[①] 长城基金管理有限公司：《长城久兆中小板 300 指数分级证券投资基金招募说明书》。

[②] 自 2015 年 6 月 8 日起，长城久兆中小板 300 指数分级证券投资基金之稳健份额的场内简称由"久兆稳健"变更为"中小 300A"，长城久兆中小板 300 指数分级证券投资基金之积极份额的场内简称由"久兆积极"变更为"中小 300B"。

中小 300B 份额的参考净值计算：计算出中小 300A 份额的参考净值后，根据久兆 300 份额、中小 300A 份额、中小 300B 份额净值的关系，可以计算出中小 300B 份额的参考净值。

二、证券投资基金的参与主体

证券投资基金的运作涉及多个当事人，具体包括基金投资人、基金管理人、基金托管人以及基金销售机构、过户代理商、会计师、律师等中介服务机构。

（一）基金投资人

基金投资人是购买并持有基金份额的个人投资者和机构投资者。一般而言，基金投资人分享基金收益、承担基金损失，也享有赎回或者转让基金份额的权利。

（二）基金管理人

基金管理人是负责基金的具体投资操作和日常管理的机构。基金管理人由基金管理公司或者法律、行政法规规定可以从事基金管理业务并取得基金管理资格的其他机构担任。基金管理人依法募集资金，办理或者委托经中国证监会认定的其他机构代为办理基金份额的发售、申购、赎回和登记事宜；办理基金备案手续；自《基金合同》生效之日起，以诚实守信、谨慎勤勉的原则管理和运用基金财产；配备足够的具有专业资格的人员进行基金投资分析、决策，以专业化的经营方式管理和运作基金财产；建立健全内部风险控制、监察与稽核、财务管理及人事管理等制度，保证所管理的基金财产和基金管理人的财产相互独立，对所管理的不同基金分别管理，分别记账，进行证券投资。

（三）基金托管人

基金托管人是依据基金运行中"管理与保管分开"的原则对基金管理人进行监督和保管基金资产的机构，是基金投资者权益的代表，通常由有实力的商业银行或信托投资公司担任。基金托管人与基金管理人签订托管协议，在托管协议规定的范围内履行自己的职责并收取一定的报酬。基金托管人根据《中华人民共和国证券投资基金法》、《公开募集证券投资基金运作管理办法》、《证券投资基金信息披露管理办法》、基金合同、托管协议和有关法律法规及规章的规定，对基金的投资运作、基金资产净值计算、基金份额净值计算、应收资金到账、基金费用开支及收入确定、基金收益分配、相关信息披露、基金宣传推介材料中登载的基金业绩表现数据等进行监督和核查。

（四）其他当事人

除了上述三个主要当事人之外，基金在设立、运行过程中还涉及基金销售机构、过户代理商、会计师、律师等其他服务机构。

三、证券投资基金的运作

基金的运作包括基金的设立、基金的发行与交易、基金投资管理等内容。

（一）基金的设立

设立投资基金首先需要发起人，发起人可以是一个机构，也可以由几个机构共同组成。一般来说，基金发起人由基金管理人担任。基金发起人首先准备各种法律文件，包括申请报告、基金合同或基金章程、招募说明书等；然后，将这些文件上报监管机构，监管机构对文件进行审核，如果符合标准，则批准基金发起人发行基金；最后，得到批准后，基金发起人公布招募说明书，公告具体的发行方案。

（二）基金的发行与交易

基金的发行是指基金发起人向投资者推销基金单位、募集资金的行为。发行方式可分为公募和私募两种，类似于股票的发行。

依据国际惯例，基金在发行结束后一段时间内，允许基金进行交易。对于开放式基金而言，投资人可以向基金管理人申购和赎回；对于封闭型基金而言，投资者可以在基金二级市场自由转让。

（三）基金投资管理

基金管理人在基金的招募说明书中对其投资目标进行阐述，然后根据这一目标进行投资管理，决定所投资资产的类别和组合。第一，确定投资组合中资产的范围，如是否包括股票、债券、权证、股指期货、货币市场工具、资产支持证券、现金及银行存款等；第二，确定大类资产配置，如根据宏观经济周期等指标确定权益类资产和固定收益类资产的投资比例；第三，确定每种资产的选择和投资策略，对资产进行行业分析、竞争格局分析、公司治理分析、财务分析、估值分析等；第四，确定资产投资组合的限制和禁止行为；第五，设定业绩比较基准；第六，根据具体情况对资产组合进行调整。

📖 *扩展阅读*

博时沪港深价值优选灵活配置混合型证券投资基金
投资限制（节选）①

本基金的投资组合应遵循以下限制：

（1）本基金股票投资比例为基金资产的0%～95%，其中投资于国内依法发行上市股票的比例占基金资产的0%～95%，港股通标的股票的投资比例为基金资产的0%～95%。

（2）每个交易日日终在扣除股指期货合约需缴纳的交易保证金后，保持不低于基金资产净值5%的现金或者到期日在一年以内的政府债券。

（3）本基金持有一家公司发行的证券，其市值（若同时持有一家公司发行的A股和H股，则为A股与H股合计市值）不超过基金资产净值的10%。

（4）本基金管理人管理的全部基金持有一家公司发行的证券，不超过该证券（A股与H股合计）的10%。

（5）基金资产总值不得超过基金资产净值的140%。

（6）本基金持有的全部权证，其市值不得超过基金资产净值的3%。

（7）本基金管理人管理的全部基金持有的同一权证，不得超过该权证的10%。

（8）本基金在任何交易日买入权证的总金额，不得超过上一交易日基金资产净值的0.5%。

（9）本基金投资于同一原始权益人的各类资产支持证券的比例，不得超过基金资产净值的10%。

（10）本基金持有的全部资产支持证券，其市值不得超过基金资产净值的20%。

（11）本基金持有的同一（指同一信用级别）资产支持证券的比例，不得超过该资产支持证券规模的10%。

（12）本基金管理人管理的全部基金投资于同一原始权益人的各类资产支持证券，不得超过其各类资产支持证券合计规模的10%。

（13）本基金应投资于信用级别评级为BBB以上（含BBB）的资产支持证券。基金持有资产支持证券期间，如果其信用等级下降、不再符合投资标准，应在评级报告发布之日起3个月内予以全部卖出。

（14）基金财产参与股票发行申购，本基金所申报的金额不超过本基金的总资产，本基金所申报的股票数量不超过拟发行股票公司本次发行股票的总量。

（15）本基金投资流通受限证券，基金管理人应制订严格的投资决策流程和风险控

---

① 博时基金管理公司：《博时沪港深价值优选灵活配置混合型证券投资基金招募说明书》。

制制度，防范流动性风险、法律风险和操作风险等各种风险。

（16）本基金参与股指期货交易后，需遵守下列规定：

①本基金在任何交易日日终持有的买入股指期货合约价值不得超过基金资产净值的 10%。

②本基金在任何交易日日终持有的买入期货合约价值与有价证券市值之和不得超过基金资产净值的 95%。其中，有价证券指股票、债券（不含到期日在一年以内的政府债券）、权证、资产支持证券、买入返售金融资产（不含质押式回购）等。

③本基金在任何交易日日终持有的卖出期货合约价值不得超过基金持有的股票总市值的 20%。

④本基金在任何交易日内交易（不包括平仓）的股指期货合约的成交金额不得超过上一交易日基金资产净值的 20%。

⑤本基金所持有的股票市值和买入、卖出股指期货合约价值合计（轧差计算）应当符合基金合同关于股票投资比例的有关规定。

（17）本基金进入全国银行间同业市场进行债券回购的资金余额不得超过基金资产净值的 40%；债券回购最长期限为 1 年，债券回购到期后不得展期。

（18）本基金持有的单支中小企业私募债券，其市值不得超过基金资产净值的 10%。

第二节　基金的交易规则和程序

证券投资基金具有集合投资、风险分散和专家理财的特点，当投资者不想对债券和股票等金融工具进行直接投资时，可以选择投资基金进行间接投资。

一、基金交易的基本程序

在购买基金之前，必须阅读一些基金的法律文件，包括基金契约、招募说明书、公开说明书、资金资产净值公告等，这样可以对所要购买的基金的投资方向、投资策略、投资目标以及基金管理人的业绩、开户条件、具体交易规划等重要信息进行深入的了解。

以开放式基金为例，购买基金和赎回基金的基本程序如下：

（一）开立基金账户

投资人购买开放式基金首先要开立基金账户。基金账户是基金注册登记人为基金投资者开立的、用于记录其持有的基金份额余额和变动情况的账户。按照规定，销售文件会对基金账户的开立条件、具体程序予以明确。这些文件放置于基金销售网点供投资人开立基金账户时查阅。投资者进行开放式基金的认购必须拥有基金注册登记人为投资者开立的基金账户。

（二）购买基金

投资人在开放式基金募集期间、基金尚未成立时购买基金单位的过程称为认购。投资人认购基金应在基金销售点填写认购申请书，交付认购款项。注册登记机构为投资人办理有关手续并确认认购。在认购时，通常需要投资人按销售机构规定的方式全额缴款。在基金成立之后，投资人通过销售机构申请向基金管理公司购买基金单位的过程称为申购。投资人申购基金时通常应填写申购申请书，交付申购款项。款额已经交付，申购申请即为有效。申购基金单位的数量是以申购日的基金单位资产净值为基础计算的。

（三）赎回基金

开放式基金的赎回是指基金份额持有人要求基金管理人购回其所持有的开放式基金份额的行为，其赎回金额是以当日的单位基金资产净值为基础计算的。

此外，投资者在申购和赎回基金的过程中需要注意以下几点：

第一，投资人必须根据销售机构规定的程序，在开放日的具体业务办理时间内提出申购或赎回的申请。

第二，投资人申购基金份额时，通常必须全额交付申购款项，投资人全额交付申购款项，申购申请成立；登记机构确认基金份额时，申购生效。基金份额持有人递交赎回申请，赎回成立；登记机构确认赎回时，赎回生效。

第三，基金销售机构对申购、赎回申请的受理并不代表申请一定成功，而仅代表销售机构确实接收到申请。申购、赎回申请的确认以登记机构的确认结果为准。对于申请的确认情况，投资者应及时查询。

第四，申购与赎回基金通常都具有数额限制。例如，基金申购的最低金额为10元，追加购买最低金额为10元；每个交易账户最低持有基金份额余额为10份，单笔赎回申请不得低于10份；等等。

二、基金费用

基金费用按照收取对象的不同分为两种：一种是基金管理人向投资人收取的费用；另一种是基金管理人和托管人向基金资产收取的费用。

（一）向投资人收取的费用

向投资人收取的费用包括前端费用和后端费用。前端费用是指投资者在认购（申购）基金时缴纳的费用；后端费用是指投资者在卖出或者赎回基金时缴纳的费用。后端收费根据投资人持有基金时间的长短，收费标准也不同，通常投资人持有时间越长，费率越低。

1. 认购费用

认购是指在基金募集期内，投资人根据基金合同和招募说明书的规定申请购买基金份额的行为。认购费用是基金管理人向投资人收取的费用。

案例分析

博时沪港深价值优选灵活配置混合型证券投资基金
认购费用与认购份额

1. 认购费用

本基金 A 类基金份额在认购时收取基金认购费用，C 类基金份额不收取认购费用。本基金对通过直销中心认购本基金的养老金客户与除此之外的其他投资者实施差别的认购费率。

（1）对于通过基金管理人的直销中心认购本基金的养老金客户，基金份额的认购费率如表 8-1 所示。

表 8-1　　　　　　　　本基金的养老金客户认购费率结构

申购金额（M）	A 类基金份额申购费率	C 类基金份额申购费率
M < 100 万元	0.12%	
100 万元 ≤ M < 300 万元	0.08%	
300 万元 ≤ M < 500 万元	0.05%	0.00%
M ≥ 500 万元	每笔 100 元	

（2）除上述养老金客户外，本基金的其他投资者基金份额的认购费率如表 8-2 所示。

表 8-2　　　　　　　　本基金的非养老金客户认购费率结构

申购金额（M）	A 类基金份额申购费率	C 类基金份额申购费率
M < 100 万元	1.20%	
100 万元 ≤ M < 300 万元	0.80%	
300 万元 ≤ M < 500 万元	0.50%	0.00%
M ≥ 500 万元	每笔 1000 元	

2. 认购份额

（1）A 类基金认购份额。

①认购费用适用比例费率的情形下：

$$净认购金额 = 认购金额/(1 + 认购费率)$$

$$认购费用 = 认购金额 - 净认购金额$$

$$认购份额 = (净认购金额 + 认购期间利息)/基金份额初始面值$$

②认购费用适用固定金额的情形下：

$$认购费用 = 固定金额$$

$$净认购金额 = 认购金额 - 认购费用$$

$$认购份额 = (净认购金额 + 认购期间利息)/基金份额初始面值$$

认购份额计算结果保留到小数点后两位，小数点后两位以后的部分四舍五入，由此产生的误差计入基金财产。

例如，钱先生（非养老金客户）投资 30 万元认购本基金 A 类基金份额，假设其认购资金的利息为 30 元，其对应的认购费率为 1.20%，则其可得到的认购份额为：

净认购金额 = 300000/(1 + 1.20%) = 296442.69（元）

认购费用 = 300000 - 296442.69 = 3557.31（元）

认购份额 = (296442.69 + 30)/1.00 = 296472.69（份）

即钱先生（非养老金客户）投资 30 万元认购本基金 A 类基金份额，假设其认购资金的利息为 30 元，则其可得到 296472.69 份 A 类基金份额（含利息折份额部分）。

（2）C 类基金认购份额。

$$认购份额 = (认购金额 + 认购期间利息)/基金份额初始面值$$

认购份额计算结果保留到小数点后两位，小数点后两位以后的部分四舍五入，由此产生的误差计入基金财产。

例如，钱先生投资 100 万元认购本基金 C 类基金份额，认购期利息为 100 元，则钱先生认购可得到的 C 类基金份额为：

认购份额 = (1000000 + 100)/1.00 = 1000100.00（份）

即钱先生投资 100 万元认购本基金的 C 类基金份额，可得到 C 类基金份额 1000100.00 份（含利息折份额部分）。

2. 申购费用

申购是指基金募集期结束后，投资人根据基金合同和招募说明书的规定申请购买基金份额的行为。申购费用是基金管理人向投资人收取的费用。

案例分析

博时沪港深价值优选灵活配置混合型证券投资基金
申购费用与申购份额

1. 申购费用

本基金 A 类基金份额在申购时收取基金申购费用，C 类基金份额不收取申购费用。本基金申购费用用于本基金的市场推广、销售、登记等募集期间发生的各项费用，不列入基金财产。本基金在申购时收取申购费用，并对通过直销中心申购本基金的养老金客户与除此之外的其他投资者实施差别的申购费率。

（1）对于通过基金管理人的直销中心申购本基金的养老金客户，基金份额的申购费率如表 8-3 所示。

表 8-3 本基金份额的养老金客户申购费率

申购金额（M）	A 类基金份额申购费率	C 类基金份额申购费率
M < 100 万元	0.15%	
100 万元 ≤ M < 300 万元	0.10%	0.00%
300 万元 ≤ M < 500 万元	0.06%	
M ≥ 500 万元	每笔 100 元	

（2）除上述养老金客户外，本基金的其他投资者基金份额的申购费率如表 8-4 所示。

表 8-4 本基金份额的非养老金客户申购费率

申购金额（M）	A 类基金份额申购费率	C 类基金份额申购费率
M < 100 万元	1.50%	
100 万元 ≤ M < 300 万元	1.00%	0.00%
300 万元 ≤ M < 500 万元	0.60%	
M ≥ 500 万元	每笔 1000 元	

2. 申购份额

（1）A 类基金份额。

申购费用适用比例费率时：

$$净申购金额 = 申购金额/(1 + 申购费率)$$
$$申购费用 = 申购金额 - 净申购金额$$

$$申购份额 = 净申购金额 / 申购当日 A 类基金份额净值$$

申购费用适用固定金额时：

$$申购费用 = 固定金额$$
$$净申购金额 = 申购金额 - 申购费用$$
$$申购份额 = 净申购金额 / 申购当日 A 类基金份额净值$$

申购份额的计算结果均按照四舍五入方法，保留到小数点后两位，由此误差产生的损失由基金财产承担，产生的收益归基金财产所有。

例如，假定 T 日本基金 A 类基金份额净值为 1.0560 元，钱先生（非养老金客户）申购本基金 A 类基金份额 40 万元，对应的本次申购费率为 1.50%，则钱先生可得到的 A 类基金份额为：

净申购金额 = 400000/(1 + 1.50%) = 394088.67（元）

申购费用 = 400000 - 394088.67 = 5911.33（元）

申购份额 = 394088.67/1.0560 = 373190.03（份）

即钱先生投资 40 万元申购本基金 A 类基金份额，假定申购当日 A 类基金份额净值为 1.0560 元，可得到 373190.03 份 A 类基金份额。

（2）C 类基金份额。

申购份额 = 申购金额 / 申购当日 C 类基金份额净值

申购份额的计算结果均按照四舍五入方法，保留到小数点后两位，由此误差产生的损失由基金财产承担，产生的收益归基金财产所有。

例如，假定 T 日本基金 C 类基金份额净值为 1.0560 元，钱先生投资 600 万元申购 C 类基金份额，则其可得到的申购份额为：

申购金额 = 6000000 元

申购份额 = 6000000/1.0560 = 5681818.18（份）

即钱先生投资 600 万元申购本基金 C 类基金份额，假定申购当日 C 类基金份额净值为 1.0560 元，可得到 5681818.18 份 C 类基金份额。

3. 赎回费用

赎回费用是投资人卖出基金时向基金管理人缴纳的费用。赎回费用根据投资人持有基金时间的长短，收费标准也不一样，通常持有时间越长，赎回费率越低。赎回价格 = 基金单位净值 × (1 - 赎回费率)。

通常，货币市场基金免收认购（申购）费用和赎回费用，债券型基金的费用较高，而股票型基金的费用最高。投资人在投资基金的过程中，不适宜频繁短线操作，其中的一个重要原因便是基金交易成本较高。

案例分析

博时沪港深价值优选灵活配置混合型证券投资基金
赎回费用与赎回金额

1. 赎回费用

本基金的赎回费用由基金份额持有人承担。C 类基金份额，对持续持有期少于 30 日的投资人收取的赎回费全额计入基金财产。A 类基金份额，对持续持有期少于 30 日的投资人收取的赎回费全额计入基金财产；对持续持有期少于 3 个月的投资人收取的赎回费，将不低于赎回费总额的 75% 计入基金财产；对持续持有期长于 3 个月但少于 6 个月的投资人收取的赎回费，将不低于赎回费总额的 50% 计入基金财产。未归入基金财产的部分用于支付登记费和其他必要的手续费。

本基金的赎回费率如表 8-5 所示。

表 8-5 本基金的赎回费率

持有基金份额期限（Y）	A 类基金份额赎回费率（%）	C 类基金份额赎回费率（%）
Y < 7 日	1.50%	0.50%
7 日 ≤ Y < 30 日	0.75%	0.50%
30 日 ≤ Y < 6 个月	0.50%	0
Y ≥ 6 个月	0	0

注：1 月按 30 日计算。

2. 赎回金额

$$赎回总金额 = 赎回份额 \times T 日基金份额净值$$
$$赎回费用 = 赎回总金额 \times 赎回费率$$
$$净赎回金额 = 赎回总金额 - 赎回费用$$

上述计算结果均按四舍五入方法，保留到小数点后两位，由此产生的收益或损失由基金财产承担。

例如，钱先生赎回本基金 A 类基金份额 1 万份，持有时间为 1 年，对应的赎回费率为 0%，假设赎回当日 A 类基金份额净值是 1.2500 元，则其可得到的赎回金额为：

赎回总金额 $= 10000 \times 1.2500 = 12500.00$（元）

赎回费用 $= 12500 \times 0\% = 0.00$（元）

净赎回金额 $= 12500 - 0 = 12500.00$（元）

即钱先生赎回本基金 A 类基金份额 1 万份，持有时间为 1 年，假设赎回当日 A 类基金份额净值是 1.2500 元，则其可得到的赎回金额为 12500.00 元。

（二）向基金资产收取的费用

1. 管理费

管理费是基金管理人为管理和操作基金而收取的费用。管理费通常是从基金资产中直接扣除，不另外向投资人收取。管理费以前一日基金资产净值为基础计提，通常为年费率 1.5%。

2. 托管费

托管费是托管人为保管和处理基金资产而收取的费用。托管费也以前一日基金资产净值为基础计提。

3. 服务费

服务费包括支付会计师费、律师费、召开年会的费用、宣传品的印刷费用等。

4. 清算费用

清算费用是基金终止时清算基金资产所要支出的费用。

📖 **扩展阅读**

博时沪港深价值优选灵活配置混合型证券投资基金
向基金资产收取的费用（节选）①

主要包括 11 项费用：（1）基金管理人的管理费；（2）基金托管人的托管费；（3）C类基金份额的销售服务费；（4）《基金合同》生效后与基金相关的信息披露费用；（5）《基金合同》生效后与基金相关的会计师费、律师费、仲裁费和诉讼费；（6）基金份额持有人大会费用；（7）基金的证券、期货交易费用；（8）基金的银行汇划费用；（9）基金的账户开户费用、账户维护费用；（10）因投资港股通标的股票而产生的各项合理费用；（11）按照国家有关规定和《基金合同》约定，可以在基金财产中列支的其他费用。上述（4）~（11）项费用根据有关法规及相应协议规定，按费用实际支出金额列入当期费用，由基金托管人从基金财产中支付。

（1）基金管理人的管理费。

本基金的管理费按前一日基金资产净值的 1.50% 年费率计提。

管理费的计算方法如下：

H＝E×1.5%÷当年天数

其中，H 为每日应计提的基金管理费，E 为前一日的基金资产净值。

基金管理费每日计算，逐日累计至每月月末，按月支付，经基金管理人与基金托

---

① 博时基金管理有限公司：《博时沪港深价值优选灵活配置混合型证券投资基金招募说明书》。

管人双方核对无误后，基金托管人按照与基金管理人协商一致的方式，自动于次月初三个工作日内从基金财产中一次性支付给基金管理人。若遇法定节假日、公休日等，支付日期顺延。

（2）基金托管人的托管费。

本基金的托管费按前一日基金资产净值的 0.25% 的年费率计提。

托管费的计算方法如下：

$H = E \times 0.25\% \div$ 当年天数

其中，H 为每日应计提的基金托管费，E 为前一日的基金资产净值。

基金托管费每日计算，逐日累计至每月月末，按月支付，经基金管理人与基金托管人双方核对无误后，基金托管人按照与基金管理人协商一致的方式，自动于次月初三个工作日内从基金财产中一次性支取。若遇法定节假日、公休日等，支付日期顺延。

（3）销售服务费。

本基金 A 类基金份额不收取销售服务费，C 类基金份额的销售服务费年费率为 0.50%。

本基金销售服务费按前一日 C 类基金份额的基金资产净值的 0.50% 年费率计提。计算方法如下：

$H = E \times 0.50\% \div$ 当年天数

其中，H 为 C 类基金份额每日应计提的销售服务费，E 为 C 类基金份额前一日基金资产净值。

基金销售服务费每日计算，逐日累计至每月月末，按月支付，经基金管理人与基金托管人双方核对无误后，基金托管人按照与基金管理人协商一致的方式，自动于次月初三个工作日内从基金财产中一次性支付至登记机构，由登记机构代付给销售机构。若遇法定节假日、公休日等，支付日期顺延。

（4）证券、期货账户开户费用。

证券、期货账户开户费经基金管理人与基金托管人核对无误后，自产品成立一个月内由基金托管人从基金财产中划付，如基金财产余额不足支付该开户费用，由基金管理人于产品成立一个月后的 5 个工作日内进行垫付，基金托管人不承担垫付开户费用义务。

下列费用不列入基金费用：

第一，基金管理人和基金托管人因未履行或未完全履行义务导致的费用支出或基金财产的损失。

第二，基金管理人和基金托管人处理与基金运作无关的事项发生的费用。

第三，《基金合同》生效前的相关费用。

第四，其他根据相关法律法规及中国证监会的有关规定不得列入基金费用的项目。

三、基金分红

基金分红是指基金将收益的一部分派发给基金投资人。

（一）基金分红的方式

1. 封闭式基金

封闭式基金的规模不能发生变动，因此，只能采用现金分红的方式进行收益分配。

2. 开放式基金

开放式基金可以采用两种方式进行收益分配。

第一，现金分红，即管理人根据所持有的基金单位向投资者支付现金。

第二，再投资方式。再投资方式是将投资分红折算成相应数额的基金单位，不向投资者支付现金。再投资方式保证了基金规模的稳定性，不需要基金管理人将投资变现以应对向投资者的现金分红，更加有利于基金的中长期投资。

可见，不同类型的基金具有不同的分红方式。对于开放式基金而言，投资者可以通过赎回基金份额的方式实现现金分红的效果，因而，现金分红对投资者收益的影响不大，投资者更加关心基金净值的增长；对于封闭式基金而言，基金单位价格受到供求关系的影响常常偏离基金净值，投资者无法通过赎回以及二级市场转让方式实现收益，因此，现金分红对投资者收益的影响更加重要。此外，分红并不是越多越好，尤其是现金分红，这是因为，分红的现金来源于基金管理人对基金资产的变现，如果变现时机不适宜，也不利于基金的长期投资。

（二）基金分红的原则

1. 封闭式基金的收益分配原则

（1）采用现金分配的方式。

（2）当年收益首先用于弥补上一年度的亏损，然后进行当年收益分配。

（3）基金投资当年亏损，则不进行分配。

（4）每一个基金单位享有同等的分配权。

2. 开放式基金的收益分配原则

（1）收益采用现金形式分配，但投资人可以选择现金收益，也可以将现金收益折算成相应数额的基金单位进行再投资。

（2）当年收益首先用于弥补上一年度的亏损，然后进行当年收益分配。

（3）基金投资当年亏损，则不进行分配。

（4）每一个基金单位享有同等的分配权。

案例分析

博时沪港深价值优选灵活配置混合型证券投资基金
分红

由于本基金 A 类基金份额不收取销售服务费，而 C 类基金份额收取销售服务费，各基金份额类别对应的可供分配利润将有所不同，本基金同一类别的每一基金份额享有同等分配权。

本基金收益分配方式分两种：现金分红与红利再投资，投资者可选择现金红利或将现金红利自动转为相应类别的基金份额进行再投资，且基金份额持有人可对 A 类、C 类基金份额分别选择不同的分红方式。若投资者不选择，本基金默认的收益分配方式是现金分红。

基金收益分配后各类基金份额净值不能低于面值，即基金收益分配基准日的各类基金份额净值减去每单位该类基金份额收益分配金额后不能低于面值。

从以上内容可知，博时沪港深价值优选灵活配置混合型证券投资基金属于开放式基金，存在现金分红与红利再投资两种分配方式，投资者对两种分配方式可以任意选择，并且规定基金收益分配后各类基金份额净值不能低于面值。

案例分析

海富通上证可质押城投债 ETF

成立日期：2014 年 11 月 13 日。

基金总份额（亿份）：0.612（2017 年 6 月 30 日）。

上市流通份额（亿份）：0.612（2017 年 6 月 30 日）。

基金规模（亿元）：58.83（2017 年 6 月 30 日）。

基金管理人：海富通基金管理有限公司。

基金托管人：中国银行股份有限公司。

基金类型：开放式、债券型。

投资目标：本基金将紧密跟踪标的指数，追求跟踪偏离度和跟踪误差的最小化，力争本基金的净值增长率与业绩比较基准之间的日均跟踪偏离度的绝对值不超过 0.25%，年化跟踪误差不超过 3%。

投资范围：本基金主要投资于标的指数成分债券和备选成分债券。为更好地实现基金的投资目标，本基金还可以投资于国内依法发行上市的其他债券资产（国债、金融债、企业债、公司债、次级债、央行票据、中期票据、短期融资券等）、资产支持证券、债券回购、银行存款、货币市场工具以及法律法规或中国证监会允许基金投资的其他金融工具。

风险收益特征：本基金属于债券型基金，其预期收益及预期风险水平低于股票型基金、混合型基金，高于货币市场基金。本基金属于指数基金，采用分层抽样复制策略，跟踪上证可质押城投债指数，其风险收益特征与标的指数所表征的债券市场组合的风险收益特征相似。

本基金收益分配应遵循下列原则：

第一，基金收益分配采用现金方式。

第二，本基金的每份基金份额享有同等分配权。

第三，基金收益评价日核定的基金净值增长率超过标的指数同期增长率达到 0.25% 以上，方可进行收益分配。

第四，本基金收益每年最多分配 4 次。每次基金收益分配比例根据以下原则确定：使收益分配后基金净值增长率尽可能贴近标的指数同期增长率。基于本基金的性质和特点，本基金收益分配不须以弥补浮动亏损为前提，收益分配后可能使除息后的基金份额净值低于面值。

第五，若基金合同生效不满 3 个月则可不进行收益分配。

第六，法律法规或监管机构另有规定的从其规定。

海富通上证可质押城投债 ETF 分红详情见表 8-6。

表 8-6　　　　　　　　　　海富通上证可质押城投债 ETF 分红详情

年份	权益登记日	除息日	每份分红
2015	2015 年 3 月 23 日	2015 年 3 月 24 日	每份派现金 1.5000 元
2015	2015 年 6 月 18 日	2015 年 6 月 18 日	每份派现金 1.5000 元
2015	2015 年 9 月 21 日	2015 年 9 月 21 日	每份派现金 1.5000 元
2015	2015 年 12 月 14 日	2015 年 12 月 15 日	每份派现金 1.5000 元
2016	2016 年 3 月 15 日	2015 年 3 月 16 日	每份派现金 1.5000 元
2016	2016 年 6 月 22 日	2016 年 6 月 23 日	每份派现金 1.5000 元
2016	2016 年 9 月 20 日	2016 年 9 月 21 日	每份派现金 1.5000 元
2016	2016 年 12 月 19 日	2016 年 12 月 20 日	每份派现金 1.5000 元
2017	2017 年 3 月 17 日	2017 年 3 月 20 日	每份派现金 1.5000 元
2017	2017 年 6 月 16 日	2017 年 6 月 19 日	每份派现金 1.5000 元
2017	2017 年 9 月 15 日	2017 年 9 月 18 日	每份派现金 1.5000 元

注：数据截至 2017 年 10 月 20 日。

从以上内容可知，对于海富通上证可质押城投债 ETF 这只基金而言，其基金份额全部为上市流通份额，基金管理人为海富通基金管理有限公司，基金托管人为中国银行股份有限公司，是主要以各类债券为投资对象的开放式指数型的基金。一方面，它是一种债券型基金，因此，预期收益和风险比股票型基金、混合型基金低；另一方面，它是指数型基金，因此是一只被动型的基金。

同样为开放式基金，海富通上证可质押城投债 ETF 选择了与博时沪港深价值优选灵活配置混合型证券投资基金不同的利润分配模式。第一，只采用现金分红方式，没有收益再投资方式；第二，即使基金有收益，也不一定进行分配，需要基金收益评价日核定的基金净值增长率超过标的指数同期增长率达到 0.25% 以上；第三，一般而言，基金分配过程中均约定，基金收益分配后各类基金份额净值不能低于面值，但该基金约定，收益分配不须以弥补浮动亏损为前提，收益分配后可能使除息后的基金份额净值低于面值。

第三节　基金投资策略

本节将对购买基金前投资者应该如何准备、如何选择基金、如何卖出基金等问题进行介绍，为居民投资基金提供参考。

一、基金投资前的准备

在投资者进行基金投资之前，需要考虑以下几个问题：

第一，在对自己的风险承受能力和风险承受态度进行评估后，选择适合自己的基金品种。如果风险承受能力和风险承受态度较低，可以选择债券型或者平衡型的基金；如果风险承受能力和风险承受态度较高，可以选择股票型或者进取型的基金。

第二，投资的时间范围为中长期。除了货币市场基金之外，基金投资主要适合于中长期投资，不适合短期投资。因此，如果投资者存在长期的空闲资金，可以选择投资基金。

第三，认真阅读基金招募说明书。投资者需要仔细阅读招募说明书，充分了解基金的管理人、托管人、类型、投资目标、投资范围、费用、分红等情况。例如，基金管理公司的资质如何？基金管理团队的实力如何？基金经理以往的投资业绩、专业背景和从业经验如何？基金的申/认购费、赎回费、管理费和托管费等费用如何？等等。

第四，选择合适的投资方式。投资者需要考虑是在一级市场认购，还是在二级市场申购？购入基金之后，是选择长期持有，还是阶段性持有获取资本利得收益？这与基金的类型和价格波动密切相关，开放式基金的净值会每日波动，封闭式基金的价格经常偏离其净值。对于中小投资者而言，基金价格的波动难以把握，可以选择基金定投方式，即每隔一段时间，由银行按照约定从投资者账户中扣除固定数额的资金购入选定的基金，当基金的价格较高时，购入数额较少，当基金的价格较低时，购入数额较大。

►知识链接◄

基金常用术语

建仓：对于基金而言，建仓是指该基金在认购结束后第一次购买资产的行为；对于投资者而言，建仓是指投资者第一次购买基金的行为。

持仓：对于基金而言，持仓是指该基金持有不同资产的规模和结构；对于投资者而言，持仓是指投资人所持有的基金份额。

加仓：对于基金而言，加仓是指该基金继续购买某种资产，该种资产的比率和规模在其资产组合中进一步增加；对于投资者而言，加仓是指进一步购买所持有的基金，使所持有的基金份额增加。

补仓：对于投资者而言，如果所持有基金的净值下跌，出现亏损，这时，投资者在价格低位买进该基金从而降低成本。

满仓：对于投资者而言，满仓是指其将资金全部购买了基金，就像仓库满了一样。

半仓：对于投资者而言，账户上一半资产以基金形式持有，一半资产以现金形式持有。以此类推，如果账户上的资产80%以基金形式持有，20%以现金形式持有，就称之为八成仓。

重仓：对于基金而言，如果某种资产占其总资产的比例最大，那么，这种资产就是重仓资产。例如，如果某基金大量持有某只股票，那么，该股票即为这只基金的重仓股。对于投资者而言，如果某只基金资产占其总资产的比例较大，例如，60%的资金都投资于该基金，那么，这只基金为该投资者的重仓基金。

空仓：对于投资者而言，将某只基金全部赎回，获得现金，即为空仓。

做多：也称为多头，是指预期基金价格上升，当前以较低价格购入基金，等待基金价格上涨后获得资本利得收益。

做空：也称为空头，是指预期基金价格下跌，当前先赎回基金，等待基金价格下跌后再买入。

平仓：是针对做多和做空而言的概念，如果投资者做多，那么，先买入基金再卖出基金为平仓；如果投资者做空，那么，先卖出基金再买入基金为平仓，换句话说，平仓是指回到初始的持仓状态。

踏空：是指基金价格不断上升，价格在投资者的心理价位之上，从而导致投资者无法按照预期的价格申购，持续空仓。

逼空：做空的投资者预期基金价格下降，因此先卖出基金再买入基金。但是，现实中，基金价格一路上涨，做空的投资者的亏损不断增加，不得不在高价位买入基金平仓，这一过程称为逼空。

二、选择适合自己的基金

（一）了解不同基金的特点

1. 货币市场基金

货币市场基金是指以国库券、短期票据等货币市场工具为投资对象的基金，具有流动性好、费用低、交易方便等特点，可以作为现金、活期存款的替代工具。余额宝是货币市场基金的典型代表。

📖 **扩展阅读**

余额宝成为全球最大货币市场基金①

据英国《金融时报》报道，一个由中国一家高科技公司设立、用来存放网络购物剩余资金的货币市场基金，以 1656 亿美元的托管资金规模，成为全球最大的货币市场基金。阿里巴巴设立 4 年的余额宝基金，已超过了规模 1500 亿美元的摩根大通美国政府货币市场基金。

该基金的快速增长，凸显出中国高科技集团在人民生活中以及在金融等产业扮演的角色，当蚂蚁金服注意到其客户账号中日益增加的现金时，这个阿里巴巴主管支付业务的关联公司转向了基金管理。客户账号中的这些现金，是用来购买从咖啡到出租车服务再到冰箱的各种商品的。

通过将这些资金归并入一只基金，蚂蚁金服得以为富余资金提供回报——这很像英美经纪商在 20 世纪八九十年代对客户资金的处理方式。

余额宝迅猛增长之际，其他货币市场基金正遭遇低利率压力。在美国，类似摩根大通旗下基金的政府债务基金的规模曾在 2016 年大大膨胀，原因是监管方面的变革令资金更倾向于从投资于企业债务的"主要"货币市场基金中转移出来。不过最近几个月这一势头已然减弱，而余额宝的资金流入却依然保持强劲。

2. 债券基金

债券基金是指以国债、金融债和公司债等为投资对象的基金。债券基金的安全性

---

① 陈荣亮：《设立至今仅四年 余额宝成为全球最大货币市场基金》，载《第一财经》，2017 年 4 月 27 日。

较好，其投资标的可以提供较为稳定的利息收入，风险低于股票基金，但并不是保本基金；同时，债券基金的流动性也较好，变现成本较低，认购（申购）和赎回费用也相对较低。因此，债券基金适合风险承受能力和风险承受态度较低的投资者。

3. 股票基金

股票基金是指以股票为投资对象的基金，或者投资组合中股票占较大比重的混合型基金。它具有波动性大、预期风险高、收益高、流动性较好的特点，是长期投资的选择。股票基金比较适合于风险承受能力和风险承受态度相对较高的投资者。此外，对于风险承受能力和风险承受态度较低的投资者而言，如果对股票投资缺乏经验，或者资金规模较小无法进行分散化操作，也可以选择一定比重的股票基金进行投资。

4. 指数基金

指数基金是指以某种指数为基础，以跟踪目标指数变化为原则，将资产组合中资产的种类和比重与指数相匹配的被动型基金。指数型基金的特点如下：业绩透明度高，与所跟踪的指数变化一致；分散化强，流动性好；适合长期持有，交易费用和管理费用较低；属于被动型基金，投资者不需要对基金经理过度关注。

（二）新基金与老基金

1. 新基金的特点

投资者购买新基金是指在基金发行时从一级市场认购。

（1）新基金的优势：

第一，费率方面的优势。一般情况下，基金的认购费用往往低于申购费用，甚至还会有折扣优惠，从而降低了投资者的成本。

第二，建仓自由。在股市下跌的背景下，新基金没有建仓，或者仓位较低，因此没有损失或者损失较少，有机会建仓获取收益。

第三，发行价格购买。投资者购买新基金，可以按照1元的价格购买，对很多投资者形成了按照成本价购买的暗示。

（2）新基金的劣势：

第一，新基金没有历史。新基金没有运作历史，没有招募完成，投资者只能根据基金管理人、基金经理的背景情况进行预判。

第二，建仓成本。新基金没有建仓，在建仓过程中，也会产生建仓成本。

2. 老基金的特点

（1）老基金的优势：

第一，可以对基金进行客观评价。老基金有过往的业绩，投资者可以对基金管理团队的整体实力进行客观的判断。

第二，持仓优势。在股市上涨的背景下，老基金对强势股票已经持仓，可以较容易地分享股市上涨的收益。

（2）老基金的劣势：

第一，仓位调整成本。如果股市下跌，基金持有较高的股票仓位，则需要承担较高的仓位调整成本。

第二，高净值误解。有的老基金运作较好，基金净值增长较快，新进投资者由于错误地认为高净值等于高成本进而等于低收益而放弃对其购买。

（三）净值与规模

1. 高净值与低净值

高净值的基金通常是运作了一段时间的基金，净值的持续增长证明了基金管理团队的管理能力、选股能力、持仓结构能力等较强；低净值的基金通常是运作时间较短的基金，其基金管理团队的运营能力如何需要时间证明。同时，基金的净值虽然决定了投资者的单位投资成本，但是，投资基金的收益取决于基金净值的增量，或者基金净值的增长率。而且，即使一只基金单位净值较低，但其管理团队的能力较弱，基金净值的增长率也可能不高，甚至出现亏损。因此，高净值的基金未必"高估"，低净值的基金也未必"低估"。

2. 规模大与规模小

基金规模可以用总份额和净资产规模来表示。总份额是指某一时点发行在外的基金单位总数。封闭式基金在基金存续期内总份额不发生变化，规模不变；开放式基金受到投资者申购和赎回的影响，总份额发生变化，规模变动。基金规模并不是投资者购买基金时首要考虑的因素，但是，在投资策略、运营业绩等方面相似，当总份额存在差异时，基金规模从以下方面对投资者的收益产生影响。

第一，基金规模有较大可能会影响投资组合的流动性。如果基金的持股主要集中于盘子大、成交活跃的资产，那么，基金仓位调整和流动性变现会较为顺畅；但是，如果基金持股主要集中在少数资产上，基金本身规模较大，在调整资产组合时，大规模出售资产会对该资产价格产生猛烈的冲击，从而造成"出售资产—价格下降—进一步出售资产变现"的恶性循环。

第二，基金规模较大可能会降低费用。规模经济规律告诉我们，随着数量的增加，平均固定成本降低。因此，随着基金规模增大，管理基金的平均固定成本降低，具有降低基金费率的可能性。例如，对于5亿元规模的基金和50亿元规模的基金而言，如果管理费都为1%，那么，前者的管理费收入比后者少得多。此外，债券型基金之间的业绩相差不大，但是，费率较低的基金可能会明显提高投资者的收益。

（四）基金投资组合的选择

"不要把鸡蛋放在同一个篮子里，也不要把篮子挑在同一个肩膀上。"投资基金就是分散风险的过程。为了更好地分散风险，投资者可以建立基金投资组合。

1. 选择不同投资风格的基金进行组合

基金的投资风格有很多种，不同投资风格的基金在不同市场情况下的表现可能会有很大的差异性，因此，可以选择不同投资风格的基金构建投资组合，但是，不建议选择同一家基金公司的基金进行组合。

2. 选择不同投资方向的基金进行组合

目前市场上基金的投资方向多种多样，可以选择基础资产具有负向相关性的基金构建自己的基金组合，从而进一步分散风险。

三、基金出售

（一）出售基金的情况

第一，收益达到一定程度。基金可以作为中长期投资工具，但并不意味着需要一直持有。如果一只基金的年收益率达到了 20%，对于基金而言，这是较高的收益率，投资者可以考虑将基金出售，避免承担基金价格下降的风险。

第二，投资者有变现需求。当投资者有变现需求时，可以考虑出售所持有的基金。货币市场基金流动性最高，变现成本最低；股票型基金变现的成本主要来自基金净值或者价格的变化，如果在投资者有变现需求时，正巧为股市下跌时期，那么，投资者的损失较大。

第三，市场前景看跌。在股票市场长期熊市的背景下，如果投资者手中持有大量的股票型基金，那么，该基金很可能长期处于亏损状况，投资者可以将股票型基金转为其他相对保守的资产。

第四，基金缺乏前景。在投资一段时间后，如果投资者所持有的基金在同类基金中排名靠后，并且始终没有起色，一直处于亏损状态，那么，该基金可能很难回到原来的价位，投资者可以考虑出售该基金，选择新的资产。

第五，基金基本条件变动。如果基金经理、基金投资策略等基金的基本条件发生变动，那么，投资者需要考虑该基金是否还适合自己，基金经理是否值得信任，如果答案是否定的，那么，投资者可以考虑出售该基金。

（二）出售基金的时机

基金作为一种中长期投资工具，不适合频繁的短线操作，但在出售基金时，需要对出售基金的时机加以选择。

第一，在预期基金价格下跌的时候出售。根据债券和股票的定价公式可知，利率上升会导致债券和股票价格下跌，进而影响到债券型基金和股票型基金的收益，因此，在预期利率上升的情况下，投资者可以减少对债券型、股票型基金的投资。

第二，股票型基金在股市价格上涨时出售。股票型基金的走势通常与股票市场价格走势一致，如果在股市下跌的时候出售基金，投资者需要承担相应的损失。

📖 **扩展阅读**

投资人在投资基金的过程中，至少存在着以下 13 个投资误区，走出这些误区，对投资人获得更好的投资收益将会有很大的帮助。

1. 买新不买老

部分投资人往往只在基金公司推出新基金时才去购买，有些人甚至为了购买新基金，不惜将涨得较多的老基金出售。新基金没有过往业绩，投资策略没有经过实践检验，投资人无从判断其管理能力的优劣；而投资人却可以通过研究老基金的过往业绩，分析其业绩表现的优劣，作为投资依据。因此，老基金应当是投资人选择的重点。

2. 高净值恐惧症

投资人将基金单位净值的高低作为投资依据是基金投资的另一个误区。在相同情况下，基金单位净值高是基金业绩表现优异和基金公司管理能力强的表现。基金的上涨空间取决于股票市场的总体表现和基金公司的管理能力，与基金单位净值的高低没有关系。

3. 频繁短线操作

基金的交易成本较高，不能像操作股票一样频繁买卖。频繁短线操作，不可避免地会增加交易成本，减少投资收益。

4. 缺乏风险意识，误认为专家理财不会赔钱

要知道专家也是人，不是"神"，一样会犯错误。

5. 认为分红后投资人的实际收益减少

分红后，基金单位净值会出现突然下降的情况，这并不意味着投资人的收益减少。分红使得基金单位净值下降，但是基金累计单位净值依然不变，投资人的实际收益也没有改变。

6. 认为长期投资就是买了就不卖

长期投资并不意味着买入基金后就不卖出，投资人应该进行大波段操作，比如在市场处于高位时卖出，在低位时再买回来。

7. 将所有鸡蛋放在同一个篮子里

投资人应该进行基金组合投资，而不应该"孤注一掷"。

8. 盲目追求新产品

部分投资人在挑选基金产品时，盲目追求"第一只"的产品，认为最新的就是最好的。事实上，基金产品的创新都有一定的风险，而这种风险最终还是要由投资人承担。

9. 盲目迷信明星基金经理

一个基金经理要成为明星经理，至少需要有 10 年以上的优秀投资业绩。而市场上

的所谓明星经理大多是"流星经理"。

10. 投资过于分散

有些投资人的基金组合包括10~20只基金，美其名曰"分散投资"，而过于分散的投资会降低投资效率。

11. 过分注重基金发行规模

一些投资人认为基金规模越大越好，这是不正确的。过大的规模会制约基金的业绩表现。

12. 只认现金分红，排斥红利再投资

基金管理人在基金分配时都采取"二选一"的收益分配模式。但出于惯性的投资思维和落袋为安的想法，众多投资人远离红利再投资。其实，红利再投资是一种互赢的分配模式，一是可以使投资人获得既定的投资收益，二是可以减少基金管理人因大量派现导致的现金流减少。

13. 只看净值，不看基本面

一只基金的未来业绩增长潜力，主要来自基金管理人管理和运作基金的能力，特别是基金配置品种的持续增长潜力。一些投资人仅以净值的高低作为判断基金优劣的标准，而不研究和分析基金定期报告，不了解基金持仓品种的变化，这样就难以挑选到好的基金。[1]

本 章 小 结

证券投资基金是指由发行基金单位发行，由基金托管人托管的基金，基金管理人将集中的资金进行组合投资，具有集合投资、风险分散、专家理财、流动性强等特点。根据基金单位是否可以随时申购和赎回，基金可以分为开放式基金和封闭式基金；根据组织形式不同，基金可以分为契约型基金和公司型基金。证券投资基金的运作涉及多个当事人，具体包括基金投资人、基金管理人、基金托管人以及基金销售机构、过户代理商、会计师、律师等中介服务机构。基金的运作包括基金的设立、发行与交易、基金投资管理等内容。基金费用按照收取对象不同分为两种：一种是基金管理人向投资人收取的费用；另一种是基金管理人和托管人向基金资产收取的费用。基金分红是指基金将收益的一部分派发给基金投资人。封闭式基金的规模不能发生变动，因此只能采用现金分红的方式进行收益分配；开放式基金可以采用现金分红和再投资两种方式进行收益分配。在投资基金之前，投资者应该对自己的风险偏好、投资期限等进行估计，并认真阅读基金招募说明书，进而选择所要投资的基金；在购买基金之时，要

---

[1] 刘彦斌：《理财工具箱》，中信出版社2012年版，第55~57页。

明确不同类型基金的特点，选择适合自己的投资方式；在出售基金之时，要把握出售基金的情况和时机。

基本概念

　　基金　伞形基金　基金中基金　ETF　LOF

复习思考题

　　1. 开放式基金和封闭式基金存在哪些区别？

　　2. 契约型基金和公司型基金存在哪些区别？

　　3. 基金的费用包括哪些？

　　4. 谈一谈在购买和出售基金的过程中，应该注意哪些问题。

第九章

互联网金融产品与理财

本章学习目标

- 了解互联网金融与金融互联网的联系和区别；
- 掌握互联网金融的主要类型；
- 理解参与 P2P 网贷平台需要注意的问题；
- 掌握股权众筹投资应该注意的问题。

本章基本内容

在对中国互联网发展现状进行介绍的基础上，指出"互联网＋"的基本特征，阐述互联网金融与金融互联网的基本区别，梳理互联网金融的基本类型，并以 P2P 网络平台贷款和股权众筹为侧重点，说明投资者在参与互联网金融过程中需要注意的问题。其中，在 P2P 网络平台贷款方面，阐述 P2P 网络平台贷款的基本知识，并以拍拍贷、陆金服为例进行案例分析；在股权众筹方面，阐述股权众筹的基本知识，并以京东股权众筹为例进行案例分析。

第一节　互联网金融的基本知识

本节将对互联网金融的基本知识进行讲解，介绍中国互联网的发展状况，归纳"互联网＋"的基本特征，辨析互联网金融与金融互联网的区别和联系。

一、互联网与"互联网＋"

（一）中国互联网的发展现状

根据第 42 次中国互联网络发展状况统计报告显示，截至 2018 年 6 月，中国网民规模达 8.02 亿，较 2017 年底共计新增网民 2968 万人；互联网普及率为 57.7%；中国手机网民规模达 7.88 亿，较 2017 年底增加 3509 万人；中国网民中农村网民占比 26.3%，规模为 2.11 亿；城镇网民占比 73.7%，规模为 5.91 亿；中国网民通过台式电脑和笔记本电脑接入互联网的比例分别为 48.9% 和 34.5%；手机上网使用率为 98.3%，较 2017 年底提高了 1 个百分点；网民使用电视上网的比例达 29.7%，较 2017 年末提升了 1.5 个百分点；我国互联网理财使用率由 2017 年末的 16.7% 提升至 2018 年 6 月的 21.0%，互联网理财用户增加了 3974 万，半年增长率达 30.9%。① 互联网的迅速发展离不开互联网本身所具有的资源共享、跨越时空、实时交互、差异化、人性化、公平性等优势和特点。

（二）"互联网 +"的特征

2015 年 3 月，在十二届全国人大三次会议上，李克强总理在政府工作报告中首次提出了"互联网 +"的行动计划。"互联网 +"是一种新的经济形态，是将互联网与社会经济、文化、生活等各个领域深度融合的过程。主要具有以下特征：

第一，跨界融合，创新推动。"互联网 +"中的" +"意味着行业之间的跨界、融合、协同，对生产要素、生产结构和生产关系进行重塑，对不同主体之间的地位和作用进行重新整合，形成新的创新动能。

第二，开放生态，尊重人性。互联网本身就是开放的，"互联网 +"将互联网开放性与传统行业、传统产业相融合、再造，将原始的、封闭的行业生态打开缺口，将不同的行业、产业结合起来。而且，"互联网 +"的过程体现了对人性最大限度的尊重，体现了对个人差异化需求的满足。

第三，信息交换，物流链接。互联网最大的特点在于信息交换的实时性、快捷性、低成本化。"互联网 +"不仅是互联网对传统行业、传统产业的融入，也是传统行业、传统产业对互联网的利用和探索，有助于实现有效、精准的物流链接。

二、互联网金融与金融互联网

金融具有支付和清算、筹集资金、股权细化、跨时空资金转移、风险管理、信息提供、解决激励问题六大基础功能，互联网的介入对金融功能实现的方式产生了影响。互联网与金融的深入融合，形成了当今互联网金融的新业态。但是，互联网金融的本质仍然属于金融，没有改变金融风险隐蔽性、传染性、广泛性和突发性的特点。

（一）互联网金融

谢平和邹传伟（2012）首次提出了互联网金融的概念，认为互联网金融模式是

---

① 中国互联网数据中心网站。

"既不同于商业银行间接融资，也不同于资本市场直接融资的第三种金融融资模式"。《关于促进互联网金融健康发展的指导意见》指出，互联网金融是传统金融机构与互联网企业利用互联网技术和信息通信技术实现资金融通、支付、投资和信息中介服务的新型金融业务模式，并将互联网金融分为六种类型。

1. 互联网支付

互联网支付是指以手机、计算机等物理设备为依托，通过互联网发起、传递和接收支付命令，从而完成资金转移的服务方式。在我国，中国人民银行负责监管互联网支付业务。

📖 **扩展阅读**

第三方支付是互联网金融中支付的主要形式，即取得支付业务许可证的非金融机构作为交易支持和信用中介平台，借助互联网等现代信息技术在商家、网购消费者和银行之间建立起连接，为商家和网购消费者提供的支付中介服务。主要包括银行卡收单、网络支付和预付卡的发行与受理，其中，网络支付是重要内容。从具体形式看，银联、快钱等没有自己的电子商务网站，只提供第三方支付功能，支付宝、财付通等依托于自有的电子商务平台提供支付服务。

根据中国电信《2017 互联网第三方支付大数据解析》，我国的第三方支付具有如下特点：

第一，行业集中度极高。从第三方支付的月度活跃用户来看，虽然 BAT（百度、阿里巴巴、腾讯）依然占据前三的位置，但是百度钱包在月度活跃用户上明显落后，整个第三方支付的行业集中度极高，支付宝和财付通在排名前五的月度活跃用户中占比超过 90%，其行业领导地位更加突出，暂时未发现有能够在短期内挑战二者地位的支付应用（见图 9-1）。

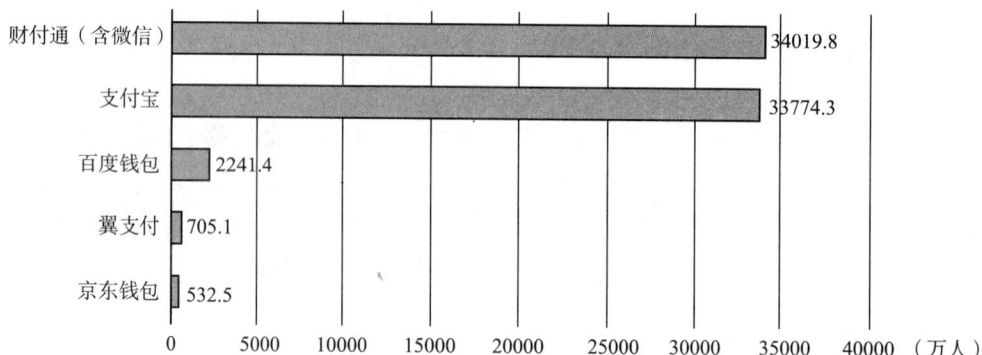

图 9-1　2017 年 1 月第三方支付 App 排名

第二，第三方支付向高年龄层群体扩散，覆盖基数提高。随着智能手机和移动支付的不断普及，第三方支付正在向高年龄层人群扩散。最新数据显示，2016～2017 年，

35 岁以上的人群中第三方支付的使用比例提升了 8.1 个百分点，随着年龄层次的横向迁移，必然带来更多长尾用户，为行业的高速增长创造条件（见图 9 - 2）。

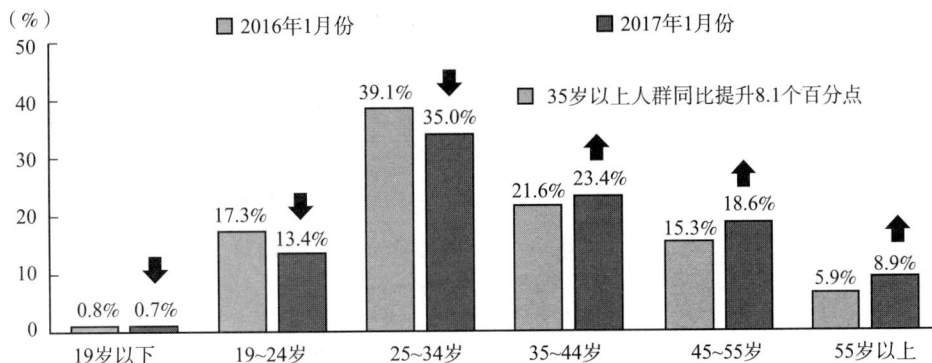

图 9 - 2　第三方支付用户的年龄变迁

第三，移动支付用户较其他用户的互联网活跃度更高，O2O 领域尤甚。移动支付人群的互联网活跃度普遍高于非移动支付人群 30% 以上，其对使用场景的依赖较为强烈。由于移动支付具有天然的 O2O 属性，因此经常使用移动支付的用户在以外卖团购和生活娱乐为代表的 O2O 领域，其活跃度与非移动支付用户的差异度极大，接近50%。而金融领域紧随其后，其互联网活跃度的差异高达 43.3%。[①]

2. 网络借贷

网络借贷主要包括个体网络借贷（即 P2P 网络平台贷款）和网络小额贷款。个体网络借贷是指互联网平台作为信息中介，连接资金需求者和资金供给者，从而实现资金使用权的转移；网络小额贷款是指互联网企业通过其控制的小额贷款公司，以互联网为依托，通过大数据分析，向其网络内的客户提供贷款。在我国，银保监会及各省金融工作办公室负责监管网络借贷业务。

案例分析

阿里网络小额贷款

在网络小额贷款领域，阿里旗下的金融集团发展较快。在阿里小贷时期，依托于支付宝的流量和数据开发了淘宝（天猫）订单贷款、淘宝（天猫）信用贷款、淘宝（天猫）聚划算专用贷款、阿里信用贷款等产品。这些贷款一般为信用贷款，不需要小微企业提交任何担保或抵押，以日计息，随借随还。

---

① 中国电信：《2017 互联网第三方支付大数据解析》。

（1）淘宝（天猫）订单贷款。

淘宝（天猫）卖家以个人（企业）名义，用店铺中处于"卖家已发货，买家未确认收货"状态的订单申请贷款，系统会对这些订单进行评估，在满足条件的订单总金额范围内计算出可申请的最高贷款金额，发放贷款。

在这种贷款下，买家已经将货款打入了支付宝，但没有确认收货，货款没有打入商家的账户，因此，支付宝项下的款项为这种贷款提供了全额担保，贷款风险很低。

（2）淘宝（天猫）信用贷款。

淘宝（天猫）信用贷款提供给淘宝店主（天猫商户），无需抵押或担保。系统在综合评价申请人的资信状况、授信风险和信用需求等因素后自动核定授信额度。

在这种贷款下，贷款人与借款人已经建立了长期的联系，贷款人对借款人的情况较为了解，很大程度上降低了信息不对称，因此，对于贷款人而言，即使是信用贷款，信用风险也较低。

（3）淘宝（天猫）聚划算专项贷款。

淘宝（天猫）聚划算专项贷款提供给参加聚划算活动的淘宝（天猫）卖家。卖家成功参加聚划算活动，在冻结保证金之前，系统会根据卖家店铺的运营状况以及参团商品属性给予综合评估，最高可以申请到100万元的信用额度。聚划算专项贷款只能用于冻结聚划算保证金。

在这种贷款下，贷款的用途十分明确，用于冻结聚划算保证金。从借款人的角度看，这种贷款提供了获得额外资金的途径，避免了由于缺乏保证金而无法参与聚划算活动；从贷款人的角度看，资金用途明确，而且可控，风险极低。

（4）阿里信用贷款。

阿里巴巴B2B电子商务平台上的诚信通（中国站用户）或中国供应商会员（国际站用户）无需提供担保即可申请。在综合评价申请人的资信状况、授信风险和信用需求等因素后核定授信额度，额度为2万~100万元。

在这种贷款下，借款人受到了限制，主要针对诚信通和中国供应商会员，并在此基础上进行贷款额度的调整，通过信息的搜集与整理，信息不对称问题也能够较好地解决。

后来，阿里小贷并入蚂蚁金服后更名为蚂蚁小贷，在网商银行成立后，小额贷款归入网商银行。此外，蚂蚁金服还提供花呗、借呗两款消费者信用贷款，并且实现了花呗、借呗的资产证券化运作，保证了资金的回流。

3. 股权众筹融资

股权众筹融资是指通过互联网方式实现公开小额股权融资的活动，通常融资企业出让一定比例的股份，面向投资者，投资者通过出资入股公司，获得未来收益，是众筹在金融领域的重要应用。众筹通常采取私募股权的方式，对投资者的限制和要求较高。在我国，证监会负责监管股权众筹融资业务。

4. 互联网基金销售

互联网基金销售是指通过互联网销售基金的行为。互联网平台通常只是基金的销售方，不得通过违规承诺收益的方式吸引投资者。而且，具有第三方支付资质的互联网企业，不得将客户的备付金用于垫付基金和其他理财产品的赎回。在我国，证监会负责监管互联网基金销售业务。

5. 互联网保险

互联网保险不仅是以互联网为媒介的保险营销方式和销售方式，也是涵盖了信息咨询、保险设计、投保、核保、承包、变更、理赔等保险全过程甚至网络化机构的新形式。专业的互联网保险公司将互联网与保险相结合，提供有针对性、差异化、个性化的保险服务。2013 年 2 月，我国首家试点的网络保险公司"众安在线财产保险股份有限公司"被保监会批准筹建，该公司由阿里巴巴的马云、中国平安的马明哲、腾讯的马化腾联手设立。在我国，银保监会负责监管互联网保险业务。

6. 互联网信托和互联网消费金融

信托公司通过互联网开展业务的，需要对客户身份和客户风险承受能力进行甄别和判断，不能将产品销售给与产品风险特征不匹配的客户。互联网消费金融指依托互联网技术发展起来的新型消费金融模式，即借助网络进行线上的审核、放款、消费、还款等业务流程。2013 年，随着分期乐等互联网公司的成立，消费金融开始进入大众的视线内。根据艾瑞咨询发布的《2017 消费金融洞察报告》，互联网消费金融从 2013 年开始到 2016 年，其交易规模从 60 亿元增长到了 4367.1 亿元，年均复合增长率达到了 317.5%。按照企业业务类型分类，互联网消费金融公司可以分成电子商务系（如京东白条、蚂蚁花呗）、网络借贷系（如拍拍贷、惠人贷）、纯消费金融系（如分期乐、趣店）。在我国，银保监会负责监管互联网信托和互联网消费金融。

（二）金融互联网

金融互联网是指传统的金融业务与互联网相结合，从实体化向电子化、网络化转变的过程，是金融业务从线下到线上、从网下到网上的扩展。金融互联网和互联网金融主要存在以下区别：

第一，产品特点不同。金融互联网主要遵循从产品到客户的原则，将互联网方式融入产品设计和销售中，为了降低成本，产品同质化程度较高，主要集中在一般金融产品的便利性创新方面；互联网金融以互联网思维为基础，通过大数据分析获得第一手数据，按照从客户到产品的原则，所设计的产品更加具有差异性和个性化。

第二，交易方式不同。金融互联网主要通过金融机构扮演中介的角色，实现间接交易，通常金额较大、频率较低，金融中介的存在可以降低信息不对称带来的问题；互联网金融强调去中介化（如 P2P 网络平台贷款），不受时间和空间的限制，通常金额较小、频率较高，主要依靠互联网信息收集和共享降低信息不对称。

第三，监管不同。金融互联网受到较为严格的监管，《银行法》《证券法》等法律法规对金融行业和金融机构的监管较为全面和系统，金融监管机构也相对较多；根据《关于促进互联网金融健康发展的指导意见》，互联网金融也纳入了金融体系的监管框架下，但监管相对薄弱。

📖 **扩展阅读**

在百度、阿里、腾讯等互联网巨头纷纷涉足金融领域之时，中国建设银行、中国工商银行等商业银行也不甘落后，开办了自己的网上商城。银行开展网上商城业务，可以直接对商城中交易的买卖双方提供金融服务，促使资金在该银行体系内部循环，有利于稳定客户群体、保持与客户的联系，从而降低信息不对称。而且，通过网上商城的服务，银行可以获得商家和消费者的交易数据，有助于新产品的研发和营销推广。

（1）中国建设银行——善融商务。

善融商务以"亦商亦融，买卖轻松"为出发点，面向广大企业和个人提供专业化的电子商务服务和金融支持服务。在电商服务方面，提供 B2B 和 B2C 客户操作模式，涵盖商品批发、商品零售、房屋交易等领域，为客户提供信息发布、交易撮合、社区服务、在线财务管理、在线客服等配套服务；在金融服务方面，为客户提供从支付结算、托管、担保到融资服务的全方位金融服务。

（2）中国工商银行——融 e 购。

融 e 购商城是中国工商银行旗下的电子商务平台，汇集了数码家电、汽车、金融产品、服装鞋帽、食品饮料、珠宝礼品、交通旅游等十几个行业数百个知名品牌，近万件商品。

（3）交通银行——交博汇。

"交博汇"是 B2B 和 B2C 综合电子商务平台。"交"代表交通银行；"博"代表博览会，具有多、广、大的含义；"汇"有汇聚、交汇的意思。通过"交博汇"，企业可以在十分钟内建立一个自己的网上商务平台，实现商品销售、企业采购、企业收款、品牌推广、在线促销、信息资讯、金融理财、融资授信等众多服务。

此外，许多商业银行将手机银行 App 与电子商城业务相结合。例如，招商银行的掌上生活 App，在 App 内提供优质商品的交易，直接提供信用贷款、分期付款等服务，记录客户的消费习惯，满足客户的需求。

第二节　P2P 网络平台贷款与理财

P2P 网络平台贷款是居民参与互联网金融的重要方式。本节将对 P2P 网络平台贷款的基本模式和流程进行介绍，对我国 P2P 网络平台贷款的发展情况进行梳理，对居民如何参与 P2P 网络平台贷款进行案例分析，并提出相关建议。

一、P2P 网络平台贷款的基本知识

（一）P2P 网络平台贷款的基本模式

P2P 网络平台贷款，即 peer-to-peer lending，是指资金需求者和资金供给者通过互联网贷款平台直接进行资金融通的过程。从世界范围看，P2P 网络平台主要包括以下三种模式：

第一，非营利的公益型信息平台。如 Kiva，它致力于向发展中国家的创业者提供小额贷款。首先小额贷款机构获得贷款申请者的基本信息，并公布在 Kiva 网站上；网站根据前期贷款偿还情况、经营时间和贷款总金额等因素将申请者分级；放款人通过网站选择放款对象，将资金转移给 Kiva，Kiva 再将资金以免息或低息的方式借给相应的小额贷款机构，然后再贷给申请者，从而实现资金的跨国界流通。

第二，单纯中介的盈利型信息平台。如 Prosper，它是美国第一家 P2P 借贷平台。用户若有贷款需求，可在网站上列出期望数额和可承受的最高利率，贷款人根据借款人的个人经历、朋友评价和社会机构的从属关系对借款人进行判断，并对贷款金额和利率展开竞价，竞拍结束后，Prosper 撮合最低利率贷款人与借款人成交，并从借款人处提取每笔贷款金额的 1% ~ 3% 作为费用，从贷款人处按年总贷款的 1% 收取服务费。

第三，复合中介的盈利型信息平台。它不仅是信息中介，还是担保人、联合追款人、利率指定人。如 Zopa，客户在 Zopa 平台内注册，填写详尽的个人资料，借款人在核定当日借款利率的基础上，在平台上录入关于自身及家庭情况、借款用途、借款金额、信用等级、最高借款利率等信息，平台根据其信用等级安排进入相应等级的细分市场，贷款人根据平台信息选择特定信用评级的贷款对象，结合借款期限选择贷款市场，并对感兴趣的项目进行利率竞标、设定贷款金额，中标后贷款人将资金转入 Zopa 账户内，经过 Zopa 平台管理层考察核准，借款人在确定是否申请还款保障保险之后，资金转入借款人账户。Zopa 从借款人处按每笔借款金额的 0.5% 收取服务费，从贷款人处收取年贷款额 0.5% 的服务费。

（二）P2P 网络平台贷款的基本流程

一般而言，P2P 网络平台贷款的基本流程如下（见图 9 - 3）：

第一步，借款人和贷款人（投资者）选择适合自己的 P2P 网络平台，在网络平台上注册账户，成为网络平台的会员，通常也需要在网络贷款平台指定的第三方支付平台开设账户，以保证转账顺利进行。

第二步，借款人提出借款需求，平台对借款人的基本情况进行审核，审核通过后，在平台上发布借款标的，包括需求资金规模、利率、期限、评级级别等内容。

第三步，投资者根据自己的偏好，对不同收益、风险和期限的投资标的进行竞标，竞标成功的投资者通过第三方支付平台将资金转移给借款人，借款人收到资金进行投资。

第四步，贷款到期时，借款人偿还借款，投资者收回本金和利息，并支付相关费用。如果借款人到期未能偿还借款，网络贷款平台帮助催收，一般情况下，网络平台没有代为偿付的义务。

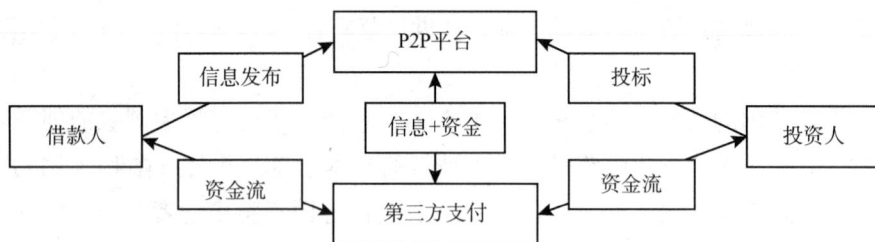

图 9 - 3   P2P 网络平台贷款的流程

二、我国 P2P 网络贷款平台的发展概况①

自 2007 年 6 月拍拍贷落户上海开始，我国 P2P 网络贷款平台以较高的预期收益率和方便的投融资方式吸引了大量的参与者，发展十分迅速，业务涵盖了个人信贷、企业信贷、车贷、房贷、供应链金融、融资租赁、票据、艺术品质押、农村金融、消费金融等多个领域。但 2016 年之后，大量 P2P 平台出现了无法兑付甚至破产倒闭的问题，P2P 投资风险显著上升。截至 2018 年 8 月，我国 P2P 网络平台累计数量 6385 家，其中，正常运营数量 1662 家，转型及停业平台 2413 家，累计问题平台 2310 家，正常运营平台占比仅为 26%，问题平台占比高达 36%，风险极高。

根据 2018 年 8 月的数据，我国 P2P 网络平台贷款待还余额 9561.48 亿元，参考收益率 9.76%，平均借款期限 12.99 个月，从地域分布看，广东、北京、浙江、上海 P2P 网络平台贷款数量较多，成交更加活跃（见表 9 - 1）。

表 9 - 1   2018 年 8 月我国 P2P 网络平台贷款情况

地域	成交量（亿元）	运营平台数量	问题平台数量	待还余额（亿元）	参考收益率（%）	平均借款期限（月）
全国	1447.54	1662	2310	9561.48	9.76	12.99
广东	281.86	331	358	1540.63	9.91	7.4

---

① 本小节数据来源于网贷之家网站。

续表

地域	成交量（亿元）	运营平台数量	问题平台数量	待还余额（亿元）	参考收益率（%）	平均借款期限（月）
北京	468.88	312	199	3703.6	10.02	16.66
浙江	213.91	231	312	808.83	8.22	4.24
上海	357.34	208	285	2741.77	10.06	20.55
江苏	7.1	53	134	129.47	10.02	5.67
山东	4.8	64	353	44.21	9.56	5.15
湖北	8.4	45	58	62.11	12.71	6.5
四川	4.38	30	64	35.09	12.07	6.78
其他	100.88	388	547	495.77	10.03	5.04

资料来源：网贷之家网站。

从平台类型上看，P2P 网络贷款平台主要包括民营系、银行系、上市系、国资系、风投系几种类型。其中，民营系是 P2P 网络贷款平台的主体，占整体平台数量的 91.4%，占整体运营平台数量的 71%，占整体问题平台数量的 97.8%，是风险最高的 P2P 平台类型；而银行系 P2P 网络贷款平台只有 15 家，参考收益率较低，仅为 6.6%，平均借款期限较长，安全性和稳定性较好。2018 年 8 月不同类型 P2P 平台的运营情况见表 9－2。

表 9－2　　　　　　　　　2018 年 8 月不同类型 P2P 平台的运营情况

地域	成交量（亿元）	运营平台数量	问题平台数量	待还余额（亿元）	参考收益率（%）	平均借款期限（月）
民营系	539.4	1185	2259	3317.97	10.23	9.46
银行系	200.16	15	0	1715.01	6.6	22.74
上市系	515.05	110	6	3671.61	8	14.87
国资系	109.32	190	66	1215.94	8.04	7.97
风投系	774.62	146	4	4688.92	9.74	15.15

资料来源：网贷之家网站。

三、P2P 网络平台贷款案例分析

（一）拍拍贷

拍拍贷成立于 2007 年 6 月，全称为"上海拍拍贷金融信息服务有限公司"，总部位于上海，是国内首家纯信用无担保网络借贷平台，同时也是第一家由工商部门批准、获得"金融信息服务"资质的互联网金融（ITFIN）平台，注册资本10000万元。拍拍贷的最大特点在于采用纯线上模式运作，平台本身不参与借款，而是实施信息匹配、工具支持和服务等功能，借款人的借款利率在最高利率限制下，由自己设定，是最典型的P2P网络平台形式。此外，拍拍贷推出了实时数据显示系统，在保护借款人隐私的同时，投资人可看到每一笔正在发生的借贷交易，包括地理位置、借款人姓氏、借款金额等信息。

1. 安全保障体系

风险控制是P2P平台需要解决的重要问题，拍拍贷的风险控制和安全保障体系主要包括以下六个方面。

（1）借款审核体系。

第一，创立了魔镜系统。拍拍贷基于大数据分析，自主研发了魔镜风险评估系统，针对每一笔借款，风险模型会给出一个风险评分，以反映对逾期率的预测。每一个评分区间会以一个字母评级的形式展示给借入者和借出者，从AA到F，风险依次上升。

第二，征信分析。运用大数据进行征信，采集多达1000个维度的数据，进行全方位数据分析。

第三，反欺诈。P2P建立了专业的反欺诈团队，运用大数据和专业的分析工具进行反欺诈分析。

（2）专注于个人消费借款。

拍拍贷采取实名认证的方式，以1000~200000元的个人消费贷款为主，单笔借款额度低，采取一对多的交易机制，风险分散。

（3）风险匹配。

拍拍贷按照借款人违约风险、魔镜等级等维度，将投资范围分为低风险收益区、中风险收益区、高风险收益区，并且对高风险收益区的标的设置了权限，只有符合条件的投资人才可以开通高风险收益区的投资权限。

（4）贷后管理。

第一，拍拍贷设有催收团队，并委托专业的资产管理公司进行催收。

第二，针对标记为"赔"的标的，提供质保服务。根据出借人、借款人以及拍拍贷（作为居间人）签订的《借款协议》的约定，借款人按照经拍拍贷平台撮合借得资金的一定比例向拍拍贷交付款项并由拍拍贷代为保管，作为质保专款。质保专款存放于商业银行存管账户中，对标记为"赔"的借款所涉及的出借人进行质保赔付时以质保专款账户的资金总额为限。

（5）银行存管。

拍拍贷已在招商银行股份有限公司上海分行开立借贷资金存管专户。

（6）数据安全与隐私保护。

拍拍贷设置了三层防火墙，隔离系统的访问层、应用层和数据层集群，拥有有效的入侵防范及容灾备份，确保交易数据安全。同时，拍拍贷用户的所有个人信息都经过 MD5 加密处理，并且对公司内部不同员工设置不同权限，防止内部工作过程中泄密客户信息

2. 客户参与

居民可以从借款和投资两个方面参与拍拍贷的运作。

（1）借款参与。

一般工薪族、私营业主、网购达人可以在拍拍贷平台申请借款，其中，首次申请普通借款，年龄范围需在 19 ~ 55 周岁之间，再次申请普通借款，年龄范围需在 21 ~ 55 周岁之间。

借款人需要提供身份证明、收入证明、营业执照、支付宝年度对账单等资料进行信息审核，提交材料越详细、越清晰，评级相对越高。在完善身份信息之后，借款人选择借款标的发布并上传资料，如果资料齐全，一般会在 3 ~ 5 个工作日审核完毕。在借款成功后，资金进入借款人的拍拍贷账户，借款人可以将其转移至借记卡账户中。在借款过程中，可以选择多种还款方式，其中选择等额本息、按月还款模式的较多。

借款人需要支付借款利息和相关费用。

①利息。借款利率已经在借款合约中明确，需要根据还款模式进行支付。此外，如果借入者逾期，需向借出者支付逾期利息。如果借款期限大于 6 个月，按年化利率 24% 收取逾期利息；如果借款期限小于等于 6 个月，按年化利率 22.4% 收取逾期利息。

②费用。借款人除了支付利息之外，还需要支付各项费用。第一，借款手续费。对于首次借款人而言，根据魔镜等级不同，在借款成功后，收取本金 1.5% ~ 11.5% 的手续费，同时，对魔镜等级为 D ~ G 的借款人收取 8% ~ 19.5% 的质保专款；对于二次借款人而言，借款的手续费不变，但质保专款有所变化，对魔镜等级为 D ~ G 的借款人收取 4% ~ 20% 的质保专款。第二，创建列表费用。如果借款连续失败或撤回 ≥5 次，再次发布借款需要收取 10 元的创建列表费。第三，催收费。如果借款人逾期，除需向借出者支付逾期利益、利息和本金外，还应当向拍拍贷支付催收费。

（2）投资参与。

投资人需要在拍拍贷开立账户，并进行相应风险评级，选择是否开通高风险收益区。拍拍贷平台主要包括三类投资品种：

第一，散标。投资人可以根据风险等级（低风险、中风险、高风险）、魔镜等级、利率、是否为赔标等条件，选择适合自己的散标，并进行投资。

第二，债权转让。投资人可以对转让的债权进行投资，同样可以根据风险等级、魔镜等级、剩余天数、距下次还款时间等条件进行选择。

第三，其他理财产品。例如，拍拍贷推出了懒人计划，投资人的资金通过自动交易系统按照确定的预期收益率自动投资到平台上的借款标的中，投资人不需要筛选标的，只需要选择期限即可，是一种一个投资人对应多个投资标的的形式，投资更加分

散，投资门槛低，100元即可，期限选择较多，包括14天、1个月、2个月、3个月、4个月、6个月、12个月等，预期收益率相对较高，但不支持资金的提前赎回。

3. 对拍拍贷的评价

拍拍贷作为国内首家纯信用无担保网络借贷平台，经营时间较长，拥有自主研发的魔镜评级系统，构建了涵盖六方面的安全保障体系，设立了质保资金，对风险进行了分区，使投资人与投资标的的风险相匹配。同时，其产品主要针对消费金融服务，数额小、风险分散，预期收益率较高，期限选择多样，无论是对于借款者还是投资人而言，拍拍贷都丰富了其借款渠道和投资组合。

但是，拍拍贷采取纯线上的运作模式，对于借款人的资金用途无法贷前审核，换句话说，借款人是否还钱依赖于借款人本身的信用等级，而不是借款人投资项目所产生的收入。同时，虽然拍拍贷对借款人资料进行审核，但很多情况下无法辨别材料的真实性和有效性。而且，借款的成本相对较高，不仅需要支付较高的利息，还需要支付多项费用。此外，平台上产品的数量并不固定，有时会出现低风险的赔标较少的情况，使投资人无法选择到合适的产品。

（二）陆金服

陆金服是陆金所旗下的 P2P 平台。陆金服向投资方（投资人）和融资方（借款人）提供服务，帮助双方快捷方便地完成投资和借贷。与拍拍贷不同，陆金服采用了"信息中介 + 担保"的模式，借款期限主要为 1 年、2 年和 3 年，最小投资额度为10000 元人民币，借款人按照等额本息按月还款，预期收益相对较高。在借贷合同履行期间，投资人不能提前终止合同。但若借款人出现违约或资产负债情况发生变化，投资人有权委托陆金服提前终止合同。

1. 主要产品

（1）稳盈 – 安 e。

"稳盈 – 安 e"是低风险的个人投融资服务。所有"稳盈 – 安 e"均由中国平安旗下担保公司（平安融资担保（天津）有限公司或平安普惠融资担保有限公司）承担担保责任。若借款方未能履行还款责任，担保公司将对未被偿还的剩余本金和截至代偿日的全部应还未还利息与罚息进行全额偿付。其预期收益率在 6.5% 以上。陆金服提供7 × 24 小时服务，每天任何时候均可投资。同时，还提供债权转让服务。

①借款。在陆金服平台借款，需要按照以下流程进行：

第一步，注册认证。借款人到陆金服网站进行注册，填写真实的个人资料，填写并提交借款申请，签署《个人借款及担保协议》。

第二步，申请担保。在完成注册之后，借款人到门店申请贷款担保，担保公司对借款人的担保申请进行审核。

第三步，借款请求发布。在担保公司同意为借款人的借款提供担保后，借款人可以将借款请求在陆金服网站平台上发布。

第四步，发放贷款。当借款人和出借人签订《个人借款及担保协议》后，陆金服会根据出借人的授权将借款资金由出借人的陆金服账户转入借款人的陆金服账户中完成放款。另外，陆金服将根据借款人的授权将该笔资金提现至借款人绑定的银行账户。

②投资。在陆金服平台投资，需要按照以下流程进行：

第一步，注册及认证。投资人需要到陆金服网站进行注册，并填写真实的个人资料，完成实名认证及银行卡绑定。

第二步，资金转入。投资人需要从银行卡账户将资金转移至陆金服的账户中。

第三步，出借资金。投资人通过陆金服网络平台签署《个人借款及担保协议》，并委托陆金服将资金转移给借款人。

（2）稳盈 – 安 e +。

"稳盈 – 安 e +"服务是低风险的个人投融资服务，所有"稳盈 – 安 e +"服务均由保险公司提供个人借款保证保险保障。若借款方未能履行还款责任，保险公司将对未被偿还的剩余本金和截至保险理赔日的全部应还未还利息与罚息进行全额偿付。同时，也提供债权转让服务。

投资人参与"稳盈 – 安 e +"的流程与参与"稳盈 – 安 e"的流程一致，但是借款人的流程存在差异。借款人在完成注册认证之后，需要到合作门店递交申请资料，并且向保险公司投保，保险公司会对借款人的投保申请进行审核，在审核通过后，才能发布借款请求。

（3）稳盈 – e 保。

"稳盈 – e 保"服务是低风险的个人投融资服务，所有"稳盈 – e 保"服务均由保险公司提供个人借款保证保险保障。若借款人未能履行还款责任，保险公司将对未被偿还的剩余本金和截至保险理赔日的全部应还未还利息与罚息进行全额偿付。但是，"稳盈 – e 保"不提供债权转让服务。

投资人参与"稳盈 – e 保"的流程与参与"稳盈 – 安 e"的流程一致，但是借款人的流程存在差异。第一步，线上投保。借款人在线上向保险公司投保个人借款保证保险及提交投保所需材料，保险公司会对借款人的投保申请进行审核。第二步，注册认证。通过保险公司审核后，借款人才能注册认证。

2. 外部合作类产品

陆金服也提供"汇盈 E""证盈 E"等外部合作类产品。陆金服收取一定的管理服务费和交易手续费。

在"汇盈 E"服务项下，深圳前海大道金融服务有限公司（下称"大道金服"）负责对有融资需求的借款人进行筛选并为借款人提供借款咨询服务，大道金服将通过其审核的借款人推荐至陆金服平台申请借款，借款资金将定向用于借款人转抵押贷款等资金周转需求。按照规定，大道金服自愿向陆金服提交保证金，初始金额为人民币

500 万元，维持保证金不低于所有借款人在该月初待还款总金额的 5%。同时，陆金服不提供债权转让服务。

在"证盈 E"服务项下，上海证大投资咨询有限公司（下称"证大咨询"）负责对有融资需求的借款人进行筛选并为借款人提供借款咨询服务，证大咨询将通过其审核的借款人推荐至陆金服平台申请借款。证大咨询自愿向陆金服提交保证金，初始保证金为人民币 300 万元，维持保证金不低于所有借款人待还款总金额的 10%。

3. 对陆金服的评价

陆金服采用的"信息中介＋担保"的模式，突破了 P2P 网络贷款平台单纯的信息中介功能，使自身的产品更加具有吸引力。

从借款者的角度看，借款人需要在线上或者线下办理保险或者担保业务，审查更为严格，在承担利率成本的基础上，还需要承担保险或者担保费用，融资成本较高。此外，除了相应的费用、逾期罚息之外，如果借款人提前还款，还要支付提前还款违约金。例如，"稳盈－安 e"的合约条款约定，借款方在第 5 期结息日（含结息日）前提前还款的，提前还款违约金为剩余本金的 1.5%；借款方在第 5 期结息日次日至第 8 期结息日（含结息日）期间提前还款的，提前还款违约金为剩余本金的 1.0%。

从投资人角度看，陆金服所提供的理财产品最低投资金额较低，预期收益率较高，丰富了投资品种，而且，有的产品提供 7×24 小时服务，投资更加方便。同时，陆金服的自有产品附加了担保或者保险要求，在降低投资风险的同时，也使投资人对风险的评估从产品本身向担保公司或保险公司转换。此外，有的产品提供了债权转让服务，提高了产品的流动性。

四、参与 P2P 网络贷款平台需要注意的问题

（一）从借款人角度分析

从借款人的角度看，P2P 网络贷款平台为中小企业等资金需求者提供了新的资金筹集渠道，借款更加简单、迅捷，操作简便，不需要层层审批，借款人可以较为快速地获得资金。

第一，资料准备充分完整。对于很多 P2P 网络贷款平台而言，借款人的审核主要在线上进行，按照平台要求，借款人准备的资料越详细、越完整、越能够证明借款者的信用和实力情况，借款人的信用评级等级越高。较高的信用等级有利于借款人发布期限较长、利率较低的借款标的。

第二，注意线下审查的要求。陆金服这类 P2P 网络贷款平台采取线上线下联合审查的方式，因此，借款人不仅要在线上提供所要求的资料，还要接受指定机构的线下审查，以及保险公司或者担保公司的审查，审查的时间与借款人的资料提供是否完整、

借款人的资质情况及运营情况等密切相关。

第三，整体成本的考量。借款成本是借款人需要考量的重要因素。在 P2P 网络贷款平台借款，不仅要考虑利息成本，还要考虑相应的手续费、管理费、担保费、保险费、提前还款违约金等费用，以及质保专款对借款额度和成本的影响，借款人需要对总体成本进行全面的计算。

第四，借款标的的设计。P2P 网络贷款平台并不保证借款人能够借到钱，借款人的标的存在流标的可能性，这就要求借款人对借款利率、期限进行设计，并考虑到自身的流动性风险。

（二）从投资人角度分析

P2P 网络贷款平台投资门槛低，有的只需要 50 元即可投资，大大低于银行理财产品，为投资人资产组合的多样化提供了丰富的选择。同时，投资手续方便，投资时间便利，通常只需要在全网络渠道即可完成投资标的竞标、投资、资金收回等行为。但是，从 P2P 网络贷款平台的生存率可以看出，投资 P2P 平台产品的风险极高。贷款人或者投资人需要注意以下几个方面：

第一，投资人应了解自己的风险偏好。作为一种高风险高收益的产品，投资人对其投资的前提是了解自身的风险承受能力、风险承受态度、资金规划期限，不能单纯地被 P2P 网络平台投资标的的高预期收益率所吸引，而是应寻找适合自己资产组合、与自己的风险偏好和具体情况相匹配的产品。

第二，投资人需要清楚网络平台和第三方支付平台的特点。与银行提供的信用中介不同，在资金融通的过程中，网络贷款平台充当信息提供的中介，第三方支付平台充当资金转移的中介，换句话说，网络贷款平台的主要作用是发布信息、借款者信用初步审核、利率水平的制定、法律文本起草、逾期债务追偿，并不扮演任何债权人或者债务人的角色；第三方支付平台也不提供信用担保。

第三，投资人需要清楚预期收益率的含义。从严格意义上说，P2P 网络贷款平台上投资标的的"利率"是预期收益率，与银行存款利率完全不同，银行存款利率基本上是投资人可以"保证获得的收益"，而网络贷款平台上的"利率"并非"实际可得的收益"，投资人甚至面临本金无法收回、平台倒闭的风险。

第四，投资人需要自己对风险进行辨别。在银行贷款的模式下，储户将资金存入银行，获得利息，银行作为信用中介对借款人的信用级别、资金用途等进行贷前、贷中和贷后的审核与管理，负责风险甄别和风险控制，因此，存款是低风险低收益的理财产品。但是，P2P 网贷平台投资是高风险高收益的理财产品，需要投资人的风险辨别能力较强。其一，对 P2P 平台进行风险评估，对该平台的注册资本、平台背景、主要业务范围、历史业绩、利率水平进行查阅，详细了解该平台的类型以及扮演的角色，清楚该平台的评级方式和风险控制方法；其二，对所要投资的产品进行风险评估，明确该产品是否有担保或者保险、相应的担保和保险公司的资信情况如何、是否可以债权转让、债权转让的难度如何、借款人是否缴纳了质保专款或者保证金等。

第三节　股权众筹与理财

股权众筹可以作为高净值居民资产组合的重要组成部分。本节将对股权众筹的含义和特点进行分析，对我国股权众筹的发展情况进行梳理，以京东股权众筹为例进行案例分析，并提出相关建议。

一、众筹及股权众筹的基本知识

（一）众筹的含义及特点

众筹（crowdfunding）是向社会公众筹集资金，并通过实物、服务、作品、股权等方式回报给支持者的资金筹集方式。参与主体包括发起人、支持者和众筹平台。众筹通常利用互联网平台进行，在灾害重建、创业筹资、艺术创造、发明设计等方面发挥着重要作用。

1. 众筹的分类

众筹起源于处于财务困境的艺术家们筹集资金的方式。在初始阶段，众筹的规模较小，支持人数也较少。互联网的发展推动了众筹的发展，美国 kickstarter 网站搭建了专业的网络众筹平台，将众筹推向了一个新的发展阶段。众筹主要包括捐赠类众筹、实物类众筹和股权类众筹三种类型。

（1）捐赠类众筹。

捐赠类众筹是指项目支持者支付的资金是对项目发起人的赠与，没有任何物质回报。这是一种带有公益性质的资金募集方式，网络众筹平台对项目发起人的身份、经历、筹资用途等进行确认和审核。

（2）实物类众筹。

实物类众筹是一种商品预售和团购相结合的方式，项目支持者对众筹项目进行投资，其回报是商品或服务。由于类似于"预付货款""集团采购"的形式，因此价格相对较低。其特点在于项目发起人与项目支持者是一对多的组合，即一个项目发起者、众多的项目支持者。

（3）股权类众筹。

股权类众筹是指项目支持者对项目进行投资，获得该项目的股权，支持者根据持有股权数量获得投资收益。从项目支持者或者投资人的角度看，股权类众筹是一种投资工具，其投资目的是获得收益，项目风险较高；从项目发起者或者筹资者的角度看，股权类众筹是一种新的筹资手段，是企业特别是中小微企业获得资金的新渠道。

2. 众筹的特点

众筹具有以下特点：

第一，门槛较低。从筹资者方面看，众筹对筹资者的要求较低，无论身份、地位、年龄、性别、财富，只要能够取得支持，都能够成功发起并完成筹资项目。

第二，大众投资。大众投资是众筹的重要特点，机构、普通投资人都可以是项目的支持者，而且，很多众筹项目的支持金额较低，甚至为 1 元人民币，使得普通民众可以广泛参与。

第三，新颖创意。众筹项目特别注重创意的特殊性，只有项目发起人（筹资者）的创意足够新颖、故事足够吸引人才能通过众筹平台的审核，获得大众的支持，才能筹资成功。

第四，回报特殊。对于项目支持者而言，众筹的回报十分特殊。有些类别的众筹，如捐赠类众筹，项目支持者以慈善的心态支持，没有任何实物回报；有些类别的众筹，如股权众筹，项目支持者往往需要承担较高的风险，预期收益也较高。

（二）股权众筹的含义及特点

股权众筹或者股权类众筹是一种利用社交网络由大量人群集体协作完成的融资方式。其基本模式是筹资者在众筹平台上发布融资请求，说明融资用途和使用方案，感兴趣的投资人自愿提供资金，并根据融资请求获得相应的物质回报。与向少量的成熟投资人（如 VC、PE 和天使投资人）的筹资不同，众筹融资立足于向一大群投资人筹集资金，每个投资人只需投资少量的资金（Belleflamme, et al., 2011）。并且，众筹融资不需要银行或承销商等中介机构，任何人只要能够通过社交网络说服公众相信其理由和想法，均可以直接从投资人处获取资金且无需承担其他中间费用，单个投资人提供少量资金，聚沙成塔、积少成多，形成筹资者所需资本（Bradford，2012）。

1. 股权众筹的特点

股权众筹具有如下特点：

第一，投资人人数多、投资门槛低。作为一种投资方式，股权众筹的投资人数众多，较多的投资人数可以使每位投资人的投资门槛降低，分散投资风险。

第二，筹资者风险大、筹资额度小。股权众筹的项目发起者通常为中小微企业或者初创企业，信用等级不高，资金需求较小，信用风险较高。同时，此类企业很难通过银行获得贷款，也很难通过发行债券、股票等方式获得资金，股权众筹为其提供了一条新的融资渠道。

第三，网络平台资质较高。股权众筹主要依托于互联网平台进行。互联网信息传播速度快、成本低，有利于股权众筹项目的顺利进行和开展。并且，与其他类别的众筹项目相比较，各国对股权类众筹平台的审核相对较严格。

2. 股权众筹与P2P平台贷款的区别

股权众筹和P2P平台贷款都是互联网金融的重要组成部分，两者都依赖于互联网发展起来，但存在以下区别：

第一，资金性质不同。股权众筹，顾名思义，是股权类资金，投资人投资企业的股权，分享企业的收益；P2P网络平台贷款是债权类资金，资金需求者需要按期偿还本金和利息。

第二，融资模式不同。股权众筹是"一对多"模式，即一个项目发起者（即资金需求者）、多个项目支持者（即投资人）；P2P网络平台贷款则由初始的"一对一"模式发展为"一对多""多对一""多对多"的模式，融资模式更加多样化。

第三，资金需求者类型不同。股权众筹的资金需求者是中小微企业、初创期企业；P2P网络贷款的资金需求者更加多样，包括企业、个人等不同主体，贷款类型也有消费金融贷款、个人信贷、企业信贷等多种类型。

二、我国股权众筹的发展情况

2013年，天使汇和创投圈两家股权众筹平台相继上线，标志着我国股权众筹的开始。截至2013年底，我国股权众筹平台只有11家；截至2015年底，我国股权众筹平台达到130家；截至2016年底，我国股权众筹平台下降至117家（见图9-4）。但是，融资规模稳步增长。2013年，我国众筹平台筹资3.35亿元，2015年达到114.24亿元，2016年达到224.78亿元。

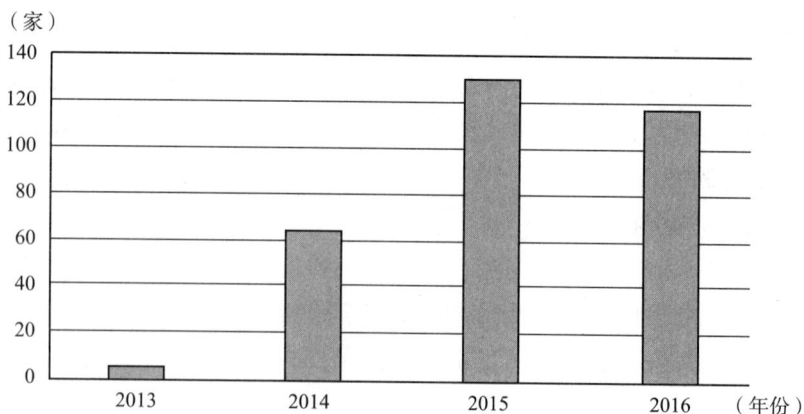

图9-4 2013~2016年股权众筹平台的数量

在我国，股权众筹呈现出新的特点。根据我国《最高人民法院关于审理非法集资刑事案件具体应用法律若干问题的解释》，向社会公众（包括单位和个人）吸收资金的行为同时满足"未经有关部门依法批准或者借用合法经营的形式吸收资金；通过媒体、推介会、传单、手机短信等途径向社会公开宣传；承诺在一定期限内以货币、实物、股权等方式还本付息或者给付回报；向社会公众即社会不特定对象吸收资金"四个构成要件，便构成非法集资。因此，不加约束的股权众筹具有涉嫌非法集资的风险。在2014年12月，我国出台了《股权众筹融资管理办法（试行）》（征求意见稿），对股权众筹非公开发行的性质、股权众筹平台的定位、投资人的界定和保护、融资者的义务等方面进行了初步界定。其中，根据风险匹配原则，对投资人的要求更加严格，提高了投资人的门槛，在一定程度上改变了股权众筹"大众投资"的特点。

📖 扩展阅读

《股权众筹融资管理办法（试行）》（征求意见稿）（节选）[①]

第十二条 【发行方式及范围】融资者不得公开或采用变相公开方式发行证券，不得向不特定对象发行证券。融资完成后，融资者或融资者发起设立的融资企业的股东人数累计不得超过200人。法律法规另有规定的，从其规定。

第十三条 【禁止行为】融资者不得有下列行为：

（一）欺诈发行。

（二）向投资者承诺投资本金不受损失或者承诺最低收益。

（三）同一时间通过两个或两个以上的股权众筹平台就同一融资项目进行融资，在股权众筹平台以外的公开场所发布融资信息。

（四）法律法规和证券业协会规定禁止的其他行为。

第十四条 【投资者范围】私募股权众筹融资的投资者是指符合下列条件之一的单位或个人：

（一）《私募投资基金监督管理暂行办法》规定的合格投资者。

（二）投资单个融资项目的最低金额不低于100万元人民币的单位或个人。

（三）社会保障基金、企业年金等养老基金，慈善基金等社会公益基金，以及依法设立并在中国证券投资基金业协会备案的投资计划。

（四）净资产不低于1000万元人民币的单位。

（五）金融资产不低于300万元人民币或最近三年个人年均收入不低于50万元人民币的个人。上述个人除能提供相关财产、收入证明外，还应当能辨识、判断和承担相应投资风险。

（六）证券业协会规定的其他投资者。

[①] 中国证券业协会：《股权众筹融资管理办法（试行）》（征求意见稿），2014年12月18日。

三、京东股权众筹案例分析

（一）京东股权众筹概况

2013 年 10 月，京东金融集团开始独立运营，包括供应链金融、消费金融、众筹、财富管理、支付、保险、证券、金融科技八大板块。在 2014 年的"双十一"期间，京东金融众筹与远洋地产合作推出"十一元凑份子得房子"活动，这一活动引起了社会的广泛关注，京东众筹在众筹领域的地位也迅速上升。2015 年，京东众筹达到 4.5 亿元，占整个行业的 56.3%。

京东股权众筹主要采用"领投者 + 跟投者"的模式。由于许多投资人不具有专业的投资能力，而且，项目的选择也存在信息搜寻成本，领投人通常是在项目所在领域有丰富经验的投资人，因此，领投人的设立可以在一定程度上解决这些问题。同时，跟投人不参与公司的重大决策，也不参与投资管理。例如，资产雷达项目的领投人是熙金资本；易然教育项目的领投人是国信工银基金管理（北京）有限公司。此外，京东金融还设立了"小东家"计划，"小东家"是京东金融平台的低起投金额参投计划，符合条件的投资人可以进行低额度的参投，一般情况起投金额为 5000 元。

📖 **扩展阅读**

领投人的权利和义务①

领投人享有如下权利：

第一，优先看到预热融资项目（包括未审核通过的项目源）和领投人社交群推荐项目。

第二，领投人在确认领投后有三天冷静期。冷静期内，领投人可以无条件放弃对融资项目的领投。领投人可对项目进行点评，并可在平台上公布。

第三，领投人负责为跟投人管理融资项目，跟投人应向领投人支付融资项目退出分成的 20%，除此之外，无需向领投人额外支付管理费。

第四，领投人的投资成绩和回报情况将会成为该投资人在相关领域的投资记录，并向跟投人展示。

第五，领投人可以在平台上对个人进行合理的宣传推广。

第六，领投人不对项目投后管理成果及项目收益承诺保底。

---

① 引自京东金融网站。

领投人应当承担如下义务：

第一，确认领投后，协助融资项目完善《融资项目商业计划书》、确定估值、投资条款和融资额，协助项目路演和完成本轮对跟投人的融资。

第二，领投人应接受跟投人的委托，对融资项目进行管理。

第三，领投人应采取诸如电话沟通、实地走访等方式代表所有投资人对项目进行投后管理。每个季度领投人应至少一次将其采集的投后管理信息在平台上向跟投人进行披露。

第四，领投人还应代表所有投资人出席股东大会或董事会，以投资人的利益为优先，合理评估收益与风险，尽职勤勉地做出最优投资决策，尽最大努力维护投资人合法权益。

股权众筹融资的基本流程如下：

第一，确定领投人及其领投金额，并与领投人敲定核心投资条款。

第二，确定披露的信息及融资方案，包括目标融资金额、最高融资金额、跟投人数等。

第三，上线，路演。

第四，开放募集，跟投人线上冻结投资金额的一定比例作为认购意向保证金，保证金的缴纳金额为投资人认购金额除以平台为该投资人匹配的信用倍率。

第五，投资人打款，跟投人支付投资金额，保证金解冻。

第六，设立有限合伙公司，签署投资协议，平台将募集款支付给项目方。

第七，项目方进行工商变更。

第八，平台整理股东权益证明，邮寄给股东。

（二）投资的流程

以跟投者为例，对在京东金融进行股权众筹投资的流程进行介绍。

1. 风险测评

如果投资人想对京东金融的股权众筹项目进行投资，除完成注册申请等一般程序外，还要进行风险测评。由投资人自主判定自己是否满足要求。如果投资人进行了不真实、不准确的回答，投资人本人需要自愿承担由于购买超过自身风险承受能力产品所可能产生的不利后果。

2. 选择项目

在京东金融网页的众筹项下，投资人点击"我要投资"，便出现了相关股权众筹的项目。投资人根据自己的偏好进行投资。

3. 交纳保证金

无论是领投者还是跟投者，都需要交纳保证金，保证金的额度与个人信用倍率相关。

保证金额度 = 投资意向金/信用倍率（信用倍率最高为100）。

4. 缴纳认购资金

投资人可以通过线上和线下两种支付方式支付认购资金。线上支付即在东家支付页面点击"打款"按钮，通过绑定的银行卡进行支付；线下支付即通过柜台、网银、手机银行转账的方式向京东指定企业账号进行转账。

四、股权众筹投资需要注意的问题

股权众筹投资是一种高风险的投资品种，在投资的过程中，投资人需要注意以下几个方面：

第一，对众筹平台的选择。股权众筹平台的选择是进行投资的第一步。该平台的资质如何？采取何种投资模式？众筹平台的项目审核和资金管理是否严格？平台的风险控制情况如何？这些都是投资人需要关注的问题。

第二，根据自己的真实情况进行投资。我国对股权众筹投资人的范围进行了规定，众筹平台也对投资人进行了限制，这提高了参与股权众筹的门槛，例如，金融资产不低于300万元人民币或最近三年个人年均收入不低于50万元人民币的个人；投资单个融资项目的最低金额不低于100万元人民币的单位或个人等。然而，有些投资人受到高额预期收益率的吸引，对自身的经济情况进行了隐瞒和虚报，从而导致自身的风险承受能力与项目的风险不匹配。

第三，对项目发起人进行评估。项目发起人是资金的需求者，投资人需要对项目发起人的信用状况、资金实力等情况进行了解；同时，项目的好坏关系到未来的投资收益，投资人需要对项目的可行性、是否存在担保或者抵押、预期收益、风险状况等进行判断。

第四，注意跟投人的信息不对称问题。一般而言，在股权众筹项目中，领投人具有参与公司经营决策的权利，而跟投人往往没有。因此，跟投人往往处于被动的地位，缺乏参与感，可能会存在发起人违背跟投人意愿以及发起人和领投人合谋的问题。

本 章 小 结

互联网与金融的深入融合，形成了当今互联网金融的新业态。但是，互联网金融的本质仍然属于金融，没有改变金融风险隐蔽性、传染性、广泛性和突发性的特点。互联网金融主要包括互联网支付、网络借贷、股权众筹融资、互联网基金销售、互联网保险、互联网信托和互联网消费金融等类型。P2P网络平台贷款是指资金需求者和资金供给者通过互联网贷款平台直接进行资金融通的过程。从世界范围看，P2P 平台主要包括非营利的公益型信息平台、单纯中介的营利型信息平台、复合中介的营利型信息平台三种模式。在参与 P2P 网络平台的过程中，从借款者角度看，需要资料准备充分完整，注意线下审查的要求，确定整体成本的考量，思考借款标的的设计；从投资人角度看，需要了解自己的风险偏好，清楚网络平台和第三方支付平台的特点，提高自身对风险判别的能力。众筹是向社会公众筹集资金，并通过实物、服务、作品、股权等方式回报支持者的资金筹集方式，股权众筹或者股权类众筹是一种利用互联网由大量人群集体协作完成的融资方式，在投资的过程中，投资人需要注意众筹平台的选择、项目发起人的评估、领投者的实力等方面的问题。

基本概念

P2P 股权众筹 互联网金融

复习思考题

1. 互联网金融的基本类型有哪些？
2. P2P 网络平台贷款包括哪几种模式？
3. 从借款者的角度看，参与 P2P 网络平台需要注意哪些问题？
4. 股权众筹的特点是什么？在我国，进行股权众筹投资需要注意哪些问题？

第十章

保险与理财

本章学习目标

- 了解保险的基本原则和分类；
- 掌握人寿保险、年金保险和健康保险的基本种类；
- 理解财产保险的特征；
- 掌握保险产品在金融理财方面的运用。

本章基本内容

在对保险的基本原则、保险合同、保险分类等内容进行介绍的基础上，从人寿保险、年金保险、健康保险、意外伤害保险四个方面分析人身保险的类型、特点、保障范围。然后，阐述财产保险的基本特征，以家庭财产保险和机动车辆保险为例对与居民家庭相关的财产损失保险进行介绍。最后，从保险产品在理财规划中的定位、选择保险产品的原则、购买保险时需要注意的问题等方面为居民购买保险产品提出建议。

第一节　保险的基本知识

国学大师胡适先生谈起保险时曾说过，"保险的意义只是今天作明天的准备；生时做死时的准备；父母做儿女的准备；儿女幼时做儿女长大时的准备，如此而已。今天预备明天，这是真稳健；生时预备死时，这是真豁达；父母预备儿女，这是真慈爱。能做到这三步的人，才能算作现代人"。可见，保险对于一个家庭而言至关重要。本节将主要对保险的基本原则、保险合同、保险分类等内容进行介绍。

一、保险的基本原则

保险是一种以经济保障为基础的金融制度安排。它通过对不确定性事件发生进行数理预测和收取保险费的方法，建立保险基金；以合同形式，由大多数人来分担少数人的损失，实现保险购买者风险转移和理财计划的目标。保险的基本原则包括最大诚信原则、可保利益原则、补偿原则和近因原则。

（一）最大诚信原则

最大诚信原则是指保险合同当事人订立合同时应依法向对方提供影响对方做出判断的全部重要事实，并在合同有效期内信守合同约定，履行合约义务。当事人在签订和履行保险合同时，必须保持最大限度的诚信，互不欺骗和隐瞒，否则保险合同无效。

（二）可保利益原则

可保利益原则也称保险利益原则，是指投保人对投保标的所具有的利益必须能够构成保险利益。具体而言，需要符合三个条件：第一，保险利益必须是合法的利益；第二，保险利益必须是确定的利益；第三，保险利益必须是经济利益。

（三）补偿原则

补偿原则包括两层含义：第一，只有保险事故发生造成保险标的毁损致使被保险人遭受经济损失时，保险人才承担损失补偿的责任；第二，被保险人可获得的补偿量，仅以其保险标的遭受的实际损失为限。

（四）近因原则

近因原则是指只有在风险事故的发生与造成损失结果之间具有必然的因果关系时，保险人才承担赔付责任。

二、保险合同

保险合同是指当事人为了明确权利与义务关系，设立、变更和终止与保险相关的权利与义务关系的协议。

（一）保险合同的特征

保险合同具有以下特征：

1. 保险合同是要式合同

要式合同是指采用特定形式订立的合同。《中华人民共和国保险法》规定，保险合同应当以书面形式订立。

2. 保险合同是双务有偿合同

双务合同是指当事人双方都承担义务并享有权利，一方的权利便是另一方的义务，一方的义务便是另一方的权利。保险合同具有双务性，这意味着为了获得风险保障，投保人需要支付相应的代价，即保险费，保险人要收取保险费，必须承诺承担风险保障责任。

3. 保险合同是附和合同

附和合同是指合同条款事先由当事人一方拟定，另一方只有接受或不接受的选择，不能对合同条款进行修改或变更。保险合同由保险人事先拟定，当事人的权利和义务已经规定在合同条款中，投保人只能做出同意或不同意的意思表示。

4. 保险合同是保障性合同

保险合同具有保障性。一经达成协议，保险合同从约定生效时起到终止时的整个期间，保险标的的风险都受到保险人的保障；保险标的一旦发生保险事故，保险人承担经济赔偿的义务。

（二）保险合同的主体

保险合同的主体包括保险合同的当事人和关系人。

1. 保险合同的当事人

（1）投保人。

投保人是指与保险人订立保险合同，并且按照保险合同的要求支付保险费的人。投保人需要具备三个条件：第一，投保人具有完全的权利能力和行为能力；第二，投保人对保险标的具有保险利益；第三，投保人负有缴纳保险费的义务。

（2）保险人。

保险人通常是指保险公司，是与投保人订立保险合同，提供风险保障并承担赔偿或者给付保险金责任的人。

2. 保险合同的关系人

（1）被保险人。

被保险人是指其财产或人身受到保险合同的保障、享有保险金请求权的人。被保险人必须在保险合同中做出明确规定。确定的方式包括以下几种：第一，在保险合同中明确列出被保险人的名字；第二，以变更保险合同条款的方式确认被保险人；第三，采取扩展被保险人的方式确认被保险人。

（2）保单所有人。

主要适用于人寿保险合同。保单所有人既可以是个人，也可以是一个组织机构；既可以与受益人是同一人，也可以是其他任何人。保单所有人拥有的权利通常包括：第一，变更受益人；第二，领取退保金；第三，领取保单红利；第四，以保单为质押品进行借款；第五，在保单现金价值的限额内申请贷款；第六，放弃或出售保单的一项或者多项权利；第七，指定新的所有人。

（3）受益人。

受益人是指人身保险合同中由被保险人或者投保人指定的享有保险金请求权的人，投保人和被保险人也可以成为受益人。

受益人包括两种形式：一种是不可撤销的受益人，保险所有人只有在受益人同意时才可以更换受益人；另一种是可撤销的受益人，保单所有人可以中途变更受益人，或者撤销受益人的受益权。此外，受益人的撤销或者变更不必征得保险人的同意，但必须通知保险人。

（三）保险合同的主要条款

根据保险合同内容的不同，保险条款可以分为基本条款和附加条款。基本条款是关于保险合同当事人和关系人权利与义务的规定，以及按照其他法律一定要记载的事项；附加条款是指保险人按照投保人的要求增加承保风险的条款。

保险合同的基本条款主要包括以下几项：第一，保险合同的组成；第二，保险范围；第三，保险金额；第四，保险费；第五，保险期限；第六，保险金的给付；第七，保险合同效力。

（四）保险合同的形式

保险合同大致可以分为四种书面形式：

1. 投保单

投保单是投保人向保险人申请订立保险合同的书面要约。投保单由保险人准备，通常具有统一的格式。在保险实践中，保险人为简化手续、方便投保，对有些险种也可不要求投保人填具投保单。

2. 暂保单

暂保单又称为临时保单，它是在财产保险中使用的、在正式保单发出前的一个临时合同。暂保单的法律效力与正式保单相同，但有效期较短，大多由保险人具体规定。

3. 保费收据

保费收据是在人寿保险中使用的、在保险公司发出正式保单之前出具的一个书面证明。

三、保险的分类

按照标的不同，保险可以划分为人身保险、财产保险、责任保险和信用保证保险。

（一）人身保险

人身保险是以人的身体和寿命为保险标的的一种保险，可以分为人寿保险、年金保险、健康保险和意外伤害保险等。

（二）财产保险

财产保险是以财产及其相关利益为保险标的的一种保险，保险人对由于保险事故发生导致的财产损失给予被保险人一定的经济补偿，可以分为火灾保险、货物运输保险、工程保险等。

（三）责任保险

责任保险是以被保险人依法应承担的民事损害赔偿责任，或者经过合同约定的责任作为保险标的的一种保险，可以分为公众责任险、产品责任险、雇主责任险、职业责任险、第三者责任险等。

（四）信用保证保险

信用保证保险是以合同的权利人和义务人约定的经济信用为保险标的的保险，可以分为信用保险和保证保险。

第二节　人身保险与理财

人身保险对于居民家庭而言非常重要，主要包括人寿保险、年金保险、健康保险和意外伤害保险等。本节将对主要的人身保险形式进行具体分析。

一、人寿保险

人寿保险是以被保险人的寿命作为保险标的、以被保险人的生存或死亡为保险事故的一种保险业务。

（一）普通型人寿保险

1. 定期寿险

定期寿险是指以死亡为给付保险金条件且保险期限为固定年限的人寿保险。具体来讲，定期寿险在合同中规定一定时期为保险有效期，若被保险人在约定期限内死亡，保险人给付受益人约定的保险金；若被保险人在保险期限届满时仍然生存，则契约终止，保险人无给付义务，也不退还已收的保险费。这种保险的保险期限短，少则几个月，多则几年，保险费率也较低，比较适合于在短期内从事一项有可能危及其生命的临时工作的人。

（1）定额定期寿险。

定额定期寿险的死亡保险金在整个保险期间保持不变。

案例分析

泰康蒲公英定期寿险条款（节选）[①]

1. 您与我们订立的合同

1.1　合同构成

本合同是您与我们约定保险权利义务关系的协议，包括本保险条款、电子保险单或者其他保险凭证、电子投保单、与本合同有关的投保文件、合法有效的声明、批注、批单及其他您与我们共同认可的书面或者电子协议。

1.2　合同成立及生效

您提出保险申请且我们同意承保，本合同成立。

本合同的成立日、生效日以电子保险单记载的日期为准。保险费约定交纳日依据本合同的生效日为基础进行计算。

1.3　投保年龄

投保年龄指您投保时被保险人的年龄，以周岁计算。可保年龄为18～39周岁。

2. 我们提供的保障

2.1　保险金额

本合同的保险金额由您在投保时与我们约定，并在电子保险单上载明。可以选择的保险金额为10万元、20万元、30万元。

2.2　未成年人身故保险金限制

2.3　保险期间

本合同的保险期间为1年，自本合同生效日零时开始，至电子保险单上载明的保险期间期满日的24时止。

2.4　等待期

您为被保险人首次投保本保险或者非连续投保本保险时，自本合同生效日起90日为等待期；本合同若曾复效，则自本合同最后复效之日起90日为等待期；您为被保险人不间断连续投保本保险的续保合同无等待期。

在等待期内，被保险人非因意外伤害事故导致身故，我们不承担给付保险金的责任，但向您无息退还您已交纳的本合同的保险费，本合同终止。

2.5　保险责任

在本合同保险期间内，我们承担下列保险责任：

---

① 资料来源：泰康保险公司网站，www.tk.cn。

被保险人在等待期后身故或者在等待期内因意外伤害事故导致身故，我们按本合同的保险金额向身故保险金受益人给付身故保险金，本合同终止。

2.6　责任免除

因下列情形之一导致被保险人身故的，我们不承担给付保险金的责任：

（1）投保人对被保险人的故意杀害、故意伤害；

（2）被保险人故意犯罪或者抗拒依法采取的刑事强制措施；

（3）被保险人主动吸食或者注射毒品；

（4）被保险人在本合同成立（若曾复效，则自本合同最后复效）之日起2年内自杀，但被保险人自杀时为无民事行为能力人的除外；

（5）被保险人酒后驾驶、无合法有效驾驶证驾驶，或者驾驶无合法有效行驶证的机动车；

（6）战争、军事冲突、暴乱或者武装叛乱；

（7）核爆炸、核辐射或者核污染。

因上述第（1）项情形导致被保险人身故的，本合同终止，我们向身故保险金受益人给付现金价值。

因上述其他情形导致被保险人身故的，本合同终止，我们向您退还现金价值。

3. 保险金的申请

3.1　受益人

您或者被保险人可以指定一人或者多人为身故保险金受益人。身故保险金受益人为多人时，可以确定受益人顺序和受益份额；如果没有确定份额，各身故保险金受益人按照相等份额享有受益权。

被保险人为无民事行为能力人或者限制民事行为能力人的，可以依法由其监护人指定身故保险金受益人。

您或者被保险人在被保险人身故前可以变更身故保险金受益人、受益顺序或者受益份额，并书面通知我们。

您在指定和变更身故保险金受益人、受益顺序或者受益份额时，必须经过被保险人同意。

3.2　保险事故通知

您或者受益人知道保险事故发生后应当在10日内通知我们。故意或者因重大过失未及时通知，致使保险事故的性质、原因、损失程度等难以确定的，我们对无法确定的部分不承担给付保险金的责任，但我们通过其他途径已经及时知道或者应当及时知道保险事故发生或者虽未及时通知但不影响我们确定保险事故的性质、原因、损失程度的除外。

3.3　保险金申请

3.4　保险金给付

我们在收到领取保险金申请书及本合同约定的证明和资料后，将在 5 日内做出核定；情形复杂的，在 30 日内做出核定。对属于保险责任的，我们在与受益人达成给付保险金的协议后 10 日内，履行给付保险金义务。

3.5　诉讼时效

权利人向我们申请给付保险金的诉讼时效期间为 5 年，自其知道或者应当知道保险事故发生之日起计算。

4.　保险费的交纳

4.1　保险费的交纳

本合同的交费方式由您在投保时与我们约定，并在电子保险单上载明。

分期支付保险费的，在交纳首次保险费后，您应当在每个保险费约定交纳日交纳其余各期的保险费。

4.2　宽限期

分期支付保险费的，如果您到期未交纳该期应交纳的保险费，则自保险费约定交纳日的次日零时起 10 日为交纳保险费的宽限期。如果您在宽限期内未交纳保险费，则本合同自宽限期满日的 24 时起效力中止，但本合同另有约定的除外。

4.3　续保

如果我们同意您按本合同约定的承保条件继续投保本合同，且在本合同期满日前未收到您停止继续投保本合同的书面申请，我们将为您自动办理相关续保手续，新续保的合同自本合同期满日次日零时起生效，有效期为 1 年。每次续保，均按前述规则类推。

如果我们做出不同意您继续投保本合同的决定，我们将向您发出通知，本合同自期满日的 24 时起效力终止。

我们接受继续投保本合同的被保险人的年龄最高不超过 64 周岁。

通过对泰康蒲公英定期寿险条款的分析发现：

第一，定期寿险合同（主险合同）包含多个部分，包括多类书面文件，并非只有一个文件。

第二，对可保年龄有限制，为 18～39 周岁，但续保年龄放宽到 64 周岁。

第三，保险金额为投保人和保险公司双方约定，但要在保险单中载明，本产品的保险金额可以在 10 万元、20 万元、30 万元中进行选择。

第四，保险期限较短，为一年。

第五，该产品首次投保时的等待期为自合同生效日起 90 日。在这一期间，如果被保险人因意外伤害事故导致身故，保险人承担给付保险金的责任；如果被保险人因疾病等其他原因导致身故，保险人不承担给付保险金的责任，但向投保人无息退还已交纳的保险费。设置等待期的目的是为了规避逆向选择问题，即为了防止投保人明知道将要发生保险事故，而马上投保以获得保险费的行为。

第六，虽然保险期限只有1年，但该产品可以采取分期缴费和一次性缴费两种方式。有些定期寿险产品，由于保险期限较短，只可以采取一次性缴费的方式，而且，根据保险期限的不同，保险费率也不同。

第七，该保险主要承保由于意外伤害事故导致的身故以及疾病导致的身故，被保险人身故是获得保险金的必要条件。同时，条款中列明了免除责任的范围：因为第（1）种情形导致被保险人身故的，合同终止，向身故保险金受益人给付现金价值；因为第（2）~（7）种情形导致被保险人身故的，合同终止，向投保人退还现金价值。

第八，保险金受益人可以为一人，也可以为多人，并且，由于该保险以被保险人身故为保险金给付条件，因此要求投保人在指定和变更身故保险金受益人时，必须经被保险人书面同意。

第九，对于分期支付保险费的，宽限期为10日。宽限期是指保险公司对投保人未按时交纳续期保费所给予的宽限时间，在宽限期内，即使没有交纳续期保费，保险合同依然有效，如果在此期间发生保险事故，保险公司仍要承担保险责任，不过要从给付金额中扣除欠交的保险费。

（2）递减定期寿险。

递减定期寿险是指死亡保险金在整个保险期间不断减少，但续期保费在整个保险期间通常不变，如抵押贷款偿还保险、家庭收入保险等。

第一，抵押贷款偿还保险。这是一种死亡保险金与递减的抵押贷款未偿付额相对应的递减定期保险计划。如果贷款人购买了抵押贷款偿还保险，则保单的死亡保险金在任何给定的时间一般都等于对该抵押贷款的欠付额。抵押贷款偿还保险的期限由抵押贷款的期间所决定，通常为15~30年。在整个保险期间，续期保费一般不会改变。但通常来说，寿险保单与抵押贷款是相互独立的，提供贷款的机构并不是保险合同的当事人，合同也并不要求受益人一定用保险金来偿还抵押贷款。

第二，家庭收入保险。如果被保险人在保险期间死亡，保险公司将对其在世的配偶提供约定的月收入保险金，直到保单规定的时期为止。家庭收入保险通常作为终身寿险的一个附加条款来签发。

（3）递增定期寿险。

递增定期寿险是指规定一个初始的死亡保险金，然后在整个保险期间按照约定的时间间隔递增。例如，某递增定期寿险初定的死亡保险金为100000元，然后在整个保险期间于每个保单周年日递增5%。递增定期寿险的保费一般随着保额的增加而增加，保单所有人通常有权在任何时候固定递增定期寿险所规定的保险金额。这种保险一般以某一主保单的附加条款的形式来提供。

2. 终身寿险

终身寿险又叫终身死亡保险，是指以死亡为给付保险金条件，且保险期限为终身的人寿保险。终身寿险是一种不定期的死亡保险，即保险合同中并不规定期限，自合同有效日起，至被保险人死亡为止。终身保险最大的优点是可以得到永久性保障，并且有退费的权利，若投保人中途退保，可以得到一定数额的现金价值，也可以在保单现金价值的限额内贷款。

（1）基本类型。

终身寿险主要包括普通终身寿险、限期缴费的终身寿险和趸交保费的终身寿险。

普通终身寿险要求投保人在被保险人的生存期间，每年都要缴付均衡保费。

限期缴费的终身寿险要求投保人在规定的期限内每年都缴付保险费，期满以后不再付费，保单有效期至被保险人死亡。

趸交保费的终身寿险要求投保人在投保时一次缴清全部保费，这种寿险具有储蓄性。

（2）保险单的现金价值。

保险单的现金价值又称"解约退还金"或"退保价值"，是指带有储蓄性质的人寿保险单所具有的价值。人寿保险的保险单之所以具有价值，是因为人寿保险具有储蓄的性质。被保险人年轻时，其死亡概率小，投保人交纳的保险费比实际需要的多，多交纳的保险费由保险人逐年积累；被保险人年老时，其死亡概率大，投保人交纳的保险费比实际需要的少，不足的部分将由投保人年轻时多交纳的保险费予以弥补。投保人在被保险人年轻时多交纳的保险费连同其产生的利息，每年累计起来，就是保险单的现金价值。

保险单现金价值可由下面的公式得出：

保险单的现金价值 = 投保人已缴纳的保险费 − 保险人的管理费用分摊 − 保险人向销售人员支付的佣金 − 保险人因承担保险责任所需要的纯风险保险费 + 剩余保险费产生的利息

对于投保人和被保险人来说，保险单的现金价值具有以下三种功能：

第一，退保。当投保人要求退保时，退保金按照保险单的现金价值领取。

第二，保单贷款。一般情况下，对于具有贷款功能的保险单而言，贷款的额度是以保险单的现金价值为基础的。

第三，分红。在分红保险合同中，投保人享有的分红数量是以保险单的现金价值为基础进行计算得出的。

3. 两全保险

两全保险是指在保险期内以死亡或生存为给付保险金条件的人寿保险。两全保险也称为生死保险，是指将定期死亡保险和生存保险（即以被保险人在保险期满时仍生存为给付保险金条件的人寿保险）结合起来的保险。两全保险的保险费由危险保险费和储蓄保险费组成，危险保险费用于保险期限内死亡给付，储蓄保险费逐年积累形成责任准备金，既可用于中途退保时支付退保金，也可用于生存给付。

（1）普通两全保险。

无论被保险人在保险期间内死亡还是生存至保险期满，保险人都给付同样数额保险金的保险。

（2）期满双赔两全保险。

在该种保险下，如果被保险人期满生存，保险人给付两倍于约定保险金额的保险金，如果被保险人在保险期内死亡，保险人只给付约定数量的保险金。

（3）死亡双赔两全保险。

在该种保险下，如果被保险人期满生存，保险人给付按照约定的保险金额，如果被保险人在保险期内死亡，保险人按照约定金额的一定倍数给付。

（4）联合两全保险。

联合两全保险是指由几个人共同投保的两全保险。在保险期内，联合被保险人中的任何一人死亡时，保险人给付全部保险金，保单因履行而终止；如果在保险期内，联合被保险人无一人死亡，保险期满时保险金由全体被保险人共同领取。

案例分析

幸福人寿保险股份有限公司
幸福理财宝两全保险（万能型，C款）条款（节选）①

1.1　合同构成

幸福理财宝两全保险（万能型，C款）合同（以下简称本主险合同）由以下几个部分构成：本保险条款、保险单或其他保险凭证、投保单（其复印件或电子影像印刷件与正本具有同等效力）、批注、附贴批单，以及经您与我们认可的其他书面文件。

1.2　合同成立与生效

您提出保险申请、我们同意承保，本主险合同成立。

本主险合同自我们同意承保、收取首期保险费并签发保险单开始生效，具体生效日以保险单所载的日期为准。

1.4　犹豫期

自您签收本主险合同次日起可享有15天的犹豫期。在此期间请您认真审视本主险合同，如果您认为本主险合同与您的需求不相符，您可以在此期间提出解除合同。解除合同时，您需要填写书面申请，并提供您的保险合同及有效身份证件，我们无息退还您已交的保险费。

若您在犹豫期内提出解除合同，则自我们收到解除合同申请书时起，本主险合同

---

① 幸福人寿保险股份有限公司，www.happyinsurance.com.cn。此保险已停售。

自始不发生效力，我们对合同解除前发生的保险事故不承担给付保险金的责任。

1.5　保险期间

我们对本主险合同应承担的保险责任自生效日零时起至被保险人年满75周岁后的首个保险单周年日零时止。

2.3　保险责任

在本主险合同有效期内，我们承担以下保险责任：

（1）身故保险金。

如果被保险人身故，我们给付身故保险金，除另有约定外，本主险合同效力终止。身故保险金为下列两者中较大者：

①被保险人身故时的个人账户价值的105%；

②已交保险费扣除累计申请部分领取个人账户价值之后的余额。

（2）水陆公共交通意外伤害身故额外保险金。

在本主险合同有效期内，被保险人以乘客身份乘坐行驶在固定路线的水上或陆地公共交通工具遭受意外伤害事故，并自该意外伤害事故发生之日起180日（含180日）内以该意外伤害事故为直接且单独的原因导致被保险人身故，我们除了按本条第一款给付身故保险金外，还按被保险人身故时个人账户价值的95%给付水陆公共交通意外伤害身故额外保险金，同时本主险合同效力终止。对于同一被保险人，无论您与我们订立一份或多份"幸福理财宝两全保险（万能型，C款）"合同，我们给付的水陆公共交通意外伤害身故额外保险金合计以人民币50万元为限。

（3）航空公共交通意外伤害身故额外保险金。

在本主险合同有效期内，被保险人以乘客身份乘坐行驶在固定路线的航空公共交通工具遭受意外伤害事故，并自该意外伤害事故发生之日起180日（含180日）内以该意外伤害事故为直接且单独的原因导致被保险人身故，我们除了按本条第一款给付身故保险金外，还按被保险人身故时的个人账户价值的195%给付航空公共交通意外伤害身故额外保险金，同时本主险合同效力终止。对于同一被保险人，无论您与我们订立一份或多份"幸福理财宝两全保险（万能型，C款）"合同，我们给付的航空公共交通意外伤害身故额外保险金合计以人民币100万元为限。

（4）持续奖金。

如果被保险人在以下约定的保险单周年日零时仍生存，我们将在该保险单周年日向个人账户内分配持续奖金，保证不低于零［计算公式：持续奖金＝（已交保险费－累计申请部分领取的个人账户价值）×0.5%］；我们在第6~15个保险单周年日分配本年度的持续奖金，分配的持续奖金仅用于增加个人账户价值。

（5）满期保险金。

被保险人生存至本主险合同期满日24时，我们给付满期保险金，本主险合同效力终止。满期保险金额为本主险合同期满日本主险合同的个人账户价值。

3. 如何申请领取保险金

3.1 受益人

满期保险金的受益人为被保险人本人。您或者被保险人可以指定一人或多人为身故保险金受益人。身故保险金受益人为多人时，可以确定受益顺序和受益份额；如果没有确定份额，各受益人按照相等份额享有受益权。

3.2 保险事故的通知

请您或受益人在知道保险事故发生后10日内通知我们。

如果您或受益人故意或者因重大过失未及时通知，致使保险事故的性质、原因、损失程度等难以确定的，我们对无法确定的部分，不承担给付保险金的责任，但我们通过其他途径已经及时知道或者应当及时知道保险事故发生或者虽未及时通知但不影响我们确定保险事故的性质、原因、损失程度的除外。

3.3 保险金申请

（1）身故保险金（包括水陆、航空公共交通意外身故）的申请。

在申请身故保险金时，申请人须填写保险金给付申请书，并提供下列证明和资料：

①保险合同或其他保险凭证；

②申请人的有效身份证件；

③国家卫生行政部门认定的医疗机构、公安部门或其他相关机构出具的被保险人的死亡证明；

④所能提供的与确认保险事故的性质、原因等有关的其他证明和资料。

若被保险人为水陆、航空公共交通意外身故，需由承运人出具意外事故证明。

（2）满期保险金的申请。

在申请满期保险金时，申请人须填写保险金给付申请书，并提供下列证明和资料：

①保险合同或其他保险凭证；

②申请人的有效身份证件。

3.4 保险金的给付

我们在收到保险金给付申请书及有关证明和资料后，将在5日内做出核定；情形复杂的，在30日内做出核定。对属于保险责任的，我们在与受益人达成给付保险金的协议后10日内，履行给付保险金义务。

4. 如何交纳保险费

4.1 保险费的交纳

本主险合同保险费交纳方式为一次性交纳。您交纳的保险费金额不得低于我们规定的保险费最低限额。

5. 如何解除保险合同

5.1 您解除合同的手续及风险

若您在犹豫期后申请解除本主险合同，请填写解除合同申请书，并提供以下证明和资料：

（1）保险合同；

（2）您的有效身份证件。

自我们收到解除合同申请书时起，本主险合同效力终止。我们在收到上述证明和资料之日起 30 天内向您退还本主险合同的个人账户价值。您犹豫期后解除合同会遭受一定损失。

6. 相关费用

6.1　初始费用

我们按照您所交保险费的一定比例收取初始费用。

我们将首先从您在投保时一次性交纳的保险费中收取初始费用，然后将余额计入个人账户。本主险合同一次性交纳的保险费的初始费用收取比例为 5%。

6.2　保单管理费

为维持本主险合同有效，我们向您收取一定的保单管理费。保单管理费收取日为每月的结算日。我们在结算日先结算个人账户价值利息，然后从结息后的个人账户价值中收取保单管理费。我们每月收取的保单管理费为 12 元。

我们保留调整此项收费标准的权利，但其调整幅度的百分比将不超过国家统计局公布的全国居民消费价格指数自上次保单管理费调整之日起的累计涨幅的百分比。

通过对幸福理财宝两全保险（万能型，C 款）条款的分析发现：

第一，投保人提出保险申请、保险公司同意承保，合同便成立，但生效日期以保险单所载日期为准，保险公司自生效日零时起开始承担合同约定的保险责任。

第二，该保险有犹豫期，如果投保人在签收合同的 15 天内，认为该保险不适合自己，可以提出解除保险合同，保险公司将会无息退还保险费。

第三，保险期间为自合同生效日零时起至被保险人满 75 周岁后的首个保险单周年日零时止，之后，不再承担保险责任。

第四，保险责任中不仅包括身故保险金，也包括持续奖金和满期保险金，体现出两全保险的特点；此外还包括水陆公共交通意外伤害额外保险金、航空公共交通意外伤害身故额外保险金，附加了意外伤害保险。

第五，受益人可以为一人，也可以为多人。

第六，为了准确确定保险事故的性质、原因等，投保人或者受益人需要在知道保险事故的 10 日内通知保险公司。

第七，保险费用为趸交，即一次性交纳方式，不接受分期支付。

第八，该保险收取保单管理费。

（二）创新型人寿保险

1. 变额人寿保险

变额人寿保险的保费是固定的，但保额可以变动，通常要保证一个最低限额。变额人寿保险有其分立账户，与公司的其他业务是分开的，保险人可以根据资产运用的实际情况，不断对其资产组合进行调整，投保人也可以自己在股票、债券和其他投资品种中进行选择。此外，变额人寿保险的现金价值随着保险公司投资组合和投资业绩的情况而变动。

2. 可调整的人寿保险

可调整的人寿保险的特点是：保额、保费和保险期限都是可变动的，即在一定的限制内，保险人可以提高或降低保单的保额，增加或减少保费，延长或缩短保险期。

3. 万能人寿保险

在保险期间，万能人寿保险的保费、现金价值和保额都是可以改变的，但现金价值的利率与市场利率紧密联系，因此，保险公司一般将其投资于中、短期的产品，而不是像传统的人寿保险那样投资于长期投资工具。在其他的终身寿险合同中，保单所有人只能以保单的现金价值为基础进行质押贷款，而在万能寿险中，保单所有人不仅可以申请质押贷款，甚至可以提取出部分现金价值，而并不使合同失效。

4. 变额万能寿险

变额万能寿险又被称为万能寿险产品类型 II，是变额寿险和万能保险相结合的产物。该产品允许投保人改变缴费的数额，允许投保人使用投资账户中的现金支付保费。

二、年金保险

（一）年金保险的特点

一定时期内每期相等金额的收付款项叫作年金（annuity），如果年金的收付是无期限的，称为永续年金（perpetuity）。年金保险是以生存为给付保险金条件，按照年金现金流特征支付生存保险金的人寿保险。人们在年轻时节约闲散资金缴纳保费，年老之后就可以按期领取固定数额的保险金，从而使晚年生活得到经济保障。

年金保险具有以下特点：第一，在投保人开始领取之前，需要交清所有保费，不能边交保费、边领年金。第二，年金保险可以有确定的期限，也可以没有确定的期限，但是，均以年金保险的被保险人的生存为支付条件，在年金受领者死亡时，保险人立即终止支付。第三，年金保险作为储蓄投资方式的风险较低。按照法律规定，保险公司必须提取责任准备金，而且，保险公司之间存在责任准备金储备制度保证，即使投保客户所购买年金的保险公司停业或破产，其余保险公司仍会自动为购买者分担年金给付。

(二) 年金保险的类型

年金保险可以划分为多种类型。

第一，按照缴费方法不同，可以划分为趸缴年金与分期缴费年金。趸缴年金又称一次缴清保费年金，投保人一次性地缴清全部保险费，然后从约定的年金给付开始日起，受领人按期领取年金；分期缴费年金是指投保人在保险金给付开始日之前分期缴纳保险费，在约定的年金给付开始日起按期由受领人领取年金。

第二，按照年金给付开始时间不同，可以划分为即期年金和延期年金。即期年金是指在投保人缴纳所有保费且保险合同成立生效后，保险人立即按期给付保险年金的年金保险；延期年金是指保险合同成立生效后且被保险人到达一定年龄或经过一定时期后，保险人在被保险人仍然生存的条件下开始给付年金的年金保险。

第三，按照被保险人不同，可以划分为个人年金、联合及生存者年金、联合年金。个人年金又称为单生年金，被保险人为独立的一人，是以个人生存为给付条件的年金；联合及生存者年金是指两个或两个以上的被保险人中，在约定的给付开始日至少有一个生存即给付年金，直至最后一个生存者死亡为止的年金；联合年金是指两个或两个以上的被保险人中，只要其中一个死亡则保险金给付即终止的年金，它是以两个或两个以上的被保险人同时生存为给付条件。

第四，按照给付期限不同，可以划分为定期年金、终身年金和最低保证年金。定期年金是指保险人与被保险人约定保险年金给付期限的年金；终身年金是指保险人以被保险人死亡为终止给付的年金；最低保证年金是为了防止被保险人过早死亡而丧失领取年金的权利而产生的防范形式年金。

第五，按照保险年金给付额是否变动，可以划分为定额年金和变额年金。定额年金的保险年金给付额是固定的，不因为通货膨胀的存在而变化；变额年金具有投资分立账户，给付额随投资分立账户的资产收益变化而不同，可以有效解决通货膨胀对年金领取者生活状况的不利影响。

案例分析

太平福禄金生养老年金保险条款 （节选）[①]

第一部分　您（投保人）与我们（太平人寿保险有限公司）的合同

第一条　保险合同的构成

本合同由以下几个部分构成：保险单及所附条款、投保单（其复印件或电子影像

---

① 中国太平保险集团官方网站，www.cntaiping.com。

印刷件与正本具有同等效力）、批注，以及经您与我们共同认可的、与本合同有关的其他书面文件。

第二条　投保范围

本合同接受的被保险人的投保年龄为出生满 28 日至 55 周岁。

第三条　保险合同成立与生效

您提出保险申请、我们同意承保，本合同成立。

合同生效日期在保险单上载明。保单年度、保险费约定支付日均以该日期计算。

第四条　保险期间

本合同的保险期间自本合同生效日零时起至被保险人年满 88 周岁后的首个保险单周年日零时止，并在保险单上载明。

第二部分　我们提供哪些保障利益

第五条　养老年金的领取方式及开始领取日

养老年金的领取方式为年领。

养老年金开始领取年龄分为 55 周岁、60 周岁两种。投保人在投保时可选择其中一种作为本合同的养老年金开始领取年龄。养老年金开始领取年龄一经确定，在本合同的保险期间内不得变更。

养老年金开始领取日为本合同约定的养老年金开始领取年龄后的首个保险单周年日。

第六条　基本保险金额

本合同的基本保险金额在投保时由您和我们约定，并在保险单或批注上列明。如果该金额发生变更，则以变更后的金额为基本保险金额。

第七条　保险责任

在本合同保险期间内且本合同有效，我们按照下列约定承担给付相应保险金的责任：

一、身故保险金

如果被保险人身故，我们按以下两项金额中的较大者给付身故保险金，同时本合同终止。

1. 本合同的年交保险费与被保险人身故时本合同的保单年度数或交费年期数（以较小者为准）的乘积；

2. 被保险人身故时本合同的现金价值。

二、养老年金

自本合同约定的养老年金开始领取日零时起至本合同终止，如果被保险人在此期间内的每个保险单周年日零时生存，我们按当日本合同基本保险金额的 12% 给付养老年金。

三、满期保险金

如果被保险人在本合同期满日零时生存，我们按本合同的年交保险费与交费年期数的乘积给付满期保险金，同时本合同终止。

第三部分　如何支付保险费

第九条　保险费的支付

本合同保险费的交费方式和交费期限由您和我们约定，并在保险单或批注上列明。

您在支付了首期保险费后，应按本合同的约定在每个保险费约定支付日支付当期应支付的保险费。

第十条　宽限期

分期支付保险费的，您支付首期保险费后，除本合同另有约定外，如果您到期未支付保险费，自保险费约定支付日的次日零时起 60 日为宽限期。宽限期内发生的保险事故，我们仍会承担保险责任，但在给付保险金时会扣减您欠交的保险费。

如果您宽限期结束之后仍未支付保险费，则本合同自宽限期满的次日零时起效力中止。

第四部分　如何申请保险金

第十一条　受益人

除另有约定外，养老年金、满期保险金的受益人为被保险人本人。

您或者被保险人可以指定一人或多人为身故保险金受益人。

身故保险金受益人为多人时，可以确定受益顺序和受益份额；如果没有确定份额，各受益人按照相等份额享有受益权。

第十四条　保险金申请

一、身故保险金的申请

在申请身故保险金时，由身故保险金的受益人作为申请人填写保险金给付申请书，并提供下列证明和资料：

1. 保险合同；

2. 受益人的有效身份证件；

3. 国务院卫生行政部门规定的医疗机构、公安机关或其他相关机构出具的被保险人的死亡证明；

4. 所能提供的与确认保险事故的性质、原因等有关的其他证明和资料。

二、养老年金、满期保险金的申请

在申请养老年金、满期保险金时，由相应保险金的受益人作为申请人填写保险金给付申请书，并提供下列证明和资料：

1. 保险合同；

2. 受益人的有效身份证件。

第十五条　保险金给付

我们在收到保险金给付申请书及合同约定的证明和资料后，将在 5 个工作日内做出核定；情形复杂的，在 30 日内做出核定。对属于保险责任的，我们在与受益人达成给付保险金的协议后 10 日内，履行给付保险金义务。

第十八条　保单贷款

在本合同犹豫期之后，如果本合同具有现金价值，经被保险人书面同意，您可以向我们申请保单贷款。

保单贷款的最高金额不超过本合同当时所具有的现金价值净额的 80%（最低金额不得少于人民币 1000 元，我们将不定期调整最低贷款金额），具体额度需经我们审批。每一期贷款的最长期限为 6 个月。保单贷款利率按您与我们签订的贷款协议中约定的利率执行。

保单贷款期满时，如果您未能全部偿还保单贷款及累积利息，且本合同的现金价值净额大于零，未偿还的保单贷款及累积利息将构成新一期的保单贷款，贷款期限为 6 个月，并按我们届时执行的最新保单贷款利率计息。

您可以在保单贷款期满时，或保单贷款期满前偿还全部或部分的贷款及累积利息，还款将首先用于偿还累积利息，然后用于偿还贷款本金。

当本合同的现金价值净额小于或等于零时，本合同的效力中止。

第二十一条　犹豫期

您在收到本合同并书面签收之日起可享有 15 日的犹豫期，在犹豫期内要求解除本合同的，在我们收齐相关文件和资料的次日零时，本合同即被解除，我们自始不承担保险责任。我们在扣除 10 元工本费后，无息退还已交保险费。

第二十二条　您解除合同的手续及风险

如您在犹豫期后申请解除本合同，请填写解除合同申请书并向我们提供下列资料：

一、保险合同；

二、您的有效身份证件。

自我们收到解除合同申请书时起，本合同终止。我们自收到解除合同申请书之日起 30 日内向您退还保险单的现金价值。您犹豫期后解除合同会遭受一定损失。

通过对太平福禄金生养老年金保险条款的分析发现：

第一，投保年龄为出生满 28 日至 55 周岁，不接受 55 周岁之后的投保，体现出年金保险的特点。

第二，该保险属于定期年金，保险期间为自本合同生效日零时起至被保险人年满 88 周岁后的首个保险单周年日零时止。

第三，提供领取年龄为 55 周岁、60 周岁两种方式，并且领取年龄确定后不得变更。

第四，保险责任包括身故保险金、养老年金、满期保险金。

第五，该保险不仅有犹豫期，也有宽限期。犹豫期是指投保人可以在基本没有损失的条件下解除保险合同的期限，为 15 日；宽限期是指在分期支付保险费的情况下，自保险费约定支付日的次日零时起 60 天，在宽限期内发生保险事故，保险公司承担保险责任，但宽限期内投保人没有继续支付保险费，则合同效力中止。

第六，该保险提供保单贷款，时间在犹豫期之后，前提是保单具有现金价值，贷款提供者为保险公司，贷款最低金额为 1000 元，最高金额不超过保单现金价值的80%。

三、健康保险

（一）健康保险的含义及特征

健康保险是补偿被保险人在保险有效期间因疾病、分娩或意外伤害而接受治疗时所发生的医疗费用，或补偿被保险人因疾病、意外伤害导致伤残或因分娩而无法工作时的收入损失的一种保险。

构成健康保险所指的疾病必须具有三个条件：第一，必须是由于明显的非外来原因所造成的；第二，必须是由于非先天的原因所造成的；第三，必须是由于非长期存在的原因造成的。

健康保险多以一年期的短期合同为主。定价主要采用非寿险精算技术，在制定费率时主要考虑疾病发生率、伤残发生率和疾病持续时间。健康保险主要是补偿性的给付，强调对被保险人因伤病所致的医疗花费或收入损失提供补偿，这种损失补偿的特征是人寿保险所不具备的。理赔认定带有一定的主观性，保单有效期内可能会出现多次理赔，理赔金额的差异也比较大，因而健康保险合同中有关保险责任部分的条款就显得比较复杂。有些条款是健康保险特有的，包括体格检查和尸体解剖条款、法律行为条款、既往症除外条款、等待期条款、免赔额条款和共保条款等。

（二）健康保险的种类

1. 医疗费用保险

医疗费用保险简称医疗保险，主要补偿被保险人因疾病或意外事故所导致的医疗费用支出。医疗费用保险可以补偿的医疗费用主要包括门诊费用、药费、住院费用、护理费、医院杂费、手术费用和各种检查治疗费用等。常见的医疗保险有普通医疗保险（又称基本医疗保险，主要补偿被保险人因疾病和意外伤害所导致的直接费用，对各项医疗费用的补偿一般都规定有严格的上限，同时很多医疗费用都被排除在保障范围之外）、综合医疗保险（保险责任一般包括住院床位费、检查检验费、手术费、诊疗费等，还包括对门诊医疗费用和某些康复医疗费用如假肢、人工关节和轮椅、救护车等费用进行补偿，给付限额相对较高，一般不存在医疗服务费用的单项限额，只设置一个总的赔付限额，除外责任也较少）、补充医疗保险（对特定的医疗费用提供保障的医疗保险产品，包括住院津贴保险、特殊疾病医疗保险等）、特种医疗费用保险（主要包括牙病保险、处方药保险、眼科检查和视力矫正保险）、大病特病医疗保险等。

2. 伤残收入损失保险

伤残收入损失保险又称失能收入保险，主要补偿被保险人因疾病或意外伤害事故所导致的收入损失。当被保险人因伤病而全部或部分丧失工作能力时，由保险人定期给付保险金来补偿被保险人收入损失的一种健康保险产品，分为短期失能保险和长期失能保险。

失能收入保险一般按月或按周进行给付，被保险人投保时约定的给付金额有一个最高限额，通常确定为被保险人正常税前收入的50% ~ 70%。确定最高给付限额的目的是为了防止被保险人丧失工作能力时所得保险金的补偿额超过有工作能力时的收入水平。失能收入保险的给付一般有三个月或半年的免责期，规定免责期的目的是为排除那些因小伤小病短期无法工作的情况。同时，失能收入保险的保险金还有一定的给付期间，同样的保险金给付额，给付期间越长则费率越高。短期失能保险的保险金给付期间一般为1 ~ 5年，长期失能收入保险的保险金给付期间则可达5 ~ 10年，有部分失能收入保险规定保险金的给付可以持续到被保险人满60岁或65岁时。

3. 长期护理保险

长期护理保险又称老年看护险，是对被保险人因失能而生活无法自理，需要入住康复中心或需要在家中接受他人护理时的费用提供补偿的一种健康保险。合同中一般规定有每日最高的保险金数额。大多数长期护理保险都有一定的免责期，保险金的给付也有一定的给付期限，从免责期结束开始，一般到被保险人恢复生活自理能力后的60天为止。

长期护理保险对提供护理服务的人员和机构有严格的规定，同时还规定有严格的除外责任，由投保前就存在的既往症所导致的生活自理能力丧失一般作为除外责任，精神、神经疾患或情感障碍、酗酒和吸毒以及自杀自伤所导致的生活能力丧失一般也在除外之列。由于投保人购买长期护理保险时无法准确估计其需要接受他人照顾时的实际花费会达到何种水平，为了抵御通货膨胀的影响，某些长期护理保险会提供递增的保险金给付，增加的幅度通常按照物价指数的大小确定或者规定一个固定的增加比例。

四、意外伤害保险

意外伤害是指在被保险人没有预见到或违背被保险人意愿的情况下，突然发生的外来致害物对被保险人的身体造成明显、剧烈侵害的客观事实。意外伤害保险是指以意外伤害而致身故或残疾为给付保险金条件的人身保险，其基本保障内容包括死亡给付、残疾给付和医疗给付等。人身意外伤害保险只承担意外伤害责任，不承担疾病等其他保险事故的给付义务，一些人寿保险将意外伤害保险作为附加险存在。

第三节 财产保险与理财

一、财产保险的特征

财产保险有广义和狭义之分。广义的财产保险是以财产及其有关的经济利益和损害赔偿责任为保险标的的保险；狭义的财产保险是以物质财产为保险标的的保险，一般称之为财产损失险。《中华人民共和国保险法》第九十二条规定："财产保险业务，包括财产损失保险、责任保险、信用保险业务。"这意味着，除了人身保险以外的各种保险，均可以归为财产保险。

与人身保险相比，财产保险表现出以下特征：

第一，财产风险的多样性。财产保险面对的风险是多种多样的，各种自然灾害、意外事故、法律责任以及信用行为均构成财产保险承担的保险责任。

第二，保险标的价值的可衡量性。财产保险以财产及其有关利益为保险标的，而且要求其必须是可以用货币衡量价值的财产或利益，无法用货币衡量价值的财产或利益不能作为财产保险的保险标的。

第三，保险利益产生于人与物之间的关系，即投保人与投保标的之间的关系。这具体包括三个方面：一是所有权，即对财产享有占有、使用、处置的权利；二是即使财产非本人所有，但在一定时间内代表财产所有人负责保管而具有的权利；三是债权，因债权债务关系而产生的保险利益。

第四，保险金额的确定具有客观依据。财产保险金额的确定一般参照保险标的的实际价值，或者根据投保人的最大可能损失确定其所购买的财产保险的保险金额。

第五，保险期限较短。大部分财产保险的保险期限较短。通常，普通财产保险的保险期为1年或者1年以内，而且保险期限就是保险人实际承担保险责任的期限。

二、财产损失保险

财产损失保险范围十分广泛，包括海上保险、货物运输保险、火灾保险、运输工具保险、工程保险和农业保险等。本书主要对与居民金融理财相关的保险加以介绍。

（一）家庭财产保险

家庭财产保险是为居民或家庭遭受的财产损失提供及时的经济补偿，以城乡居民等个人及其家庭成员的自由财产、代他人保管的财产或与他人所共有的财产作为保险对象。附加险包括盗窃险、家用电器维修险等。家庭财产保险的赔偿一般采用第一危险赔偿方式，即在保险金额范围内的损失全部由保险人承担，超出部分才由被保险人自己承担，即使被保险人没有足额投保。

我国目前开办的家庭财产保险主要有以下几种：

1. 普通家庭财产险

普通家庭财产险是面向城乡居民家庭的基本险种，承保城乡居民所有的存放在固定地址范围内且处于相对静止状态下的各种财产物资。

2. 投资保障型家庭财产保险

投资保障型家庭财产保险不仅具有保障功能，还具有投资功能。这种保险的投资金按份购买，例如，每份保险投资金为 1000 元，且保险金额为 10000 元，则不但可以得到保险金额为 10000 元的保险保障，而且在保险期满后，无论是否获得过保险赔偿，被保险人均可以领取本金 1000 元及相关的投资收益。

3. 个人贷款抵押房屋保险

个人贷款抵押房屋保险是指以向商业银行申请贷款的抵押房屋为保险标的，当房屋因火灾、爆炸、台风、洪水、雷击、泥石流、雪灾、雹灾、龙卷风等原因产生损失时，由保险人依据保险合同予以赔偿，通常包括房屋损失和为抢救房屋财产支付的合理施救费用。

（二）汽车保险或者机动车辆保险

在这一保险中，保险人负责赔偿被保险人因自然灾害和意外事故而导致的汽车车辆损失，以及对第三者应承担的经济责任。

1. 机动车辆基本险

机动车辆损失险和机动车辆第三者责任险是机动车辆的基本险。

车辆损失险是以机动车辆本身为保险标的，当保险车辆遭受保险责任范围内的自然灾害或意外事故，造成保险车辆本身损失时，保险人依据保险合同的规定给予赔偿的保险。

机动车辆第三者责任险是承保被保险人或者其允许的合格驾驶人在使用被保险车辆过程中，因发生意外事故致使第三者遭受人身伤亡或财产的直接损毁而依法或依据保险合同应承担的经济赔偿责任的一种保险。

2. 附加险

在投保了机动车辆损失险和机动车辆第三者责任险的基础上可以选择附加险，包括全车盗抢险、玻璃单独破碎险、车辆停驶损失险、自燃损失险、车身划痕损失险、车上人员责任险、车上货物责任险等。

三、责任保险

责任保险是在被保险人依法应负损害赔偿责任时，由保险人承担其赔偿责任的保险。这种保险以被保险人依法应承担的责任为保险标的，以第三人请求被保险人赔偿为保险事故，其保险金额即被保险人向第三人所赔偿的损失价值。

（一）出租人责任保险

出租人责任保险是指在被保险房屋内（包括被保险房屋的阳台、庭院）因意外事故导致承租人的人身伤亡，依法应当由出租人（被保险人）承担经济赔偿责任，保险人在赔偿限额内进行赔偿。

（二）家政服务人员责任保险

家政服务人员责任保险是指在保险合同的有效期内，被保险人所雇用的家政服务人员在家政服务过程中遭受意外伤害事故导致的人身伤亡，依法应当由被保险人承担经济赔偿责任，保险人在赔偿限额内进行赔偿。

（三）家养宠物责任保险

家养宠物责任保险是指在保险合同有效期内，被保险人饲养的宠物造成第三者的人身伤害或死亡，保险人在赔偿限额内负责赔偿由此产生的治疗和处置费用以及给第三者造成的损失等。

（四）高空坠物责任保险

高空坠物责任保险是指在保险合同的有效期内，被保险房屋（包括被保险房屋的阳台、庭院）因发生高空坠物事故导致第三者的人身伤亡或财产的直接损失，依法应当由被保险人承担经济赔偿责任，保险人在赔偿限额内进行赔偿。

案例分析

中国人民财产保险股份有限公司

个人账户资金安全保险条款（2016）（节选）①

第二条 本保险合同所指的被保险人，为存折、银行卡、网银账户以及经中国人民银行批准的支付机构账户（以下简称第三方支付账户）的所有人或他人信用卡附属

---

① 资料来源：中国人民财产保险股份有限公司网站，www.epicc.com.cn。

卡的合法持有人。

保险标的

第三条 本保险合同的保险标的为"被保险人的个人账户",包括:

(一)被保险人名下的存折。

(二)银行卡,包括:

1. 被保险人名下的借记卡。

2. 被保险人名下的信用卡主卡及与其关联的附属卡;

3. 以被保险人为持卡人的信用卡附属卡。

(三)被保险人名下的网银账户。

(四)被保险人名下的第三方支付账户(包括但不限于支付宝、财付通、易付宝、微信钱包)。

(五)其他经保险人同意的被保险人的个人账户也可以成为本保险合同的保险标的。

投保人就以上各项保险标的可以选择投保,并以保险单载明为准。

第四条 在保险期间内,由于下列原因造成保险标的的损失,保险人按照本保险合同的约定负责赔偿:

(一)被保险人的个人账户因他人盗刷、盗用、复制而导致的资金损失。

(二)被保险人的个人账户被他人在银行柜面及 ATM 机器上盗取或转账导致的资金损失。

(三)被保险人在被歹徒胁迫的状态下,将其个人账户交给他人使用,或将个人账户的账号及密码透露给他人导致的资金损失。

(四)被保险人名下的信用卡主卡所关联的附属卡的持卡人在被歹徒胁迫的状态下,将附属卡交给他人使用,或透露该附属卡账号及密码给他人导致的资金损失。

第五条 保险事故发生后,被保险人为防止或减少保险标的的损失所支付的必要的、合理的费用,保险人按照本保险合同的约定也负责赔偿。

责任免除

第六条 下列原因造成的损失、费用,保险人不负责赔偿:

(一)投保人、被保险人及其代表的故意、重大过失或犯罪行为。

(二)行政行为或司法行为。

(三)被保险人的个人账户在借给他人使用期间所导致的资金损失。

(四)在没有被胁迫的情况下,被保险人或被保险人的信用卡主卡所关联的附属卡持有人主动向他人划转资金或付款的行为,以及主动向他人透露个人账户号及密码导致的资金损失。

(五)被保险人的个人账户在挂失或冻结前72小时以外的损失。

(六)被保险人或被保险人的信用卡主卡所关联的附属卡持有人未遵循银行账户及第三方支付账户使用规范,导致的资金损失。

第七条　下列损失、费用，保险人也不负责赔偿：

（一）被保险人的间接损失；

（二）本保险合同中载明的免赔额以及按本保险合同中载明的免赔率计算的免赔额，两者以高者为准。

保险金额与免赔额（率）

第八条　保险金额由投保人和保险人协商确定，并在保险单中载明。

投保人和保险人也可以协商确定每次事故赔偿限额，并在保险单中载明。

第九条　免赔额（率）由投保人与保险人在订立保险合同时协商确定，并在保险单中载明。

保险期间

第十条　除另有约定外，保险期间为一年，以保险单载明的起讫时间为准。

投保人、被保险人义务

第十八条　被保险人向保险人请求赔偿时，应提交以下单证：

（三）与个人账户被盗刷、盗用、盗取、转账等相关的交易记录。

（四）有关损失资金的流向记录，比如涉及转账，需提供收款方姓名及账号等信息。

（五）个人账户挂失或冻结时间证明。

（六）公安机关证明。

通过对中国人民财产保险股份有限公司个人账户资金安全保险条款（2016）的分析发现：

第一，个人资金账户安全险具体保障被保险人的个人账户因他人胁迫、盗刷、盗用、复制而导致的资金损失。

第二，在境外发生的保险事故可以理赔，被保险人境内外的账户都受到保障。

第三，手机中毒或者进入钓鱼网站导致资金损失不在责任免除之列，可以承保。

第四，居民名下第三方支付账户中的资金被盗可以理赔。

第五，理赔需要公安机关开具证明，如果被盗金额较少，无公安机关证明，则不可以理赔。

第六，可以投保多份，最高保额100万元。

第七，被保险人具有妥善保护自身账户及银行卡的义务，因而，该保险条款具有免除责任，而且，间接损失很难计算，也在免除责任之列。

第八，该保险具有免赔额条款，可以由保险公司和投保人在订立保险合同时协商确定，并在保险单中载明，免赔额以内的损失由被保险人自己承担，从而降低了保险公司的成本，也降低了投保人的成本。

第九，保险期限为一年，为短期保险合同，也体现了财产保险期限短的特点。

第四节　持有保险产品的策略

每个家庭都需要理解保险产品在理财规划中的定位，并结合自己家庭的特点，选择适合的保险产品，从而实现风险分散和资产组合的多样化。

一、保险产品在理财规划中的定位

有些人觉得，购买了保险仿佛期盼着"厄运降临"，其实不然，购买保险是为了让我们在"厄运降临"时可以平安渡过。保险产品在理财规划中占据重要地位。

（一）强化风险保障是金融理财的基本目的

平滑现金流是金融的基本功能。一方面，居民家庭可以通过投资、借款等方式，平滑自己的现金流，这种现金流往往都是可预测的，不确定性较小；另一方面，居民家庭会面临着不可预测的现金流波动，特别是大额的现金流支出，此时，保险产品为人们提供了低成本的平滑现金流的方式，从物质层面上保证了生活的稳定性。

（二）保险产品是转移大额风险损失的有效手段

风险不能灭失，但可以被转移。在生活中，可能会遇到这样的事件：发生的概率很小，但如果发生，则该家庭会遭受大额损失，甚至出现负债累累的情况。在这种情况下，其他的风险分散方式无法解决问题，保险产品发挥了其不可替代的作用。居民家庭通过购买保险，将风险转移给保险公司，保险公司利用大数原则将风险分散化，这样，家庭以较低的成本降低了陷入困境的可能性，大量家庭的参与保证了保险的给付和可持续性。

（三）保险产品改变了资产组合的结构

在构建资产组合的过程中，不同保险产品的作用存在差异。

第一，其他产品无法替代的保险产品。在上文中我们已经阐述过，对于某些发生概率很小但损失很大的事件，通过购买保险，可以将这种风险转移，此时，保险产品的作用是其他理财产品无法替代的。

第二，具有替代性的保险产品。有些保险产品，特别是人寿保险产品、年金保险产品，是具有储蓄性质的保险产品，银行储蓄、银行理财产品、债券、基金等对其具有一定程度的替代性。因此，这类保险产品的投资额度与储蓄性质资产的整体额度相关，也与其他具有储蓄性质资产的规模相关。

第三，保险产品对预防性货币需求的影响。保险产品对居民家庭预防性货币需求的影响较大。顾名思义，预防性货币需求是指为了应对未来不确定的现金流支出而产生的需求。保险产品的存在，将未来现金流支出的不确定性降到最低，因而减少了居民家庭的预防性货币需求。

第四，保险产品对投资资产的影响。保险产品的存在对投资资产的规模和结构都会产生影响。一方面，保险产品提供了成本较低的风险转移方式，因而增加了可用于投资高风险、高收益资产的数额；另一方面，与其他可替代性金融产品相比，保险产品的收益可以免税，因此，在低风险、低收益的资产品种中，保险产品具有其比较优势。

二、选择保险产品的原则

（一）必需保险优先原则

对于不同的家庭而言，保险可以分为必需的保险、重要的保险和可选的保险。必需的保险主要用于应对会使整个家庭陷入财务困境甚至资不抵债情况的保险事故；重要的保险主要用于应对在一定程度上减少家庭收入和资产的保险事故；可选的保险主要用于应对改变家庭资产结构的保险事故。不同的家庭、同一家庭的不同阶段，对保险的需求存在差异，但需要对必需的保险、重要的保险和可选的保险进行排序，这样才能将有限的资产分配在对家庭最重要的保险产品上，从而实现保障的最优化。

（二）重视风险程度原则

保险是对风险的保障，因此，风险程度影响着保险需求。一方面，发生损失的可能性越高，保险的需求越大，这是因为居民家庭转移风险的需求更加迫切。另一方面，损失的严重性越大，保险需求也越大。对于某些高额损失，整个家庭无法通过其他方式和途径加以应对，只能通过保险进行转移，此时，保险产品具有不可替代性，购买保险是居民家庭的最优选择。

（三）避免重复购买原则

保险可以分为社会保险和商业保险。社会保险是指国家强制社会多数成员参加的，具有所得重分配功能的非营利性的社会安全制度，主要包括养老保险、医疗保险、失业保险、工伤保险、生育保险。商业保险是指通过订立保险合同运营、以盈利为目的的保险形式，由专门的保险公司经营。社会保险在一定程度上具有强制性，而居民家庭可以自主选择商业保险。在选择商业保险的过程中，需要将已有的社会保险纳入考虑的范围。例如，如果已经有了养老保险，那么，年金保险未来的给付则是对养老保险给付的增加额。此外，在购买保险的过程中，应注意避免商业保险的重复购买。例如，对于医疗保险而言，根据补偿原则，保险给付金额不超过实际花费金额，如果出现了医疗保险事故，那么，先进行社会保险理赔，再由商业保险公司对差额部分进行理赔，即使居民投保了多家保险公司的多份保单，也无法进行重复理赔，从而造成保险产品的无效配置。但是，有些定额给付型的商业医疗保险，不论医疗费用的数额是多少，保险公司都会按照合同约定的数额给付保险金。

（四）保险保障突出原则

购买保险产品是购买保险产品带来的保障，投资是第二位的。因此，在购买保险的过程中，应根据先保障后投资的顺序，选择适合居民家庭的保险产品。意外伤害保险、健康保险、车辆损失险、第三者责任险等保障功能突出的保险产品需要优先考虑；年金保险、教育保险、万能保险等储蓄投资功能较高的保险产品排序较靠后。此外，很多保险产品，特别是人寿保险、年金保险，适合长期持有，不仅可以较早地获得风险保障，而且费率也较低。

（五）保险主附搭配原则

在购买保险的过程中，应遵循先主险后附加险的原则。例如，在社会保险的基础上，对重大疾病保险、意外伤害保险等产品进行考虑。同时，在购买商业保险的过程中，也需要坚持主附搭配原则。例如，在购买两全寿险的基础上，附加其他的健康保险等。此外，对于家庭成员而言，购买保险的顺序应该是先大人后小孩、先中年后老年，坚持家庭支柱优先的原则，家庭支柱的存在保证了家庭整体的稳定。

三、选择适合的保险产品

（一）家庭生命周期不同阶段的保险产品选择

在结婚之前，居民个人单身生活，健康状况良好，无家庭负担，收入低但稳定增长，保险需求不高，可以选择意外伤害保险和必要的健康保险，以减少因意外或疾病导致的直接或间接经济损失。同时，也可以考虑购买定期寿险，如果被保险人身故，保险金可以作为赡养父母的费用。在建立家庭之后，根据家庭生命周期不同阶段的特征、风险偏好，选择不同的保险产品。

1. 家庭形成期的保险产品

在家庭形成期，家庭的主要特征是夫妻结婚并生养子女，年龄较轻，身体健康，或者购房，或者与父母同住，净资产较少。

第一，从净资产方面看，净资产较少，家庭积累有限，能够进行保险投资的资金有限，因此，对于整个家庭而言，应该选择保费较低但必不可少的保险产品，如意外伤害险等。

第二，从年龄和健康程度方面看，夫妻双方年龄较轻，身体健康，对健康保险的需求相对较低，因此，在保险产品的排序中，健康保险的排序相对靠后。当然，在年轻时购买保险，保费通常较低。

第三，从房屋贷款方面看，如果选择住房按揭贷款的方式购房，那么，可以选择抵押贷款偿还保险等定期寿险，以房贷金额和家庭成员五年开销之和为保险金额，以保障贷款偿还人身故对家庭在经济方面的影响。从支付方式看，为了降低当前的支出，可以采取分期缴纳保费的方式。

第四，从生育子女方面看，如果有需要可以选择母婴保险。母婴保险是对孕妇和新生儿均有保证、非常全面并具有针对性的孕妇保险。同时，不同保险公司母婴保险的侧重点存在差异，有的侧重于对孕妇的死亡保险，有的侧重于对新生儿的保障，而且，不同母婴保险产品的免除责任也存在区别，不同家庭可以根据自身情况进行选择。

2. 家庭成长期的保险产品

在家庭成长期，家庭成员数量固定，夫妻正值壮年，资产不断增加，负债不断减少，净资产稳中有升。

第一，从房屋贷款方面看，如果购买了抵押贷款偿还保险等定期寿险，那么，需要按照保险合同的约定继续支付保险费，并将此项支出作为必要性支出。

第二，从年龄和健康程度看，夫妻双方正值壮年，身体健康，对健康保险的需求较低，但意外伤害、健康保险等产品对家庭的风险保障十分重要，可以作为必要的购买产品。

第三，从子女需求方面看，子女年龄较小，可以选择意外伤害、健康保险中针对青少年的保险产品。

第四，从未来教育支出方面看，可以选择教育保险作为积累教育金的方式，如可以选择纯粹的教育保险、固定返还的教育保险以及理财型教育保险等。教育保险不仅具有储蓄功能，可以在被保险人一定年龄后按期给付一定金额的教育金，还可为被保险人提供意外伤害或疾病身故等方面的给付、身故或高残保费豁免。但是，教育保险的流动性较差，不能提前支取，对于家庭来讲是长时期的必要支出。

3. 家庭成熟期的保险产品

在家庭成熟期，子女独立，夫妻二人生活，身体较为健康，净资产的数量达到峰值。

第一，从房屋贷款方面看，如果住房抵押贷款尚未还完，那么，与之相对应的抵押贷款偿还保险需要继续支付保险费，但随着住房抵押贷款全部偿还完毕，此部分保费支出也结束。

第二，从年龄和健康程度方面看，对健康保险的需求增强，在意外伤害等保险产品的基础上，增加重大疾病等保险产品的投保支出，降低疾病等风险因素对家庭的伤害。

第三，从积累退休金方面看，年金保险等产品可以作为积累退休金的可选形式，选择适合自己的年金保险产品，增加退休后的收入来源，保证退休前和退休后收入的稳定性。

第四，从投资方面看，保险的基本功能是保障而不是投资，但保险收入存在避税的优势，可以选择投资型的保险产品丰富家庭资产组合，分散风险。需要注意的是，在购买投资型保险的过程中，要对风险程度进行客观评价。

4. 家庭衰退期的保险产品

在家庭衰退期，家庭成员只有夫妻二人或者只剩一方，年龄 60~80 岁者居多。

第一，从保险需求方面看，对意外伤害、重大疾病等保险产品的需求较高。如果可以，考虑购买相应的保险，降低风险暴露水平。

第二，从保险给付方面看，在这一阶段，之前购买的年金保险进入给付阶段，可以利用年金给付增加自己的退休收入。另外，不建议新增投资型保险的支出，需要降低投资组合的风险。

（二）不同特点家庭的保险产品选择

家庭生命周期主要表述了一般家庭要经历的不同阶段，但是，不同的家庭也存在各自的特点，这些家庭特点会对保险选择方面产生影响。

1. 家庭财务情况与保险产品的选择

第一，从家庭财产种类看，家庭财产种类引发了对财产保险的需求。例如，对于拥有车辆的家庭而言，与车辆相关的车辆损失险、第三者责任险是必须要购买的保险，同时，也可以考虑购买全车盗抢险、玻璃单独破碎险等其他保险产品。

第二，从家庭收入来源看，家庭收入来源决定了收入的稳定性。例如，与主要依靠资产收入的家庭相比，主要依靠工作类收入的家庭对保险的需求可能更高。一般而言，财富规模越大，资产收入占家庭总收入的比重越大，家庭的抗风险能力较强；相反，如果一个家庭的收入主要依靠家庭支柱的工作类收入，那么家庭支柱的健康情况、工作稳定性等会对该家庭产生重要的影响，因此对意外伤害保险、重大疾病保险、住房抵押贷款保险、年金保险等产品的需求更加强烈。但是，如果从避税的角度考虑，对于财富规模较大的家庭，年金保险和投资型保险都是较好的选择。

第三，从家庭支出情况看，家庭支出情况决定了可以选择的保险种类和缴费方式。意外伤害保险等产品属于短期的保险产品，可以根据情况进行调整，但年金保险等属于长期的保险产品，其保费的缴纳期限可能会持续十年以上，因此，对于净资产较少的家庭而言，这意味着必要性支出的长期增加。对于支出紧张的家庭而言，通常应采取分期缴纳保费而非趸缴保费的方式。

2. 家庭偏好与保险产品的选择

不同的家庭有不同的偏好、不同的性格，这种家庭特点也影响着保险产品的选择。

第一，对于偏退休型的家庭而言，退休后的高品质生活对家庭成员的效用更高，因此，在工作时期，可以选择意外伤害、重大疾病等保险，降低高额损失发生的可能性，避免由于大额支出对储蓄积累的负向影响；同时，可以选择年金保险等产品，为退休时期增加收入来源。此外，在退休后，也可以选择与旅游、户外运动等相关的保险产品。

第二，对于偏当前享受型的家庭而言，储蓄率偏低，可以选择意外伤害等保险费较低但保障程度较好的保险；同时，重视对养老金的积累，选择年金保险等产品强制储蓄。

第三，对于偏购房型的家庭而言，为了拥有自用住房需要承担高额的债务负担，住房对于这类家庭非常重要。因此，需要考虑购买住房抵押贷款保险，降低房屋的风险暴露水平。同时，如果在偿还房贷之后仍有余钱，可以购买意外伤害保险、健康保险等，对家庭在其他方面的风险提供保障。

第四，对于偏子女型的家庭而言，子女方面的支出数额较大，可以选择教育保险等产品积累教育金，同时，为了避免过于偏重子女而积累较少的退休金，也可以选择年金保险等产品。此外，家庭成员的意外伤害保险也是十分必要的。

四、购买保险时需要注意的问题

（一）弄清需要购买的保险产品

在购买保险之前，居民应该清楚保险所保障的内容、手续费、缴纳方式等，选择适合自己需求的保险产品。不要盲目相信保险业务人员的口头推销，应该重视保险的合同条款。例如，假设某居民需要购买定期寿险，他需要了解：第一，该保险合同的保险金额是多少？第二，保险期是多长时间？第三，保险责任包括哪些？第四，免除责任包括哪些？第五，保险费如何缴纳？等等。在充分了解了保险合同的主要内容之后，才能判断该保险是否适合自己的需求。

（二）选择适合自己的保险公司

一般而言，居民应该选择经济实力和资信状况较高的保险公司。衡量保险公司财务状况的指标包括偿付能力和现金流情况。偿付能力通常利用净资产和净资产比率来衡量。净资产是总资产与总负债的差额，是反映保险公司偿债能力的重要指标；净资产比率是净资产与资产总额的比率，可以对不同规模的保险公司进行比较。一般而言，净资产绝对额越大、净资产比率越高的保险公司偿付能力越好。现金流情况通常利用流动比率来衡量，流动比率又称为营运资金比率，是流动资产与流动负债的比率，是反映保险公司短期偿债能力或者赔款能力的重要指标。一般而言，流动比率越高，保险公司的赔款能力越强，短期偿债能力越强。

（三）比较相似保险产品的价格

价格不是居民购买保险产品需要考虑的首要因素，但却是影响居民选择保险产品的重要因素。如果其他条件相同，那么，居民更加愿意选择价格较低的保险产品。但是，在比较价格的过程中，需要注意保险产品之间是否具有可比性，没有可比性的保险产品，不能简单地对其价格进行比较。第一，保险险种是否相同。不同的险种不能进行比较。第二，在同一险种下，免除责任是否相同。免除责任多的保险产品价格较低。第三，对财务状况、服务质量等非价格因素进行比较，如果某家保险公司财务状况不好，服务质量较差，那么，即使价格较低，居民获得的综合保险体验也会较差。同时，在购买保险的时候，如果某部分损失居民可以以免赔的方式自留，那么，保费会大幅度降低。这是由于，免赔的存在降低了保险公司在理赔等方面的成本，也降低了被保险人的道德风险。此外，不同的保险公司有其发展的侧重点和优势产品，居民可以对其优势产品进行重点关注。

（四）考虑保险服务和理赔实践

保险业是一种服务行业，在一定程度上，居民购买保险就是购买了保险公司的服务，因此，服务是居民在购买保险时需要考虑的重要因素。第一，在购买保险之前，保险经理在保单合同内容讲解方面的服务如何。第二，在购买保险之后，保险公司在转换保单类型、质押贷款等方面的服务如何。第三，在发生事故之后，保险公司的理赔服务如何。保险公司的理赔服务非常重要，居民可以从保险监管当局、保险行业协会、新闻媒体、朋友等各个渠道对保险公司的理赔实践进行了解。

本 章 小 结

保险是一种以经济保障为基础的金融制度安排。它通过对不确定性时间发生的数理预测和收取保险费的方法，建立保险基金；以合同形式，由大多数人来分担少数人的损失，实现保险购买者风险转移和理财计划的目标。保险的基本原则包括最大诚信原则、可保利益原则、补偿原则和近因原则。人身保险主要包括人寿保险、年金保险、健康保险、意外伤害保险等。人寿保险是以被保险人的寿命作为保险标的、以被保险人的生存或死亡为保险事故的一种保险业务，包括普通型人寿保险和创新型人寿保险。年金保险是指保险金的给付采取年金这种形式的生存保险，而年金是一系列固定金额、固定期限的货币收支。健康保险是补偿被保险人在保险有效期间因疾病、分娩或意外伤害而接受治疗时所发生的医疗费用，或补偿被保险人因疾病、意外伤害导致伤残或因分娩而无法工作时的收入损失的一种保险。财产保险有广义和狭义之分。广义的财产保险是以财产及其有关的经济利益和损害赔偿责任为保险标的的保险；狭义的财产保险是以物质财产为保险标的的保险，一般称之为财产损失险。保险产品是金融理财中不可缺少的一部分，在购买保险的过程中，需要坚持必需保险优先原则、重视风险程度原则、避免重复购买原则、保险保障突出原则、保险主附搭配原则，并且，需要结合家庭生命周期的不同阶段和不同家庭的特点，注意保险产品的内容、保险公司的经济实力、保险产品的价格、理赔实践等问题。

基本概念

　　保险　人寿保险　年金保险　责任保险

复习思考题

　　1. 保险的基本原则有哪些？

　　2. 保险合同具有哪些特征？

　　3. 人寿保险包括哪些种类？不同种类人寿保险的特点是什么？

　　4. 如果某个家庭想要购买保险产品，那么，你将会对其提出怎样的建议呢？

参 考 文 献

［1］［美］安东尼·克里森兹著，林东译：《债券投资策略（原书第2版）》，机械工业出版社2016年版。

［2］［美］彼得·林奇、约翰·罗瑟查尔德著，宋三江、罗志芳译：《彼得·林奇教你理财》，机械工业出版社2010年版。

［3］［美］弗雷德里克·S. 米什金著，郑艳文等译：《货币金融学（第十一版）》，中国人民大学出版社2016年版。

［4］［美］罗伯特·D. 爱德华兹、约翰·迈吉、W. H. C. 巴塞蒂著，万娟、郭烨、姚立倩、童伟华译：《股市趋势技术分析》，机械工业出版社2017年版。

［5］［美］乔治·克拉森著，比尔李译：《巴比伦富翁的理财课》，中国社会科学出版社2007年版。

［6］［美］威廉·欧奈尔著，王茜、笃恒译：《股票投资的24堂必修课》，机械工业出版社2014年版。

［7］［美］兹维·博迪、罗伯持·C. 默顿、戴维·L. 克利顿著，曹辉等译：《金融学（第2版）》，中国人民大学出版社2010年版。

［8］［美］托马斯·卡尔著，郑三江、许宁、赵学雷译：《市场中性交易》，山西人民出版社2017年版。

［9］［日］森平爽一郎著，盛凯译：《故事解读金融学》，南方出版社2014年版。

［10］［美］威廉·J. 伯恩斯坦著，王红夏、张皓晨译：《有效资产管理》，机械工业出版社2016年版。

［11］薄志红：《银行理财产品全攻略》，中国宇航出版社2015年版。

［12］陈荣亮：《设立至今仅四年，余额宝成为全球最大货币市场基金》，载《第一财经》，2017年4月27日。

［13］代矍：《每天读点理财常识》，立信会计出版社2011年版。

［14］合力：《新手学基金投资从入门到精通》，清华大学出版社2015年版。

［15］李昊轩：《给工薪族的第一本理财启蒙书》，中国华侨出版社2012年版。

［16］李昊轩：《一本书读懂投资理财学》，中国华侨出版社2010年版。

［17］李淼：《小白理财》，湖南科学技术出版社2015年版。

［18］廖珊：《企业债市场和公司债市场的波动特征及相关性研究》，天津大学硕士

学位论文，2009。

[19] 刘红忠：《投资学》，高等教育出版社 2003 年版。

[20] 刘柯：《理财学院：银行理财产品一本通》，中国铁道出版社 2017 年版。

[21] 刘彦斌：《理财工具箱》，中信出版社 2009 年版，2012 年版。

[22] 罗斌：《基金投资入门与实战技巧》，北京时代华文书局 2015 年版。

[23] 罗春秋：《从零开始学理财（实操版)》，中国铁道出版社 2014 年版。

[24] 罗春秋：《每个人都要懂的保险》，中国铁道出版社 2016 年版。

[25] 沐丞：《理财趁年轻：愿你能过上想要的生活》，中国铁道出版社 2017 年版。

[26] 沈悦：《证券投资学》，中国人民大学出版社 2015 年版。

[27] 孙祁祥：《保险学》，北京大学出版社 2013 年版。

[28] 王在全：《零基础学理财》，文化发展出版社 2017 年版。

[29] 吴军：《货币银行学》，对外经济贸易大学出版社 2010 年版。

[30] 吴晓求：《证券投资学（第四版)》，中国人民大学出版社 2014 年版。

[31] 谢平、邹传伟：《互联网金融模式研究》，载《金融研究》2012 年第 12 期。

[32] 杨静云：《年轻人一定要知道的 89 个理财常识》，新世界出版社 2010 年版。

[33] 杨丽：《金融通论》，辽宁大学出版社 2011 年版。

[34] 杨小丽：《理财学院：互联网理财一本通》，中国铁道出版社 2017 年版。

[35] 杨章伟、李自连、陈丹：《从零开始学互联网理财》，清华大学出版社 2016 年版。

[36] 殷孟波：《货币金融学》，中国金融出版社 2014 年版。

[37] 永良：《K 线图入门与技巧：股票和期货的永恒交易》，立信会计出版社 2015 年版。

[38] 张鹤：《成功理财的 16 堂课》，机械工业出版社 2010 年版。

[39] 中国金融教育发展基金会金融理财标准委员会：《金融理财原理》，中信出版社 2007 年版。

[40] 北京当代金融培训有限公司、北京金融培训中心：《金融理财原理》，中信出版社 2010 年版。

[41] 周思洁：《理财先理心》，漓江出版社 2011 年版。

[42] Belleflamme, P., Lambert, T. and Schwienbacher, A. Crowdfunding: Tapping the Right Crowd. Center for Operations Research & Econometrics, Discussion Paper, No. 32, 2011.

[43] Bradford, C. S. Crowdfunding and the Federal Securities Laws. Columbia Business Law Review, No. 1, January 2012, pp. 1–150.